SULTANLAR
TÜCCARLAR
RESSAMLAR

PERA
MÜZESİ

SULTANLAR, TÜCCARLAR, RESSAMLAR
Türk – Hollanda İlişkilerinin Başlangıcı

SULTANS, MERCHANTS, PAINTERS
The Early Years of Turkish - Dutch Relations

Sergi Kataloğu, Exhibition Catalogue

Pera Müzesi Yayını, Pera Museum Publication 54

İstanbul, Ocak January 2012

ISBN: 978-975-9123-97-0

Danışmanlar Consultants
Laura van Hasselt, Eveline Sint Nicolaas

Yayına Hazırlayan Editor
R. Barış Kıbrıs

Yayın Koordinatörü Publication Coordinator
Zeynep Ögel

Proje Asistanı Project Assistant
Selin Turam

Çeviri Translation
Kemal Atakay

Düzelti Proofreading
Müge Karalom

Grafik Tasarım Graphic Design
TUT Ajans, www.tutajans.com

Renk Ayrımı ve Baskı Color Separation and Printing
Mas Matbaacılık A.Ş.
Hamidiye Mah. Soğuksu Cad. No.3 34408 Kağıthane – İstanbul
Tel. 0212 294 10 00 – info@masmat.com.tr

© Suna ve İnan Kıraç Vakfı, Pera Müzesi
Meşrutiyet Cad. No.65 34443, Tepebaşı, İstanbul
www.peramuzesi.org.tr

Bu katalog, 20 Ocak 2012 tarihinde Suna ve İnan Kıraç Vakfı Pera Müzesi'nde, Hollanda ve Türkiye arasındaki diplomatik ilişkilerin 400. yılı kutlamaları kapsamında düzenlenen *Sultanlar, Tüccarlar, Ressamlar Türk – Hollanda İlişkilerinin Başlangıcı* sergisi için hazırlanmıştır.

This catalogue has been prepared for the exhibition *Sultans, Merchants, Painters The Early Years of Turkish - Dutch Relations*, organized within the framework of celebrations of 400 years of diplomatic relations between Netherlands and Turkey, opening on 20 January 2012 at the Suna and İnan Kıraç Foundation Pera Museum.

SULTANLAR TÜCCARLAR RESSAMLAR

Türk-Hollanda İlişkilerinin Başlangıcı

*Sultans, Merchants, Painters
The Early Years of
Turkish-Dutch Relations*

PERA MÜZESİ

İÇİNDEKİLER
CONTENTS

SUNUŞ
FOREWORD
Suna, İnan & İpek Kıraç   9

SUNUŞ
FOREWORD
Jan-Paul Dirkse   11

**HOLLANDA VE TÜRKİYE:
DÖRT YÜZ YILLIK SİYASAL, EKONOMİK,
TOPLUMSAL VE KÜLTÜREL İLİŞKİLER**
THE NETHERLANDS AND TURKEY
FOUR HUNDRED YEARS OF POLITICAL,
ECONOMIC, SOCIAL AND CULTURAL
RELATIONS
Alexander H. de Groot   13

LEVANT TİCARET ODASI
THE CHAMBER OF LEVANT TRADE
Laura van Hasselt   29

**ERKEN MODERN DÖNEMDE
HOLLANDA'NIN LEVANT İLE TİCARETİ**
DUTCH TRADE WITH THE LEVANT
IN THE EARLY MODERN PERIOD
İsmail Hakkı Kadı   37

**BÜYÜKELÇİ CORNELIS CALKOEN'UN
(1696-1764) TÜRKİYE KONULU RESİMLERİ**
THE TURKISH PAINTINGS OF
AMBASSADOR CORNELIS CALKOEN (1696-1764)
Eveline Sint Nicolaas   47

KATALOG   77
CATALOGUE

ALTIN ÇAĞ   81
GOLDEN AGE

**AMSTERDAM'DA OSMANLILARLA DOLU
BİR ODA**   95
ROOM FULL OF OTTOMANS IN AMSTERDAM

LALE   101
TULIP

GİYSİ RESİMLERİ SERİSİ   107
SERIES OF COSTUME PAINTINGS

**BÜYÜKELÇİ CORNELIS CALKOEN
(1696-1764)**   141
AMBASSADOR CORNELIS CALKOEN
(1696-1764)

DOĞU'NUN İKİ RESSAMI   167
TWO PAINTERS OF THE LEVANT

SUNUŞ

FOREWORD

Suna, İnan & İpek Kıraç

Türk-Hollanda İlişkilerinin Başlangıcına Pera Müzesi'nden Işık Tutmanın Mutluluğu

Pera Müzesi, 2012 yılında da ülkelerarası kültür köprüleri kurmaya devam ediyor ve Türk-Hollanda ilişkilerinin 400. yılını, çok özel bir sergiye ev sahipliği yaparak selâmlıyor: *Sultanlar, Tüccarlar, Ressamlar: Türk-Hollanda İlişkilerinin Başlangıcı.*

Sergi, ağırlıklı olarak iki ülkenin 17. ve 18. yüzyıldaki diplomatik ve ticari ilişkilerini anlatan eserlerden oluşuyor. O dönemde, bu ilişkilerin şekillendiği ve geliştiği Amsterdam'daki Levant Ticaret Odası'nın duvarlarını kaplayan resimlerin ve haritaların önemli bir bölümü, Amsterdam'daki Rijksmuseum'dan ve Amsterdam Müzesi'nden bu sergi için ödünç alınan çeşitli 17. ve 18. yüzyıl resimleriyle birlikte, yüzyıllar sonra ilk kez Pera Müzesi'nde bir araya getiriliyor.

Sultanlar, Tüccarlar, Ressamlar sergisini gezen sanatseverler, o dönemin Osmanlılarıyla ve Hollandalılarıyla tanışma ve yine o dönemin İstanbulu'nda, Amsterdamı'nda ve özellikle de Lale Devri'nde keyifli bir yolculuk yapma olanağı bulacaklar. Büyük bir çoğunluğu Lale Devri'nin bir görgü tanığı olarak adlandırılan ve vakıf koleksiyonumuzda da seçkin eserleri bulunan usta ressam Jean-Baptiste Vanmour ve okulu tarafından yapılan bu ilginç resimlerin sanatseverlerden ayrı bir ilgi göreceği düşüncesindeyiz.

Kültür ve sanatın iki ülke arasındaki diplomatik ve ticari ilişkilerde oynadığı önemli role ve kurduğu güçlü köprüye ışık tutarak Türk-Hollanda ilişkilerinin başlangıcını daha iyi anlamamıza olanak tanıyan bu serginin gerek ülkemiz gerekse Hollanda kültür ve sanat çevrelerinde geniş ilgi uyandıracağı düşüncesindeyiz.

Bu vesileyle, bu projedeki paydaşlarımız Amsterdam Müzesi, Amsterdam Rijksmuseum ve Hollanda'nın İstanbul Başkonsolosluğu'na, Pera Müzesi yönetimine, çalışanlarına, sergiye emeği geçen tüm kişi ve kuruluşlara içten teşekkürlerimizi sunuyoruz.

The Pleasure of Shedding Light to the Beginning of Turkish-Dutch Relations

Pera Museum continues to build cultural bridges between nations in 2012 and commemorates the 400th anniversary of Turkish-Dutch relations by hosting a very special exhibition: *Sultans, Merchants, Painters: The Early Years of Turkish-Dutch Relations.*

The exhibition is predominantly comprised of works portraying the diplomatic and commercial relations between the two countries in the 17th and 18th centuries. For the first time in centuries, the exhibition at Pera Museum brings together a significant portion of the paintings and maps that once covered the walls of the Chamber of Levant Trade in Amsterdam, where these relations were shaped and developed, as well as a number of 17th and 18th century paintings on loan from Rijksmuseum Amsterdam and Amsterdam Museum.

Visitors of the *Sultans, Merchants, Painters* exhibition will find an exceptional opportunity to acquaint themselves with the Ottomans and Dutch of a certain period, embark upon a pleasurable journey through the olden days of İstanbul and Amsterdam, and revisit the Tulip Era in particular. We believe that the fascinating paintings, the majority of which were executed by master artist Jean-Baptiste Vanmour and his school, will constitute a special point of interest for art lovers. The collection of our Foundation also includes select works by Vanmour, who is renowned as an "eyewitness" of the Tulip Era.

This exhibition will not only shed light upon the important role art and culture played in strengthening the diplomatic and commercial ties between the two countries, but it will provide visitors with a better understanding of the early days of the Turkish-Dutch relations. We are certain that *Sultans, Merchants, Painters* will thus generate considerable interest among the culture and art milieus of Turkey and the Netherlands alike.

We would like to take this opportunity to extend our heartfelt appreciation to our project partners Amsterdam Museum, Rijksmuseum Amsterdam, and the Consulate General of the Netherlands in İstanbul, as well as Pera Museum administration and staff, along with all individuals and institutions for their contributions in bringing the exhibition to life.

SUNUŞ
FOREWORD

Jan-Paul Dirkse
Hollanda Kraliyet Büyükelçisi / Ambassador of the Kingdom of the Netherlands

Cornelis Haga, uzun bir yolculuğun ardından Mart 1612'de Konstantinapol'e vardı. Haga, Hollanda Birliği'ni oluşturan devletlerin kurduğu genç Cumhuriyet'i temsilen Osmanlı İmparatorluğu'nun Sultanı'na ilk elçi olarak gönderilmişti. Cornelis Haga'nın göndcrilme gerekçesi tamamen diplomatik olmasına rağmen, tayinini ekonomik diplomasinin ilk adımı olarak da değerlendirebiliriz. Zira görevi, Hollanda ve Osmanlı İmparatorluğu arasındaki siyasi ilişkileri gözetmekten çok Hollanda'nın Osmanlı İmparatorluğu nezdindeki ticari haklarını korumak ve geliştirmekti. Levantenlerin ekonomik faaliyetleri ise Haga'nın İstanbul'a varışından çok önce Doğu ile ticaretin temelini oluşturuyordu. Hollanda'nın 17. yüzyıldaki refah artışında Akdeniz ve Kuzey Avrupa ülkeleri arasındaki ticaretin olağanüstü bir etkisi oldu.

Konstantinapol'deki İngiliz ve Venedik elçilerinin Haga'nın Osmanlı nezdinde bir elçi olarak tanınmasına yönelik güçlü muhalif tavırları bizi şaşırtmamalı. Buna rağmen Sultan I. Ahmed, Haga'ya diplomatik temsile dair tüm hakları teslim etti. Bunun yanı sıra Osmanlı İmparatorluğu büyük bir tevazu ile Hollandalıların İspanyollara karşı olan mücadelesine destek verdi. Zamanın valisi Prens Maurits de, bir minnet ifadesi olarak, Zeeland bölgesindeki bir köyün adını 'Turkeye' olarak değiştirdi.

Önde gelen iki sanat kurumu, Pera Müzesi ve Amsterdam Müzesi işbirliği neticesinde ortaya çıkan bu sergi, sizi Levantenlerin ticari dünyasına götürecek. Levant Ticaret Odası'nda asılı olan resimler üç yüz yıldır ilk defa bir arada sergilenecek.

Dam Meydanı'ndaki Kraliyet Sarayı'nda bulunan Levant Ticaret Odası, güçlü Cumhuriyet'in başkentinde Osmanlı İmparatorluğu üzerine bir bilgi merkezi işlevi görüyordu. Diğer bir selefim olan Cornelis Calkoen tarafından alınmış ve Ticaret Odası'nda gösterilen otuz iki resim Osmanlı'nın hayatına bir pencere açıyordu. Portreler, Arnavut çobandan padişahın annesine varan bir çeşitlilik içeriyor. Manzarası Dam Meydanı'ndaki Saray'ı betimleyen bir resimde Osmanlı figürleri görülüyor. Laleleri ve deniz savaşlarını resmeden çalışmalar o dönemin temalarını yansıtıyor. Amsterdam'daki bu oda, Osmanlı İmparatorluğu'nun tamamı hakkında bir fikir veriyordu.

Hollanda ve Türkiye 1612'deki ilk resmi temas ile başlayan ve 400 yıldır süren dostluklarını 2012'de birlikte kutluyor.

In March 1612, after a long journey Dutch envoy Cornelis Haga arrived in Constantinople. The States-General of the young republic of the United Netherlands had designated Haga as their representative to the Sultan of the Ottoman Empire. Although first and foremost his mission was a diplomatic one, we can consider the sending of Haga as a very early form of economic diplomacy. Rather than maintaining political contacts between the Netherlands and the Ottoman Empire, he was assigned to secure and advance the commercial interests of the Netherlands in the Ottoman Empire. After all, for a long time already, the Levantine trade was one of the pillars of Dutch Eastern commerce. The trade between the Mediterranean and Northern Europe, provided the foundation for the extraordinary prosperity in the Netherlands in the 17th century.

It is therefore not surprising that the Venetian and English representatives in Constantinople initially strongly opposed the admission of a Dutch envoy. Their efforts were in vain, for Sultan Ahmed I granted Haga full rights as a diplomatic representative. Furthermore, the Ottoman Empire modestly supported the Dutch struggle against Spanish rule. In gratitude of this help, Prince Maurits, Stadtholder at that time, renamed a village in the Province of Zeeland 'Turkeye'.

This exhibition, which is the result of cooperation between the leading Pera and Amsterdam museums, will lead you into the world of trade with the Levant. The paintings once decorating the Chamber of Levantine Trade, will all be displayed together for the first time in three centuries.

The Chamber, situated in the Royal Palace on Dam Square in the capital of the mighty Republic, served as an information centre on the Ottoman Empire. In that centre, thirty two small paintings commissioned by Cornelis Calkoen, another predecessor of mine, gave a view on the inside of Ottoman life. The portraits range from an Albanian shepherd to the mother of the sultan. In a view of the Palace on Dam Square Ottoman figures are portrayed. Paintings of tulips and sea battles illustrate the themes of the era. This room in Amsterdam offered a perspective on the entire Ottoman Empire.

In 2012 the Netherlands and Turkey celebrate that the friendship, resulting from the formal relations started in 1612, has been lasting for 400 years now.

HOLLANDA VE TÜRKİYE: DÖRT YÜZ YILLIK SİYASAL, EKONOMİK, TOPLUMSAL VE KÜLTÜREL İLİŞKİLER

THE NETHERLANDS AND TURKEY FOUR HUNDRED YEARS OF POLITICAL, ECONOMIC, SOCIAL AND CULTURAL RELATIONS

Alexander H. de Groot
Leiden Üniversitesi / University of Leiden

İlk Temaslar

Hollanda ile Türkiye arasında bilinen ilk ilişkiler, Seksen Yıl Savaşları (1568-1648) dönemine uzanır. O dönemde, Osmanlı egemenliğindeki Levant, yani Doğu Akdeniz ile Batı Avrupa'nın ana ticari merkezi Anvers arasında doğrudan ticaret yapılmaya başlandı. Anvers'de 1582'de açılan *Turkse Stapel* (Türk Antreposu), Osmanlı tüccarlarına yönelik bir ticari ofis ve depoydu. Anvers 1585'te fethedildikten sonra, Levant ticareti Vlissingen, Hoorn, Enkhuizen ve Amsterdam gibi kuzey Hollanda limanlarına kaydı. 17. yüzyıldan itibaren, Amsterdam'daki ticari mal borsasında "Türkler"e (Osmanlı uyruklu gayrimüslim tüccarlara) rastlanabiliyordu.

Hollanda devleti ile Osmanlılar arasında ilk siyasi temasların kurulması, Orange Prensi I. Willem'in kırk yıllık hükümdarlığı (1544-1584) sırasında olmuştur. İspanya'ya karşı bağımsızlık savaşında maddi ve askeri destek arayan prens, Yasef Nassi ile temasa geçmişti. Prensin Louvain'de birlikte öğrenim gördüğü Nassi, İstanbul'da ikamet eden uluslararası bir bankerdi. Nassi, Güney Hollanda'da, İspanyol asıllı olduğu izlenimini uyandıracak şekilde Don Juan Miguez adını almıştı. İspanyol Engizisyonu'nun sıkı denetimi altındaki Anvers şehrinden ayrıldıktan sonra, gerçek adıyla yerleştiği İstanbul'da yeniden ortaya çıkıyordu. Osmanlı devleti, başka birçok İspanyol Yahudisi gibi, Nassi'yi de bağrına basmıştı. İstanbul ve Selanik'te varlıklı Sefarad cemaatleri vardı. Osmanlı İmparatorluğu, Levant ve Kuzey Afrika'da bulunan bu Yahudi banker ve tüccarlar, 17. yüzyılın başlarında Türkiye ile ilişkiler açısından önemli bir ağ oluşturuyorlardı.

Bunun yanı sıra, 1590'lı yıllardan itibaren, ticaretlerini Afrika ve Akdeniz kıyılarına yayan Hollandalı tüccarlar ve gemiciler vardı. Hollandalılar kısa sürede Akdeniz coğrafyasında, İspanya'dan Türkiye'ye, dikkate alınması gereken bir güç haline geldiler ve Venedikliler, Fransızlar ve İngilizlere rakip oldular. Hollanda'nın *Straatvaart* olarak bilinen Cebelitarık Boğazı yoluyla ticareti, Baltık bölgesinden büyük miktarlarda buğdayın gemilerle taşınmasıyla başladı. İspanya ile devam

Early Contacts

The earliest known ties between the Netherlands and Turkey developed during the Eighty Years' War (1568-1648). In that period, direct trade began taking place between the Levant, the eastern Mediterranean (then under Ottoman rule) and Antwerp, Western Europe's main commercial centre. *The Turkse Stapel* (Turkish Entrepôt), which opened in Antwerp in 1582, was a business office and warehouse for Ottoman merchants. After the fall of Antwerp in 1585, the Levantine trade shifted to ports in the Northern Netherlands, such as Vlissingen, Hoorn, Enkhuizen and Amsterdam. From the 17th century onwards, 'Turks' (non-Muslim merchants from the Ottoman Empire) could be found at the commodity exchange in Amsterdam.

The first political contacts between the Dutch state and the Ottomans were forged during the forty-year reign of William I, Prince of Orange (1544-1584). The prince, who sought financial and military support for his war of independence from Spain, came into contact with Josef Nasi, an international banker in İstanbul with whom he had studied in Louvain. In the Southern Netherlands, Nasi had called himself Don Juan Miguez, as if he were of Spanish extraction. After leaving the city of Antwerp, which was in the iron grip of the Spanish Inquisition, he resurfaced in İstanbul, where he settled under his true name. Like many other Spanish Jews, he was received with open arms by the Ottomans; İstanbul and Thessaloniki had prosperous Sephardic communities. In the early 17th century, these Jewish bankers and merchants -who were present in the Ottoman Empire, the Levant and North Africa- formed an important network for relations with Turkey.

Then there were the Dutch merchants and seafarers who expanded their trade to the coasts of Africa and the Mediterranean from the 1590s onwards. The Dutch were soon a force to be reckoned with throughout the Mediterranean world, from Spain to Turkey, and became rivals of the Venetians, French and British. Dutch trade through the Strait of Gibral-

Res. Fig. 1
Hollanda Gemileri ile Osmanlı Esirlerinin Çektiği İspanyol Kadırgaları Arasında Sluis Yakınlarında Yapılan Deniz Savaşlarından Biri. One of the Naval Battles Near Sluis Between Dutch Ships and Spanish Galleys Rowed by Ottoman Slaves.
1603
Orlers, Wilhelm van Nassau en Maurits van Nassau, Princen van Orangien, Amsterdam 1651

eden savaşa rağmen bu ticaret sürdü. Fas ve Türk sultanlarının saraylarında, yeni cumhuriyete ve kendi denizlerinde İspanyolların izini sürerek 1607'de Cebelitarık kıyısı açıklarında yenen bu cumhuriyetin Avrupalı bir deniz gücü olarak rolüne yönelik artan bir ilgi söz konusuydu (Res. 1).

Levant'a doğru bu Hollanda ticari yayılmasının kapsamı konusunda bir fikir edinmek için şu örneği göz önünde bulundurmak yeterli olacaktır: 1591'de, yalnızca Amsterdam'dan yola çıkıp Cebelitarık Boğazı'nı geçen, yaklaşık yüz gemi vardı. 1599'da, ilk Hollanda gemisi Levant'a ulaşmış, 100.000 gümüş duka getirmiş, bunun karşılığında ipek, baharat ve pamuk almıştı. 1604'te, Hollandalı tüccarlar, o zamanlar Osmanlı topraklarının Doğu'daki ticari merkezi olan Halep'ten 150.000 dukalık mal ithal etmişlerdi. Bir karşılaştırmada bulunmak gerekirse, aynı yıl Halep'ten Venedikliler 1.250.000, Fransızlar 800.000, İngilizler ise 300.000 dukalık ürün ithal etmişlerdi. On yıl sonra, Hollanda'nın Halep'ten ithalatı 500.000 dukaya yükselmişti; bu, rakip Britanya'nın 250.000 dukalık ithalatının iki katıydı.

1609'da On İki Yıllık Ateşkes başladı ve İspanya gemi ticaretine Hollanda tarafından müdahalelere son verildi; bu, önemli fark yaratan bir etmen oldu. Hollandalılar Levant'a getirdikleri İspanyol gümüşünün yanı sıra, büyük miktarlarda baharat ve biber de ihraç etmeye başladılar; bunlar o dönemde çok değerli ve kârlı ürünlerdi. Başka pahalı ürünlerle –pamuk, moher yünü, ipek ve mazı– ülkelerine geri dönüyorlardı. Bu kârlı yeni gelişme, Lahey'deki yönetimin dikkatini çekti ve Genel Meclis (ülkenin en üst otoritesi sıfatıyla hareket eden parlamenter yapısı) ticareti teşvik etmeye başladı.

Bu noktada, bir süredir ticaretle ilgilenmeye başlamış olan Osmanlı devleti ya da Babıâli, Genel Meclis'in gelişme aşama-

tar (known as the *straatvaart*) began with the shipment of large quantities of grain from the Baltic. This trade went on regardless of the ongoing war with Spain. At the courts of the Moroccan and Turkish sultans, there was a growing interest in the new republic and its role as a European maritime power which sought out and defeated the Spaniards in their own waters, off the coast of Gibraltar in 1607 (Fig. 1).

To obtain an idea of the extent of this Dutch commercial expansion towards the Levant, consider that in 1591, for instance, there were approximately one hundred ships sailing through the Straits of Gibraltar from Amsterdam alone. In 1599, the first Dutch ship arrived in the Levant, bringing 100,000 silver ducats that it exchanged for silk, spices and cotton. In 1604, Dutch traders imported 150,000 ducats in currency into Aleppo, which was then the commercial centre of the Ottoman East. By way of comparison, the Venetians imported 1,250,000 ducats into Aleppo that year, the French 800,000, and the British 300,000. Ten years later, the import of Dutch currency into Aleppo had risen to 500,000 ducats, twice as much as the British competition's 250,000.

In 1609 the Twelve Years' Truce began and Spain stopped interfering with Dutch shipping, a factor which made a substantial difference. Alongside the Spanish silver they brought to the Levant, the Dutch also began exporting large quantities of spices and pepper —very valuable and profitable goods in those days. They returned with other expensive merchandise-, cotton, mohair wool, silk and gallnuts. This lucrative new development caught the attention of the government in The Hague, and the States General (the parliamentary body which acted as the supreme national authority) set out to promote the trade.

sındaki ilgisine karşılık verdi. 1610'da, İstanbul'dan Lahey'e bir mektup gönderildi. Mektubu gönderen, Osmanlı deniz kuvvetlerinin başı ve donanma komutanı Kaptan-ı Derya Halil Paşa'ydı. Bu devlet adamı, Osmanlı devleti adına, siyasal ve ekonomik ilişkileri resmen başlatmaya yönelik görüşmeler için Hollanda'yı İstanbul'a bir elçi göndermeye davet ediyordu. Hollanda'nın dış politikasından sorumlu Başmüsteşar Johan van Oldenbarnevelt, zamanın önde gelen Müslüman gücü ile ilişkilerin önemi konusunda Genel Meclis'i ikna etmeyi başardı. Öncelikle ticari çıkarlar söz konusuydu, ama ilişkilerin başlatılmasında insani kaygıların da payı olmuştu. Akdeniz'e gelip geri dönen birçok Hollanda gemisi, Cezayir, Tunus ve Trablus (günümüzde Libya) limanlarını üs olarak kullanan Osmanlı bandıralı korsan gemileriyle sorun yaşamaya başlamıştı. Çoğu zaman, düşmanca faaliyetleri ya da niyetleri olduğundan kuşkulanılan Hollanda gemileri ele geçirilip satılıyor, bu gemilerin tayfası fidye karşılığı serbest bırakılmak üzere Kuzey Afrika'da ya da o dönemde bilinen adıyla Berberistan'da tutuluyordu. Hollanda'da pek çok kimse, bu "Türk köleleri"nin sağlığından endişe duyuyordu; Osmanlı padişahı ile resmi ilişkilerin, tutsakların salıverilmesiyle sonuçlanabileceği ve korsan gemilerinin Hollandalılara Türk dostu muamelesi yapmaya –başka bir deyişle, onları rahat bırakmaya– ikna edilebileceği umudunu taşıyorlardı.

17. YÜZYIL

İlk Elçi

1611'de, yeni atanan büyükelçi ve dört kişilik ekibi, en sonunda Türkiye'ye gitmek üzere yola çıkabilmişlerdi. Seçilen elçi, Cornelis Haga (1578-1654), Schiedam doğumlu deneyimli bir diplomattı. Haga ve ekibi, Avrupa, Adriyatik ve Ege Denizi'ni kat ederek dört aylık bir yolculuktan sonra, Mart 1612'de Osmanlı başkentine sağ salim ulaştılar. Türk yetkilileri, elçinin gelişini epeydir dört gözle bekliyordu. Elçiyi ve yanındakileri bizzat Halil Paşa karşıladı. Hollanda'nın Osmanlı devleti nezdindeki ilk elçisi, İstanbul'da çalışmalarını hiçbir güçlükle karşılaşmadan yürütmeye başladı. Elçilik binası, günümüzde Hollanda Başkonsolosluğu'nun bulunduğu bina ile aşağı yukarı aynı yerde, Beyoğlu semtindeki en şık caddedeydi (günümüzde İstiklâl Caddesi). Elçi Haga, 1639'a kadar burada görevini sürdürecekti (Res. 2).

Türk devleti, Hollanda elçiliğinin başarılı olması için yetkisi kapsamındaki her şeyi yaptı. Temmuz 1612'de, üç ay süren bir müzakereden sonra (dönemin standartlarına göre oldukça kısa bir süreydi bu), Osmanlı padişahı adına Hollanda'ya

At this point, the Ottoman government, or 'Sublime Porte', which had taken an interest in the trade for some time, responded to the budding interest of the States General. In 1610, a letter was dispatched from İstanbul to The Hague. The sender was Halil Pasha, who held the title of Kapudan Pasha, Ottoman Minister of the Navy and admiral of the fleet. On behalf of the Sublime Porte, this Ottoman statesman invited the Netherlands to send an ambassador to İstanbul for negotiations on the official opening of political and economic relations. The 'Grand Pensionary' Johan van Oldenbarneveldt, who was in charge of Dutch foreign policy, managed to convince the States General of the importance of relations with the leading Muslim power of the day. It was above all a question of trade interests, but humanitarian concerns also played a role. The many Dutch vessels sailing to and from the Mediterranean had started to run afoul of privateers flying the Ottoman flag, who operated out of the ports of Algiers, Tunis and Tripoli (modern-day Libya). Dutch ships suspected of hostile activities or intentions were often captured and sold, and their crews held for ransom in North Africa -or 'Barbary', as it was then known. Back in the Netherlands, many people were concerned for the welfare of these 'Turkish slaves'. They hoped that official relations with the Ottoman sultan might lead to the release of prisoners and persuade privateers to treat Dutch nationals as friends of the Turks —in other words, to leave them alone.

17TH CENTURY

The First Ambassador

In 1611, the newly appointed ambassador extraordinary and his staff of four were finally able to depart for Turkey. The chosen emissary was Cornelis Haga (1578-1654), an experienced diplomat born in Schiedam. In March 1612, after a four-month voyage across Europe and the Adriatic and Aegean Seas, Haga and his men arrived safely in the Ottoman capital. For a long while, the Turkish authorities had eagerly looked forward to the embassy's arrival. Halil Pasha himself was there to welcome them, and the first Dutch ambassador to the Sublime Porte was able to set up operations in İstanbul without difficulty. The embassy building was in approximately the same location as the palace housing the modern-day Dutch consulate general, along the most fashionable street in the Beyoğlu district (now known as İstiklâl Caddesi). Ambassador Haga would remain in residence there until 1639 (Fig. 2).

The Turkish government did everything within its power

Res. Fig. 2
Hollanda Büyükelçisi Cornelis Haga'ya Ülkesine Geri Dönerken Sultan IV. Murad Tarafından Verilen Yazı.
Recredentials Issued by Sultan Murad IV to the Departing Dutch Ambassador Cornelis Haga.
1638. ARA. Staten-Generaal. 12593.49

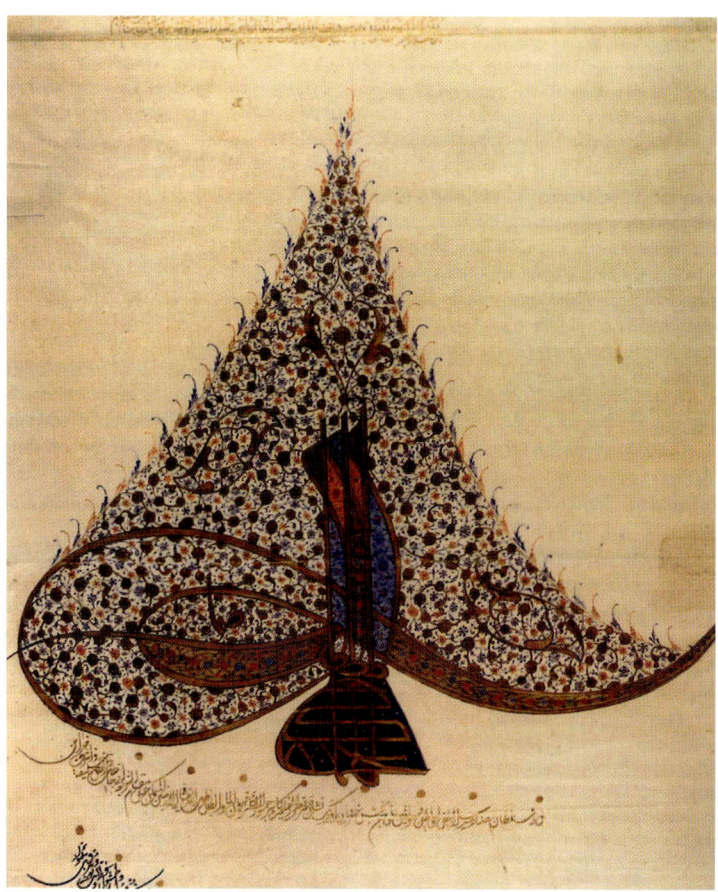

Res. Fig. 3
Hollanda'ya Verilen İlk Kapitülasyonlardan Ayrıntı, Sultan I. Ahmed Tuğrası.
Detail from the First Capitulations for the Dutch, Tugra of Sultan Ahmed I.
1612. ARA. Staten-Generaal. 12593.15

ilk kapitülasyon veriliyordu (Res. 3). Bu, haklar, ayrıcalıklar, yükümlülükler ve koşulların ayrıntılı olarak sıralandığı bir belgeydi ve Hollanda uyruklulara Osmanlı İmparatorluğu'nda son derece elverişli koşullarla seyahat etme, oturma ya da ticaret yapma olanağı tanıyordu. O günden sonra, Hollanda'nın Türkiye'yle ilişkileri iyi olmuş ve hem İstanbul'da hem ülkenin başka birçok ticari merkezinde birbiri ardı sıra Hollanda elçileri ve konsolosları görev yapmıştır. Osmanlı devleti ise, Hollanda'ya yalnızca zaman zaman özel görevleri olan elçiler göndermiştir.

İstanbul'daki Hollanda elçiliği, Türk kültürüne ilgi duyulmasını sağlamak ve Osmanlı egemenliğindeki ülkelerin ve tarihlerinin anlaşılmasını teşvik etmek için sistematik adımlar attı. Lüks döşenmiş bir konutu olan Cornelis Haga, 1639'da ülkesine oldukça büyük bir hatıra eşyalar koleksiyonuyla

to ensure the success of the Dutch mission. In July 1612, after three months of negotiation (a fairly short time by contemporary standards), the first capitulation was issued to the Netherlands in the name of the Ottoman sultan (Fig. 3). This was a detailed enumeration of rights, privileges, obligations and conditions, which permitted Dutch nationals to travel, reside or trade throughout the Ottoman Empire on remarkably favourable terms. Since then, the Netherlands has maintained good relations with Turkey, with a long series of ambassadors and consuls in İstanbul and the country's many other commercial centres. The Ottoman government only occasionally sent envoys on special missions to the Netherlands.

The Dutch embassy in İstanbul took systematic steps to arouse interest in Turkish culture and promote understanding of the Ottoman countries and their history. Cornelis Haga had a luxuriously furnished residence and returned home in

döndü; ne yazık ki bu koleksiyon günümüzden çok önce satılıp dağılmıştır. Satış envanterinde, "altı Türk imparatoru, bir Türk müftüsü ve bir Yunan patriği"nin eski heykel ve resimlerinden söz edilir. Haga, Hollandalı bilim adamlarını ve diğer gezginleri ağırlamayı işinin bir parçası olarak görüyordu. Leiden Üniversitesi şarkiyatçıları, araştırmaları sırasında, yerel dil ve kültürler hakkında birinci elden daha çok şey öğrenme, Hollanda ve Batı Avrupa biliminin kaynak malzemeleri işlevini görecek olan yazma koleksiyonlarını edinme olanağı buldukları için minnettardılar.

Bu şarkiyatçılardan biri olan Leiden Üniversitesi profesörü Jacobus Golius (1596-1667), Türkçeyi ve başka "Şark" dillerini biliyordu. Bu bilim adamı, Arapça ve Türkçe konuşanlarla diplomatik görüşmelerde Genel Meclis'in sözlü ve yazılı çevirilerini yapıyordu. Golius, 1624'te, kendisine belli bir süre izin verilmesi için üniversiteye başvurdu ve isteği kabul edildi; Golius'un amacı, pratik dil becerilerini geliştirmek ve üniversite kütüphanesi için bir Şark yazmaları koleksiyonu derlemek üzere Levant'a yolculuk edebilmekti. Golius, Halep'teki konsolosluklukta tercüman (çevirmen ve uzman) ve başkâtip olarak çalıştıktan sonra, 1627'den 1629'a kadar elçi Haga'nın konutunda yaşadı. Elçi Haga raporlarında bilim adamının yoğun çalışmalarından, ama aynı zamanda dinlenme ve soluklanma dönemlerinden söz eder; Golius bu dönemleri Marmara Denizi'ndeki bir adada İstanbul patriğinin kır evinde "gelin"iyle geçiriyordu.

İstanbul ve klasik antikçağın önemli örenleri için gelen bir başka araştırmacı ziyaretçi olan Harderwijk'ten Ernst Brinck (1582-1649), 1613'ten 1614'e kadar elçi kâtipliği yapmıştır. Bu 17. yüzyıl "turist"i, gezileri için açıklamalı bir güzergâh hazırlamıştı ve bir *album amicorum*[1] tutuyor; kendi konumundan Hollandalılar ile, İstanbul'da diplomasi ve devlet ricali camiasının önde gelen aydınları ile karşılaşmalarını, Levant'ın bütün dillerinde yazılmış övücü ya da eğitici sözler biçiminde kaydediyordu. İstanbul'a yolculuğu sırasında Brinck'in gemisi o dönemde Venedik toprağı olan Kandiye'ye (Girit'teki Heraklion) uğramıştı. Brinck'in albümünü, adada üslenmiş kadırga filosunun orada bulunan üç komutanı da imzalamıştır. Bu üç imzayı yirmi altı imza izler; bunlar, İran, Suriye ya da İstanbul'a giden Hollandalı gezginlere, Haga'nın elçiliğinde çalışanlara, dost ve düşman ülkelerin diplomatik temsilcilerine, (bir kısmı Osmanlı devleti, bir kısmı öteki yabancı elçilik-

1639 with a sizeable collection of souvenirs, which was unfortunately dispersed long ago. The sale inventory mentions ancient sculptures and paintings of 'six Turkish Emperors, one Turkish Mufti, one Patriarch of Greece'. Haga considered it part of his job to extend hospitality to Dutch scholars and other travellers. During their studies, Orientalists from the University of Leiden were grateful for the opportunity to learn more about the local languages and cultures at first hand, and to acquire collections of manuscripts that would serve as the source materials for Dutch and Western European scholarship.

Among them was Jacobus Golius (1596-1667), a professor in Leiden, who spoke Turkish and other 'Oriental' languages. This man of science served as a translator and interpreter for the States General in diplomatic communications with Arabic and Turkish speakers. In 1624, Golius requested and received a period of leave so that he could travel to the Levant in order to improve his practical language skills and assemble a collection of Oriental manuscripts for the university library. After serving as a dragoman (a translator and expert) and a chancellor at the consulate in Aleppo, he lived in Ambassador Haga's residence from 1627 to 1629. In the ambassador's reports, he occasionally mentions the scholar's continuing labours, but also his periods of rest and relaxation, which Golius spent with his 'bride' in the country house of the patriarch of Constantinople, on an island in the Sea of Marmara.

Another inquisitive visitor to İstanbul and the great sites of classical antiquity was Ernst Brinck (1582-1649) of Harderwijk, who was embassy secretary from 1613 to 1614. This 17th-century 'tourist' assembled an instructive itinerary for his travels. He kept an *album amicorum* recording his encounters with fellow Dutchmen, leading lights in the world of diplomacy and members of government circles in İstanbul, in the form of complimentary or edifying inscriptions in all the languages of the Levant. During Brinck's voyage to İstanbul, his ship called at Candia (Heraklion, on Crete), which was then Venetian territory. The book is signed by all three of the commanders present from the squadron of galleys based on the island. Another twenty-six signatures follow, from Dutch travellers on their way to Persia, Syria or İstanbul, staff at Haga's embassy, diplomatic representatives of friendly and hostile powers, a number of dragomans (some working for the Sublime Porte, others for foreign embassies), the patriarch of Constantinople, Orthodox bishops, the Armenian patriarch and, most notably, five Ottoman dignitaries, including (of course) the Grand Vizier and Halil Pasha, the Kapudan

---

1   Hazırlayan kişinin ailesinin ve yakın arkadaşlarının katkılarını (yazılar, özgün şiir ve şarkılar, manzara çizimleri vb.) içeren kişisel albüm. (ç.n.)

ler için çalışan) bir grup tercümana, İstanbul patriğine, Ortodoks piskoposlara, Ermeni patriğine ve en önemlisi (elbette) sadrazam ile Kaptan-ı Derya Halil Paşa dahil olmak üzere beş Osmanlı ileri gelenine aittir. Aslına bakılırsa albüm, Osmanlı Levant'ına özgü kozmopolit dünyanın küçük bir örneğini sunar bize.

Osmanlı şerî ve örfî hukukunda uzman olan tercümanlar, elçilik ve konsolosluklarda önemli kişilerdi; dilmaçlık ve çevirmenlik yapıyor, ama Osmanlı yetkilileri ile gündelik diplomatik ilişkilerin önemli katılımcıları olarak daha kapsamlı bir rol de üstleniyorlardı. Bu aracılar, Hıristiyan, kimi zaman da Yahudi cemaatlerden seçiliyordu. Hollandalı diplomatların, bu tür konumlara gelecek kadar becerilerini geliştirmeleri pek söz konusu olmuyordu; gene de, yüzyıllar içinde, Leiden'den bazı şarkiyatçılar elçilikte bu sıfatla çalışmışlardır. Ünlü bir örnek Levinus Warnerus'tur (1619-1665) ve 1638'den 1642'ye kadar Golius'la birlikte akademik çalışmalar yapmıştır. Aralık 1644'te Levant'a gitmek üzere yola çıkmış, İstanbul'da ikamet etmeye başlamış ve akademik hedefleri ile ticari hedefleri bir arada yürütmüştür. 1647'de, Hollandaca tercüman olarak çalışmaya başlamıştır. Warnerus bu işi o kadar benimsemiştir ki, Leiden Üniversitesi'nin akademik kürsü önerileriyle ilgilenmemiştir. Warnerus'un diplomatik uzmanlığı 1655'te Genel Meclis onu Osmanlı İmparatorluğu'na maslahatgüzar atadığında tanınmış; o andan öldüğü güne dek, Warnerus İstanbul'da Hollanda'yı temsil etmiştir.

Warnerus da, kendinden önce Haga'nın yaptığı gibi, varlıklı yaşam tarzını paylaşmaları için ailesini İstanbul'a getirmişti. Warnerus, Hollanda Birleşik Eyaletler Cumhuriyeti'nin temsilcisi sıfatıyla, özellikle Hollanda standartlarına göre lüks bir yaşam sürmüştür. 1657'de, Warnerus'un hane halkı şu kişileri içeriyordu: Başkâtibi, üç tercüman, bir Türk memur, bir kâhya, bir uşak, bir *spenditor* (ev için alınan şeylerden sorumlu kişi), bir ahçı ve yamağı, beş at için bir seyis ve seyis yamakları, biri elçilikte diğeri Warnerus'un kır evinde görevli iki kapı görevlisi ve iki yeniçeri (seçkin Osmanlı piyade sınıfının üyesi bu yeniçeriler, yabancı elçilerin koruyuculuğunu yapıyorlardı). Bu listede daha aşağı kademedeki çalışanlara yer verilmemiştir. Bunun yanı sıra, yeni özgürlüğüne kavuşmuş eski Hollandalı köleler çoğunlukla elçilikte kalıyor ve Hollanda'ya geri dönme fırsatını ararken orada çalışarak geçimlerini sağlıyorlardı.

Warnerus, entelektüel Osmanlı seçkinleriyle iyi ilişkiler kurmuş olsa gerekti. *Album amicorum*'unu imzalamaya ikna ettiği seçkin kişiler topluluğu, bunun bir kanıtını oluşturur. Warnerus, Şark yazmalarından oluşan toplam bini aşkın de-

Pasha. The book in fact reproduces in miniature the cosmopolitan world of the Ottoman Levant.

Dragomans, experts in Ottoman law and custom, were prominent figures at embassies and consulates. They served as interpreters and translators, but also played a broader role, as the key participants in day-to-day diplomatic relations with the Ottoman authorities. These intermediaries were usually recruited from Christian, and sometimes Sephardic Jewish, communities. Dutch diplomats rarely developed the skill to hold such positions, though over the centuries a number of Orientalists from Leiden worked at the embassy in this capacity. One illustrious example is Levinus Warnerus (1619-1665), who studied with Golius from 1638 to 1642. In December 1644 he departed for the Levant, where he took up residence in İstanbul, combining scholarly and commercial pursuits. In 1647, he began work as a Dutch dragoman. The job suited him so well that he lost interest in the University of Leiden's offers of an academic chair. His diplomatic expertise was recognized in 1655, when the States General appointed him *chargé d'affaires* to the Sublime Porte. From then until the day he died, he represented the Netherlands in İstanbul.

Like Haga before him, Warnerus had his family come to İstanbul to share in his prosperous lifestyle. In his role as the representative of the Republic of the United Provinces, he lived large, especially by Dutch standards. In 1657 his household included his chancellor, three dragomans, a Turkish clerk, a major-domo, a valet, a *spenditor* (responsible for household purchases), a cook and his assistant, a groom and stable-boys for five horses, a porter for the embassy and another for his country house, as well as two janissaries, members of the elite Ottoman infantry who served as bodyguards for foreign envoys. This does not even include the junior staff. Furthermore, recently liberated Dutch ex-slaves often stayed at the embassy and supported themselves by working there while awaiting an opportunity to return to the Netherlands.

Warnerus must have had good relations with the Ottoman intellectual elite. The illustrious set of personages whom he persuaded to sign his *album amicorum* is proof of that. He contributed to Dutch scholarship by donating his valuable collection of Oriental manuscripts, over one thousand in all, to the University of Leiden.

Dutch Communities in the Ottoman Empire
In the second half of the 17th century, İstanbul was no longer by any means the only place in the Levant with a Dutch presence. Ambassador Haga had developed a large network of

ğerli parçadan oluşan koleksiyonunu Leiden Üniversitesi'ne bağışlayarak Hollanda bilimine katkıda bulunmuştur.

Osmanlı İmparatorluğu'nda Hollandalı Cemaatler

17. yüzyılın ikinci yarısında, İstanbul artık hiçbir biçimde Hollandalıların Levant'ta bulundukları tek yer değildi. Elçi Haga, Balyabarda, Selanik, Atina, Gelibolu, İzmir, Halep, Sayda, Kahire, Cezayir ve Tunus gibi başlıca ticaret merkezlerinde geniş bir konsolosluklar ağı geliştirmiş, Hollanda ticari yayılımı için bir zemin oluşturmuştu. Türkiye'de, İzmir on beş ticaret evi ile en büyük Hollanda topluluğunun yurdu haline geldi. Hatta Genel Meclis 1657'de İzmir'de ayrı bir başkonsolosluk kurdu ve şehir, 1923'e kadar ülkedeki Hollandalı (ayrıca İngiliz ve Fransız) yaşamının odak noktası olarak kaldı.

İstanbul'da 1628'de kurulan Protestan kilisesi ile Halep'teki kilisenin yanı sıra, 1662'de İzmir'de de bir Kalvenci Protestan kilisesi kuruldu. Kilise ya da en azından bir dizi yenilemeden sonra kilisenin en yakın tarihli biçimi hâlâ bu şehirdedir. Hollanda ve Flaman asıllı Katolik misyonerler, Levant'ta faaliyetlerini sürdürüyorlardı. Aslında bu Minoritler, Karmelitler, Kapüsenler ve Cizvitler, Hollandalı cemaatin bir parçasını oluşturmuyordu. Ama bu, onların hemşerileri ile dostça ilişkiler içinde olmadıkları anlamına gelmez. Hatta İstanbul'daki *Kutsal Topraklar Konukevi*'nde keşiş yaşamı süren ve elçiliğe komşu olan Fransisken Pacificus Smit, elçi Jacobus Colyer'in (1682'den 1725'e kadar görevde kalmıştır) çocuklarına ders vermiştir. İstanbul'daki elçilik papazlarının, kimi zaman Ortodoks Patrikhanesi ile yakın ilişkileri oluyordu. Bunda, patrik Kyrillos Loukaris'in (1572-1638) Kalvenci öğretiyi anlattığı *Confessio fidei* (İnanç Bildirisi) adlı yapıtının da payı vardır. Doğu Kilisesinin bu ünlü önderi, modern Yunancayı (gündelik dili) Ortodoks din metinlerine sokma çabalarına destek olarak para yardımı ve uzman danışmanlık almıştır.

Levant'ta Hollandalı Gezginler

İzmir'deki konsolos, şehre 1678'de gelen Hollandalı ressam ve teknik ressam Cornelis De Bruyn'e (1652-1719) ev sahipliği yapmıştır. De Bruyn, on dokuz yıl (1674-1693) süren ilk büyük yolculuğunu, 1698'de Delft'te büyük boy olarak yayınlanan *Reizen van Cornelis de Bruyn door de Vermaardste Deelen van Klein Asia, de Eylanden, Scio, Rhodus, Cyprus, Metelino, Stanchio etc., Mitsgaders de voornaamste Steden van Aegypten, Syrien, en Palestina* (Cornelis de Bruyn'ün Anadolu'nun Adalar, Sakız Adası, Rodos, Kıbrıs, Midilli, İstanköy Gibi En Ünlü

consular missions in major trading centres such as Patras, Thessaloniki, Athens, Gallipoli, İzmir, Aleppo, Sidon, Cairo, Algiers and Tunis, laying a basis for Dutch commercial expansion. In Turkey, İzmir became home to the largest Dutch community, with fifteen trading houses. In 1657, the States General even established a separate consulate general in İzmir, and the city remained the focal point of Dutch (as well as British and French) life in the country until 1923.

A Dutch reformed congregation was established in İzmir in 1662, alongside parishes in İstanbul (established in 1628) and Aleppo. The church is still there, or at least the most recent version after a series of renovations. Catholic missionaries of Dutch and Flemish origin were at work in the Levant. These Minorites, Carmelites, Capuchin and Jesuits were not, strictly speaking, part of the Dutch community, but that is not to say that they were not on friendly terms with their compatriots. The Franciscan Pacificus Smit, a monk at the *Hospice of the Holy Land* in İstanbul and a neighbour of the embassy, even tutored the children of Ambassador Jacobus Colyer (in office from 1682 to 1725). The embassy ministers in İstanbul sometimes had close relations with the Orthodox patriarchate. The purportedly Calvinist confession of Patriarch Cyril Lucaris (1572- 1638) is relevant here. This renowned leader of the Eastern Church received funding and expert advice in support of his efforts to introduce Modern Greek (the vernacular) into Orthodox liturgical texts.

Dutch Travellers in The Levant

The consul in İzmir played host to the Dutch painter and draughtsman Cornelis the Bruyn (1652-1719), who arrived in the city in 1678. De Bruyn told the story of his first great journey, which lasted nineteen years (1674-1693), in *Reizen van Cornelis de Bruyn door de Vermaardste Deelen van Klein Asia. de Eylanden, Scio, Rhodus. Cyprus, Metelino. Stanchio etc. Mitsgaders de voornaamste Steden* van *Aesypten. Syrien. en Palestina* (Travels of Cornelis de Bruyn through the Most Renowned Parts of Asia Minor, the Islands, Scio, Rhodes, Cyprus, Metelino, Stanchio etc., as well as the principal cities of Egypt, Syria, and Palestine), published in Delft in 1698 in a large folio volume. The magnificent etchings in this monumental work brought home to a European public the cities, landscapes and inhabitants of the Ottoman Levant.

In the 18th and 19th centuries, Dutch naval vessels visited the Ottoman ports at regular intervals. The accounts of these voyages written by some naval officers form an addition to the meager collection of Dutch travel literature.

Yerlerinde ve Mısır, Suriye ve Filistin'in Başlıca Şehirlerinde Gezileri) adlı kitabında anlatmıştır. Bu anıtsal yapıttaki olağanüstü oymabaskılar, Avrupalı okurları Osmanlı Levant'ındaki şehirler, görünümler ve insanlarla tanıştırmıştır.

18. ve 19. yüzyıllarda, Hollanda donanmasının gemileri, düzenli aralıklarla Osmanlı limanlarına geliyordu. Bu yolculuklar hakkında bazı gemi subaylarının yazdığı anlatılar, cılız Hollanda gezi edebiyatı bütününe bir katkı oluşturur.

Hollanda edebiyat tarihinde siyasi yergici olarak bilinen hekim Pieter van Woensel (1747-1808), "Hekimbaşı Murad Efendi" takma adıyla son derece özgün bir gezi öyküsü yazmıştır. Bu türde daha önce yazılmış yapıtların hepsinden son derece farklı olan eser, 1784'ten 1789'a kadarki uluslararası siyasal ve askeri bağlamları içinde Osmanlı Türklerini irdeler. Van Woensel, Kırım ve güney Rusya'da Türk halkına karşı Rus saldırısının dehşet verici sonuçlarını bir görgü tanığı olarak anlatır. Sonunda, van Woensel bu katliamlara tanık olmaya daha fazla katlanamamış, görevinden istifa ederek Kırım, Rusya ve Anadolu'yu dolaşarak İstanbul'a gelmiş, burada bir süre hekimlik yapmıştır.

18. YÜZYIL

Hollanda-Osmanlı ilişkilerinin altın çağı olan 1660-1713 döneminden sonra, Hollanda ana ticari rakipleri olan Fransa ve İngiltere'nin gerisinde kalmıştır. Utrecht Antlaşması (1713), İspanyol Veraset Savaşı'nı sona erdiriyor ve Hollanda Cumhuriyeti'nin dünya sahnesinde oynadığı rolün sona erdiğini açıkça ortaya koyuyordu. Bu durum, Levant ticaretine yönelik yeni atılımlar için Fransa'ya fırsat sunuyordu. Fransız tüccarlar, yeni ihraç ürünleriyle –Languedoc'un ince yünlü kumaşı– İzmir'de ve öteki Levant limanlarında artan bir ticaret payını denetimleri altına alıyorlardı. Bu, Leiden'den getirilen kumaştan daha ucuzdu, ama birçok alıcıyı cezp edecek kadar kaliteliydi. Fransızlar, elde ettikleri ek kârları Levant'tan daha fazla pamuk almak, böylece ticaret hacimlerini artırmak için kullanıyorlardı.

Hollanda'nın ticari öneminin azalmasına karşın, III. Willem'in "vali-kral" olarak 1672'den 1702'ye kadar süren hükümdarlığı sırasında İngiliz-Hollandalı diplomasisi çok önemli bir işlev üstlenecekti. Türk güçleri'nin 1683'te Viyana'yı kuşatması Habsburglar ve onların Orta ve Güneydoğu Avrupa'daki müttefikleri ile uzun bir savaşın başlangıcını oluşturacaktı. Hollanda'nın Osmanlı devleti nezdindeki elçisi Jacobus Colyer, Karlofça Antlaşması (1699) ile sonuçlanan bir barış sürecinde aracı rolünü üstlendi (Res. 4).

Pieter van Woensel (1747-1808) a doctor known in Dutch literary history as a political satirist, wrote a highly original travel story under the pseudonym 'Amurath-Effendi Hekim-Bachi' ('chief doctor Murad Efendi'). It is a complete departure from all earlier works in the genre, examining the Ottoman Turks in their international political and military context from 1784 and 1789. Van Woensel gives an eyewitness account of the horrors of Russian aggression against the Turkish population of the Crimea and southern Russia. Eventually he could no longer bear to witness these massacres and resigned from his post to travel through the Crimea, Russia and Anatolia to İstanbul, where he practiced medicine for a while.

18TH CENTURY

After the heyday of Dutch-Ottoman relations from 1660 to 1713, the Netherlands was eclipsed by its main commercial competitors, the French and the British. The Treaty of Utrecht (1713) ended the War of the Spanish Succession and made it clear that the Dutch Republic had played out its role on the world stage. This was an opportunity for France to make new inroads into the Levantine trade. French merchants gained control of a growing share of trade with İzmir and other Levantine ports with their new export product, fine woolen cloth from Languedoc. This was cheaper than cloth from Leiden, but of sufficient quality to attract plenty of buyers. The French used the additional profits to buy more cotton in the Levant and thereby increase their volume of trade.

Despite the diminishing commercial significance of the Netherlands, Anglo-Dutch diplomacy proved critical during the reign of William III, the 'stadholder-king' (which lasted from 1672 to 1702. Turkish forces besieged Vienna in 1683, the setting-in of a prolonged war with the Habsburgs and their allies in Central and Southeast Europe. Jacobus Colyer, the Dutch ambassador to the Sublime Porte, assumed the role of mediator, in a peace process that culminated in the Treaty of Karlowitz (1699) (Fig. 4).

In 1725, the States-General appointed Cornelis Calkoen, a young patrician from Amsterdam, to succeed Ambassador Jacobus Colyer, who had died in İstanbul. The new ambassador arrived in the Ottoman capital on 30 May 1727 and had his first audience with the Grand Vizier on Friday 12 September. Sultan Ahmed III received him and accepted his credentials on 14 September. Calkoen's chief duty was to protect and promote Dutch trade interests. He also took an active politi-

Res. Fig. 4
Genel Meclis'in Pasarofça Antlaşması (1718) Münasebetiyle Sultana Gönderdiği Tebrik Mektubu.
Letter of Felicitations of the States General to the Sultan at the Occasion of the Peace Treaty of Passarowitz in 1718.
ARA, Calkoen 570

İstanbul'da ölen elçi Jacobus Colyer'den sonra, Genel Meclis 1725'te onun yerine Amsterdamlı genç aristokrat Cornelis Calkoen'u elçi atadı. Yeni elçi, 30 Mayıs 1727'de Osmanlı başkentine geldi ve ilk resmi görüşmesini 12 Eylül Cuma günü sadrazam ile yaptı. Sultan III. Ahmed, 14 Eylül'de huzuruna çıkan elçinin itimatnamesini kabul etti. Calkoen'un başlıca görevi, Hollanda'nın ticari çıkarlarını korumak ve geliştirmekti. 1737'de aktif bir siyasi rol de üstlendi: Calkoen, Babıâli'nin isteği üzerine, İngiltere elçisiyle birlikte, Osmanlı İmparatorluğu ile Rus İmparatorluğu arasındaki barış görüşmelerinde aracılık yaptı (bu görüşmeler sonuçta başarısız olmuştur).

Calkoen, Lale Devri olarak bilinen ve III. Ahmed'in hükümdarlığı (1703-1730) sırasında gelişme gösteren Türk sanat, kültür ve edebiyatına tanık olmuş; Osmanlı yaşamı, siyaseti ve kültürüyle çok yakından ilgilenmişti. Calkoen, aristokratik tercümanı Skarlatos Karadja'nın (Carel Karatza), kâtibi ve dostu Jan Carel des Bordes'un ve ekibindeki Levantenlerin yardımıyla, çok geniş bir ağ kurmuş ve yeni gelişmelerden haberdar olmayı başarmıştı. Bu, sıra dışı bir diplomatik ilişkiler

cal role in 1737, when at the request of the Sublime Porte he and his British counterpart acted as a mediator in peace negotiations between the Ottoman and Russian Empires (which ultimately failed).

Calkoen saw Turkish art, culture and literature flourish under the reign of Ahmed III (1703-1730), which was known as the Tulip Period. He took an exceptionally keen interest in Ottoman affairs, politics and culture. With the help of his aristocratic dragoman Skarlatos Karadja (Carel Karatza), his secretary and friend Jan Carel des Bordes and the Levantine members of his staff, he built up a far-reaching network and managed to stay apprised of new developments. This led to an unusual form of diplomatic relations and East-West dialogue, in which the Grand Vizier eagerly drew on the Dutch ambassador's information during their regular *tête-à-têtes*.

Calkoen left İstanbul on 28 April 1744. The archival records of his years as ambassador form a rich source of historical data. Documentation of a different kind is provided by the collection of paintings that he commissioned from the French painter Jean-Baptiste Vanmour, who worked in İstanbul.

Besides their political duties, the primary task of Dutch ambassadors was to protect the interests of Dutch nationals and Dutch trade. In particular, they had to make sure that the capitulations were enforced in full. Under the terms of those capitulations, Dutch nationals —as well as those who enjoyed Dutch diplomatic protection because they were in the service of a consul or embassy, or working to promote Dutch interests in some other way -were entitled to certain privileges and exemptions. It was crucial for the Netherlands to maintain or build on this special status in the day-to-day practice of trade and international relations, and to adapt it to specific circumstances in a way that favoured its own interests.

After the first capitulation, received in 1612 when the embassy was established, Sultan Murad IV (who reigned from 1623 to 1640) granted another, identical one in 1634 (Fig. 5). In other words, this second capitulation was no more than a formal confirmation of the status of the Netherlands and Dutch nationals in the Ottoman Empire. The capitulation of 1680, granted by Mehmed IV (sultan from 1648 to 1687), was the result of Ambassador Justinus Colyer's diplomatic efforts. Following the example of his French and British colleagues (read: rivals) Colyer managed to obtain the reconfirmation and slight expansion of the Dutch capitulations. It was this 1680 capitulation that safeguarded the Netherlands' role and interests in the Middle East, North Africa and Southeast Europe. It remained the basis for the legal status of the

biçimi ve Doğu-Batı diyaloğuyla sonuçlanmıştı; sadrazam, Hollanda elçisi ile düzenli özel görüşmelerinde, elçinin bilgilerinden seve seve yararlanıyordu.

Calkoen, 28 Nisan 1744'te İstanbul'dan ayrıldı. Elçilik yıllarına ilişkin arşiv kayıtları, zengin bir tarihsel veriler kaynağı oluşturur. Calkoen'un İstanbul'da çalışan Fransız ressamı Jean-Baptiste Vanmour'a yaptırdığı resimler de farklı türden bir belgeleme niteliği taşır.

Siyasal yükümlülüklerinin yanı sıra, Hollanda elçilerinin başlıca görevi, Hollandalı yurttaşların çıkarlarını ve Hollanda ticaretini korumaktı. Elçiler özellikle kapitülasyonların tam olarak uygulanmasını sağlamak zorundaydılar. Kapitülasyon koşulları uyarınca, Hollanda uyrukluların –ayrıca, bir konsolosluk ya da elçiliğin hizmetinde oldukları ya da bir biçimde Hollanda çıkarlarını kollamaya çalıştıkları için Hollanda'nın diplomatik koruması altında olanların– belli yasal ayrıcalıkları ve muafiyetleri vardı. Hollanda'nın, gündelik ticari uygulamalarda ve uluslararası ilişkiler bağlamında bu özel konumu koruması ya da geliştirmesi ve bunu spesifik koşullara kendi çıkarlarını gözetecek şekilde uyarlaması son derece önemliydi.

Elçiliğin kurulduğu 1612 yılında alınan ilk kapitülasyondan sonra, Sultan IV. Murad (1623-1640 yılları arasında hüküm sürmüştür), 1634'te ilkiyle aynı nitelikte bir başka kapitülasyon verdi (Res. 5). Başka bir deyişle, bu ikinci kapitülasyon, Hollanda'nın ve Osmanlı İmparatorluğu'ndaki Hollandalı yurttaşların statüsünün resmen onaylanmasından ibaretti. 1648-1687 yılları arasında hüküm süren IV. Mehmed'in verdiği 1680 Kapitülasyonu, elçi Justinus Colyer'in diplomatik çabalarının bir sonucuydu. Colyer, Fransız ve İngiliz meslektaşlarını (yani rakiplerini) örnek alıp onların izinden giderek, Hollanda kapitülasyonlarının yeniden onaylanmasını ve kapsamının biraz genişletilmesini sağlamayı başardı. Hollanda'nın Ortadoğu, Kuzey Afrika ve Güneydoğu Avrupa'da rolünü ve çıkarlarını koruyan, bu 1680 Kapitülasyonu oldu. Bu kapitülasyon, Osmanlı yönetimi 1914'te imparatorluğun kapitülasyonlarını kesin olarak yürürlükten kaldırıncaya kadar Hollandalıların yasal statüsünün temeli olarak kaldı (bununla birlikte, belirtmek gerekir ki, yabancı ülkelerin Türkiye ile ilişkilerinde kapitülasyonlar rejimi, 1923 tarihli Lozan Antlaşması'na kadar resmi olarak yürürlükten kalkmamıştır). 1840'ta imzalanan ve karşılıklılığa dayanan iki taraflı bir ticaret anlaşması, daha önce var olan duruma bir ekten ibaretti; ama bu anlaşmayla Hollanda ile Türkiye arasındaki ilişkilerin temeli değişti, İslam hukukunun yerini uluslararası Batı hukuku aldı.

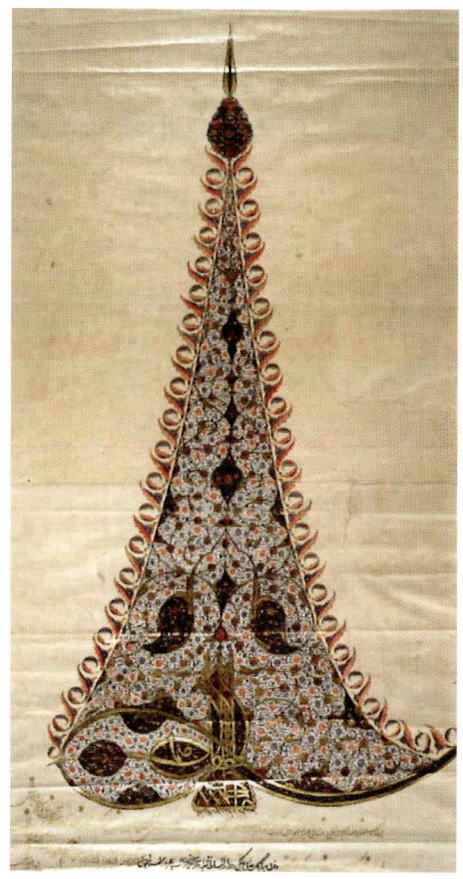

Res. Fig. 5
Sultan IV. Murad Tarafından Verilen Kapitülasyonlara İlişkin Belgede Yer Alan Bezemeli Tuğra.
The Decorated Tugra on the Document of Capitulations Issued by Sultan Murad IV.
1634, ARA, SG, 12593.47

Dutch until the Ottoman government effectively revoked the Empire's capitulations in 1914 (it is, however, worth noting that the capitulatory regime for foreign relations with Turkey was not officially terminated until the Treaty of Lausanne in 1923). A bilateral trade agreement concluded in 1840, which was based on reciprocity, was no more than a supplement to the pre-existing situation, but it did shift the foundation of relations between the Netherlands and Turkey from Islamic law to Western international law.

In the 18th century, it became substantially less difficult to monitor compliance with the capitulations. Increasingly, the lives of Dutch nationals in the Levant were characterized by social and political stability. It was not unusual for trading companies to go bankrupt, however. Interestingly, the Dutch Levant trade —unlike that of other Western European nations- was fairly open to merchants of other nationalities, especially non- Muslim Ottoman subjects. Greeks, Armenians and Jews encountered few obstacles to entering into

18. yüzyılda, kapitülasyonlarla uyumun denetlenmesi önemli ölçüde kolaylaşmış; Levant'taki Hollandalı yurttaşların yaşamları, toplumsal ve siyasal açıdan giderek daha istikrarlı hale gelmişti. Gene de, ticari şirketlerin iflas etmesi sıra dışı bir durum değildi. İlginç olan nokta, Hollanda'nın Levant ticaretinin –öteki Batı Avrupa milletlerinin ticaretinin aksine– diğer milletlerden tüccarlara, özellikle gayrimüslim Osmanlılara oldukça açık olmasıydı. Rumlar, Ermeniler ve Yahudiler Hollanda'nın hizmetine girerken pek az engelle karşılaşıyor, daha sonra Hollanda uyruğuna geçiyor; aynı Hollanda bayrağı altında, önceki efendilerinin dişli birer rakibi haline geliyorlardı. Hem bu yapı, hem evlenilebilecek Protestan kadınların sayıca hep yetersiz kalması nedeniyle, Türkiye'deki Hollanda cemaati yavaş yavaş milli niteliğini büyük ölçüde yitirdi. Birçoğu Kalvenci Protestanlıktan Katolikliğe geçti ve Hollandaca Fransızca karşısında önemini yitirdi. Ne var ki, yasal açıdan, bu Levantenler açıkça Hollandalı kimliklerini koruyorlardı.

15. yüzyılda İstanbul'a yerleşen "Latin" (başka bir deyişle, Levanten Katolik) bir ailenin bir kolunun tipik Türk-Hollandalı aile tarihini gözden geçirelim. 1713'te Hollanda elçiliğinde tercüman olarak işe başlayan Gasparo Testa, ailesinden bu görevi üstlenen ilk kişiydi. Oğlu doktor Jacques Testa (1804'te ölmüştür), 1766'da tercüman oldu. Jacques'ın oğlu Gaspard, 1776'da stajyer tercüman olarak işe başlayıp emin adımlarla diplomatik basamakları tırmandı, 1791'de kançlarya memurluğu, 1798'de kançlarya şefliği, 1804'te elçi kâtipliği ve 1808'de başkâtiplik görevlerine yükseldi. Gaspard, 1825'te elçilik müsteşarlığına terfi ettirildi; öldüğü yıl olan 1847'de Hollanda'nın İstanbul'da mukim elçisi oldu ve hizmetlerinin karşılığı olarak kendisine baron unvanı verildi.

Siyasetçi ve diplomat Baron Frederik Gijsbert van Dedem (1743-1820), 1784'te Babıâli'ye elçi atandı. Van Dedem, Genel Meclis'te yıllarca Overijssel eyaletinin vekilliğini yapmış ve 1780'de aynı meclisin başkanı olmuştu. Fransız Devrimi hareketine yakınlığıyla biliniyordu ve Yurtsever Hareketi'nin önde gelen destekçilerinden biriydi.

Van Dedem, yeni çalışma yerine eşi, çocukları, sekreteri Joost Frederik Tor ve birçok hizmetkârla birlikte gelmişti. İstanbul'a 24 Ağustos 1785'te ulaştı ve Birleşik Eyaletler Cumhuriyeti'nin Babıâli'deki son elçisi oldu. Van Dedem'in Sultan III. Selim'le ilk resmi görüşmesi, 29 Kasım 1785'te gerçekleşti. Bu tür durumlarda genellikle bağlı kalınan katı protokol bir ölçüde gevşek tutulmuştu: Bu görüşmenin tasvir edildiği bir resimde görülebileceği üzere, elçinin, genç oğlu Anthony Boldewijn'i yanında getirmesine izin verilmişti.

the service of the Netherlands, eventually obtaining Dutch nationality and becoming formidable competitors under the same Dutch flag as their erstwhile masters. As a result of this pattern, as well as the constant shortage of marriageable Protestant women, the Dutch community in Turkey gradually lost much of its national character. Many converted from Reformed Protestantism to Catholicism, and the Dutch language lost ground to French. In legal terms, however, these Levantines remained unambiguously Dutch.

Consider the typical Turkish-Dutch family history of a branch of a 'Latin' (in other words, Levantine Catholic) family that set down roots in İstanbul in the 15th century. In 1713 Gasparo Testa became the first of his line to serve as a dragoman at the Dutch embassy. His son, the doctor Jacques Testa (who died in 1804), became a dragoman in 1766. Jacques' son Gaspard, who became a dragoman-in-training in 1776, steadily climbed the diplomatic ladder, attaining the offices of vice-chancellor in 1791, chancellor in 1798, embassy secretary in 1804 and *chargé d'affaires* in 1808. In 1825, he was promoted to embassy counsellor and in the year of his demise, 1847, he became the resident minister of the Netherlands in İstanbul and was created baron in recognition of his services.

Baron Frederik Gijsbert van Dedem (1743-1820), a politician and diplomat, was named ambassador to the Sublime Porte in 1784. For many years, he had represented the province of Overijssel in the States General, and he became the chairman of that body in 1780. He was known to be sympathetic to the French revolutionary cause and was a prominent supporter of the Patriot movement.

Van Dedem traveled to his new place of work in the company of his wife and children, his secretary Joost Frederik Tor and a multitude of servants. He arrived in İstanbul on 24 August 1785, becoming the final ambassador of the Republic of the United Provinces to the Porte. His first audience with Sultan Selim III took place on 29 November 1785. The strict protocol generally adhered to on such occasions was relaxed somewhat: the ambassador was permitted to bring his young son Anthony Boldewijn along, as we can see in a painting of the event. Previously only Ottoman princes had, occasionally, been allowed to appear on such occasions.

Van Dedem was a very energetic diplomat, and there are copious archives for his term of office. His frequent exchanges of diplomatic notes with the Porte are especially noteworthy. He also developed an extensive network of individuals under diplomatic protection in the Levant.

In 1795, Ambassador Van Dedem was allowed to retain his

Daha önce, bu tür görüşmelerde yalnızca zaman zaman Osmanlı şehzadelerinin bulunmasına izin verilmişti.

Van Dedem, çok enerjik bir diplomattı, görevini sürdürdüğü dönemden pek çok arşiv vardır. Van Dedem'in Babıâli'yle sık diplomatik yazışmaları özellikle dikkat çekicidir; ayrıca, Levant'ta diplomatik koruma altında pek çok bireyden oluşan bir ağ geliştirmiştir.

1795'te, yeni Batavya Cumhuriyeti yönetimi, elçi Van Dedem'in görevinde kalmasına izin veriyordu. 1799'da, General Napolyon Bonapart'ın komuta ettiği bir Fransız birlikleri, Osmanlı idaresi altındaki Mısır ve Suriye'yi kuşattığında, Van Dedem zor durumda kaldı. Osmanlı İmparatorluğu, Mısır ve Rusya'yla ittifak kurup Fransa'ya savaş ilan etti. Fransız maslahatgüzarı ve ekibi, Osmanlı eyalet hapishanesine atıldı. Van Dedem, Fransa'yla güçlü bağları olan Batavya Cumhuriyeti'nin temsilcisi olmakla birlikte, böyle bir cezaya çarptırılmadı. Buna karşılık, Babıâli Hollanda'yla diplomatik ilişkilerini kesti. Osmanlı devleti, Van Dedem'e yönelik özel takdirinin bir göstergesi olarak, ondan (küçük ekibiyle birlikte) Bükreş'e yerleşmesini istedi: Bükreş, Osmanlı İmparatorluğu'na vergi ödeyen Eflak Prensliği'nin başkentiydi; başka bir deyişle, Osmanlı sınırları içinde bulunuyordu. Bu oldukça hoşgörülü sürgün biçimi iki yıl sürdü. Van Dedem 1802'de İstanbul'a döndüğünde, Hollandalı çıkar gruplarından oluşan ağını yeniden kurma olanağı buldu.

Elçi, 1803-1807 yılları arasında izinli olarak ana yurdundaydı. Van Dedem bir kez daha İstanbul'a döndüğünde –bu kez yeni atanan Hollanda kralı Louis Napolyon'un elçisi olarak–, elçiliği Fransız denetiminden kurtarmayı başardı. 1808'de, Sultan III. Selim'e resmen veda ederek Hollanda'ya gitmek üzere yola çıktı ve bir daha İstanbul'a hiç dönmedi. Van Dedem, Hollanda Krallığı'nın Napolyon İmparatorluğu tarafından ilhak edildiği 1810'a kadar kâğıt üzerinde elçilik görevinde kaldı. Frederik Gijsbert van Dedem, "Birinci İmparatorluk kontu" unvanıyla Fransız soylu sınıfına yükseltildi ve saygın "senatör" unvanına layık görüldü. Hollanda, Fransa'dan bağımsızlığını yeniden kazandıktan sonra, Van Dedem artık kamu yaşamında aktif bir rol üstlenmedi.

Türkler hakkında yeni bakış açısının bir örneği, Baron Frederik'in oğlu Anthony Boldewijn van Dedem'in yazılarında görülür. Anthony, anne babasıyla İstanbul'a geldiğinde on yaşındaydı ve 1793'e kadar burada kalacak, arada yalnızca bir kez Hollanda'ya gidecekti. Anthony, olaylarla dolu kariyerinin bir bölümünü anlattığı anılarında, elçilikteki ve elçilik çevresindeki sosyal yaşamı betimler. Beyoğlu semti ve çevresi, özellikle kozmopolit bir topluluğu içine barındırıyordu. On

office by the government of the new Batavian Republic. In 1799 he found himself in hot water when a French expeditionary force, commanded by General Napoleon Bonaparte, invaded Ottoman Egypt and Syria. The Ottoman Empire forged an alliance with Egypt and Russia and declared war on France. The French *chargé d'afitaireà* and his staff were thrown into the Ottoman state prison. Though Van Dedem was the representative of the Batavian Republic, which had strong ties with France, he was spared this fate. However, the Porte did break off diplomatic relations with the Netherlands. As a token of personal esteem for Van Dedem, the Ottoman government ordered him (along with a small staff) to take up residence in Bucharest, the capital of the tributary principality of Walachia-in other words, within the Ottoman borders. This fairly tolerable form of exile lasted two years. When Van Dedem returned to İstanbul in 1802, he was able to restore his network of Dutch interest groups.

From 1803 to 1807, the ambassador was on leave in his home country. Upon returning to duty in İstanbul once again —this time as ambassador of the newly appointed King of Holland, Louis Napoleon- Van Dedem succeeded in wresting the embassy from French control. In 1808, he said his official farewell to Sultan Selim III and departed for the Netherlands, never to return. He remained ambassador in formal terms until 1810, when the Kingdom of Holland was annexed by the Napoleonic Empire. Frederik Gijsbert van Dedem was raised to the French nobility as *comte de l'empire* and honoured with the prestigious title of senator. After the Netherlands regained its independence from France, he no longer took active part in public life.

An example of the new perspective on the Turks is found in writings by Baron Frederik's son, Anthony Boldewijn van Dedem, who was ten years old when he came to İstanbul with his parents and would remain there until 1793 (with only a single trip to the Netherlands in the meantime). In his memoirs, which describe part of his eventful career, he describes social life in and around the embassy. The Beyoğlu district and its surroundings were home to an especially cosmopolitan community. Thirteen embassies were located there, and the prosperity of the foreign trade colony and the Levantine elite was on firm footing. There is nothing surprising about all this, but it is striking that, according to the observations of the young Van Dedem, social contacts in this period involved the Ottoman Turkish community-that is, the Muslim elite. Regular visits were paid to the Grand Vizier and his household. Even the highest-ranking spiritual leader in the Muslim hierarchy,

üç elçilik burada bulunuyordu ve yabancı ticaret kolonisi ile Levanten elitin refahı sağlam temellere dayanıyordu. Bütün bunlarda şaşırtıcı bir yan yok, ama çarpıcı bir nokta söz konusu: Genç Van Dedem'in gözlemlerine göre, bu dönemde sosyal ilişkiler, Osmanlı Türk cemaatini –yani Müslüman elit kesimi– içine alıyordu. Sadrazam ve ailesine düzenli olarak ziyarete gidiliyordu. Müslüman hiyerarşisinin en üst makamındaki dini lider şeyhülislam ve padişahın fıkıh âlimleri bile, "kâfirler"le arkadaşlığı kabul ediyorlardı. Van Dedem, yazılarında akşam toplantılarından söz eder: Bu toplantılarda, Hollanda elçiliğinin tercümanı araştırmacı Rudolphe Braggiotti ile Osmanlı veziri arasında gerçekten aydın tartışmalar oluyordu. Hatta Anthony, yıllar sonra hâlâ süren gönül yarasıyla, Osmanlı sadrazamının kızına âşık olduğunu itiraf eder. Bütün bunlar yalnızca mikro-tarih olabilir, ama Batı Avrupa ile Türk Doğusu arasındaki, Hollanda ile Türkiye arasındaki toplumsal bağların her zamankinden daha yakın hale geldiğinin bir göstergesi olarak belli bir öneme sahiptir.

19. YÜZYIL

Hollanda, 19. yüzyıl boyunca, kapitülasyon ayrıcalığı tanınan ülkeler arasında statüsünün görece önemini kaybetmesine ve buna bağlı olarak Türkiye'deki temsilcilerinin nüfuzunun azalmasına tanık oldu. Gene de, Osmanlı sultanının yabancı ülkelerle yaptığı yeni antlaşmalar –Hollanda'yla yaptığı 1840, 1862 ve 1873 tarihli antlaşmalar dahil olmak üzere–, yalnızca ticaret alanında farklılık gösteriyor, düzenin geleneksel olarak tanıdığı tek yanlı ayrıcalıkları ortadan kaldırmıyordu. Bununla birlikte, Osmanlı sultanı 1855'te Lahey'e bir elçi atayınca, Hollanda-Türk ilişkileri daha iki yönlü bir nitelik edindi. Bir yıl sonra Osmanlı İmparatorluğu Avrupa İttifakı'na kabul edildi; böylece imparatorluğun uygar bir devlet olduğu teslim edilmiş oluyordu. Önceki yüzyıllarda ayrı ayrı ülkelere tanınan kapitülasyonlar tek bir yapı içinde birleştirildi, bu yapı içindeki yabancı güçlerin temsilcileri tarafından toplu olarak uygulanmaya başladı ve Hollanda, kendi politikalarını oluşturmak zorunda kalmaksızın bu yeni düzenlemenin getirilerinden yararlandı. Babıâli'ye atanan mukim elçiler ile o dönemde Ortadoğu, Güneydoğu Avrupa ve Kuzey Afrika'da hâlâ birçok ecnebi temsilcilikte görevli konsoloslar, siyasal ve ekonomik gelişmeler hakkında rapor vermeye devam ediyorlardı. 1869'da Süveyş Kanalı'nın açılmasından sonra, Hollanda gemiciliğinin önemi arttı.

Sultan II. Abdülhamid'in hükümdarlığı döneminde (1876-1909) İstanbul, İslam birliği propagandasının merkezi haline

the *Şeyhülislam,* and the sultan's supreme judges accepted the company of 'infidels'. Van Dedem writes of soirées where genuinely enlightened debates took place between the dragoman of the Dutch embassy, the scholar Rudolphe Braggiotti, and the chancellor of the Porte. He even confesses that —to his continuing chagrin, so many years later- he was enamoured of the daughter of the Grand Vizier, the Ottoman prime minister. All this may be mere microhistory, but it has definite importance as an indication that cultural and social ties between Western Europe and the Turkish East, between the Netherlands and Turkey, were becoming closer than ever.

19TH CENTURY

In the course of the 19th century, the Netherlands saw its status decline to that of a minor power among those which had been granted capitulations, and the influence of its representatives in Turkey dwindled accordingly. Even so, the new treaties that the Sultan concluded with foreign nations -including those with the Netherlands in 1840, 1862 and 1873- only differed in the area of trade, without detracting from the unilateral benefits that the system had traditionally conferred. Dutch-Turkish relations did nevertheless become more of a two-way street when the Ottoman sultan appointed an envoy to The Hague in 1855. A year later, the Ottoman Empire was admitted to the Concert of Europe and thus recognized as a civilized state in European terms. The separate national capitulations of earlier centuries were merged into a single system, applied collectively by the representatives of the foreign powers involved, and the Netherlands reaped the benefits without having to make policies of its own. The resident ministers assigned to the Porte and the consuls at the many missions still in operation throughout the Middle East, Southeast Europe and north Africa continued reporting on political and economic developments. After the opening of the Suez Canal in 1869 Dutch shipping increased in importance.

During Sultan Abdülhamid II's reign (1876-1909) İstanbul became a centre for pan-Islamic propaganda. With its colony in the East Indies (modern-day Indonesia), the Netherlands was in a sense a large Muslim state. Fears of Islamist fundamentalism (in fact unfounded) created some extra political work for Dutch emissaries in Turkey, who were expected to report on forces in İstanbul that could potentially disrupt law and order in the Indies. It was no coincidence that the Dutch government's advisor for Muslim affairs, the Orientalist

geldi. Hollanda, Doğu Hint Adaları'ndaki (günümüzde Endonezya) sömürge yönetimiyle, bir bakıma büyük bir Müslüman devletti. İslami köktencilik korkuları (aslında temelsiz korkulardı bunlar), Türkiye'deki Hollanda elçilerinin fazladan bir siyasal çabaya girmelerini gerektiriyordu: Elçilerden, İstanbul'da Doğu Hint Adaları'ndaki yasayı ve düzeni bozabilecek güçler hakkında rapor vermeleri bekleniyordu. Hollanda yönetiminin Müslümanlık konusunda danışmanı olan Leiden Üniversitesi'nden şarkiyatçı Christiaan Snouck-Hurgronje'nin (1857-1936), 1907'de ve 1908'de İstanbul'a gitmesi, bu yolla II. Abdülhamid'in despot rejimine son veren Jön Türk İhtilali'ne birinci elden tanıklık etme fırsatını bulması bir rastlantı değildi.

Hollanda Dışişleri Bakanlığı tarafından İstanbul'daki elçiliğe stajyer tercüman olarak atanan J. H. Kramers (1891-1951), 1915'te İstanbul'a geldi. Ne var ki Kramers şehre ulaştığında, Osmanlı devletinin, bütün kapitülasyon düzenine tek yanlı olarak son verdiğini öğrendi. Bunun bir sonucu olarak Kramers diplomatik görevlerini yerine getiremedi, çünkü tercümanın görevi tam da kapitülasyonları uygulamaktı. Böylece, Hollandalı tercümanların sonuncusu, ömrünü İstanbul'da Türkçeyi ve ülke tarihini araştırmaya adadı, bu alanda uluslararası ün edindi.

Hollanda'nın Birinci Dünya Savaşı sırasındaki tarafsızlığı, İstanbul'daki Hollanda elçiliğinin çalışmasını daha da önemli hale getirdi: Elçiliğe, Osmanlı İmparatorluğu ile savaş halinde olan Rusya'nın ve bazı başka ülkelerin halk ve yönetimlerinin çıkarlarını savunma görevi verilmişti.

20. YÜZYIL

Türkiye Cumhuriyeti ve Hollanda

Mustafa Kemal Atatürk'ün Türkiye'de cumhuriyetini kurduğu 1919-1923'te Türk ulus devletinin doğuşu, Hollanda-Türk ilişkilerini kesintiye uğratmadı. Hollanda, kapitülasyon düzeninin kesin olarak yürürlükten kaldırılmasına itiraz etmedi; oysa bu düzenin yürürlükten kaldırılması, Türk toplumunun bir parçası haline gelmiş olan Hollandalılara (yaklaşık 300-400 kişi) yönelik ayrıcalıklı muameleyi sona erdiriyordu. Hollanda, Türkiye'deki yeni düzeni –saltanatın kaldırılmasını ve cumhuriyetin kurulmasını– kabul etmeye hazırdı. 16 Ağustos 1924 gibi erken bir tarihte, iki devlet Ankara'da bir dostluk antlaşması imzaladılar.

Christiaan Snouck-Hurgronje (1857-1936) of the University of Leiden, went to İstanbul in 1907 and 1908 and thus had the opportunity to witness at first hand the Young Turk Revolution that put an end to the autocratic regime of Abdülhamid II.

In 1915, J.H. Kramers (1891-1951) went to İstanbul, having been appointed a dragoman-in-training to the Dutch mission there by the Ministry of Foreign Affairs. On arriving, however, he discovered that the Ottoman government had unilaterally terminated the entire capitulatory system. As a result, Kramers could not perform his diplomatic duties, because the task of a dragoman was precisely to apply the capitulations. So it was that the last of the Dutch dragomans spent his years in İstanbul studying the Turkish language and the country's history, a field in which he garnered an international reputation.

Dutch neutrality during the First World War lent additional importance to the work of the Dutch legation in İstanbul, which was charged with promoting the interests of the people and governments of Russia and certain other states at war with the Ottoman Empire.

20TH CENTURY

The Republic of Turkey and The Netherlands

The birth of the Turkish nation-state in 1919-1923, when Mustafa Kemal Atatürk founded the republic of Turkey, did not interrupt Dutch-Turkish relations. The Netherlands made no objection to the definitive termination of the capitulatory system, even though it brought an end to the preferential treatment of the Dutch nationals (approximately 300 to 400 in number) who were deeply rooted in Turkish society. The Netherlands was willing to accept the new order in Turkey: the end of the sultanate and the creation of the Republic. As early as 16 August 1924, the two states signed a treaty of friendship in Ankara.

BIBLIOGRAPHY

Anatolica, Annuaire international pour lei civilizations de l'Asie antérieure. VIII (Leiden. 1981), (Includes six articles in English and French by Turkish and Dutch scholars about modern Turkey, published in 1981, the 'Atatürk Year')

R. Bekius, 'De Armeense kolonie in Amsterdam 1600-1800', *De Gids* 148 (1985), *pp.* 216-223.

G.R. Bosscha Erdbrink, *At the Threshold of Felicity: Ottoman-Dutch Relations during the embassy of Cornelis Calkoen at the Sublime Porte 1726-1744*, Ankara *1975*.

A.H. de Groot, *The Ottoman Empire and the Dutch Republic: A History*

KAYNAKÇA

Anatolica, Annuaire international pour les civilizations de l'Asie antérieure, VIII (Leiden 1981). (Türk ve Hollandalı bilim adamlarının modern Türkiye üzerine İngilizce ve Fransızca altı yazısını içerir. "Atatürk Yılı" dolayısıyla 1981'de yayımlanmıştır.)

R. Bekius, "De Armeense kolonie in Amsterdam 1600-1800", *De Gids* 148 (1985), s. 216-223.

G. R. Bosscha Erdbrink, *At the Threshold of Felicity: Ottoman-Dutch Relations during the Embassy of Cornelis Calkoen at the Sublime Porte 1726-1744,* Ankara 1975.

A. H. de Groot, *The Ottoman Empire and the Dutch Republic: A History of the Earliest Diplomatic Relations 1610-1630,* Leiden / İstanbul 1978.

A. H. de Groot, *De betekenis van de Nederlandse ambassade bij de Verheven Porte voor de studie van het Turks in de 17de en 18de eeuw,* Leiden 1979.

A. H. de Groot, "Turkije". *Van vreemde herkomst, Aclnergronden van Turkse en Marokkaanse landgenoten* içinde, ed. R. Peters, Bussum 1982, s. 145-210.

A. H. de Groot, Zeki Çelikkol ve Ben J. Slot, *Lale ile Başladı/It Began with the Tulip: The History of Four Centuries of Relationship between Turkey and the Netherlands in Pictures,* Ankara 2000.

K. Heeringa, *Bronnen tot de Geschiedenis van den Levantschen Handel* I (1592-1660), II (1661- 1726), Lahey 1910, 1917, J.G. Nanninga tarafından devam ettirilmiştir: III (1727-1765) ve IV (1765-1826), Lahey 1952, 1964-1966.

A. H. Huussen, *Het Leven van Ogier Ghislain de Busbecq, En het verliaal van zijn avanturen* als *keizerlljk gezant in Turkije 1554-1562,* Leiden 1949.

J. I. Israel, "The Phases of the Dutch straatvaart (1590-1713)", *Tijdschrift voor Geschiedents* 99 (1986), s. 1-30.

J. H. Kramers, *Analecta Orientalia, Cilt I,* Leiden 1954.

F. J. E van Lennep, "Een Schilderij uit de Levant", *Late Regenten* içinde, Haarlem 1962, s. 207-221.

R. van Luttervelt, *De 'Turkse' Schilderijen van J.B. Vanmour en zijn School.* Leiden / İstanbul 1958.

Z. R.W.M. von Martels ve M. Goldsteen (giriş yazısı, ed. ve çev.), *Ogier van Bodesbeeke,* Turkse Brieven, Hilversum 1994.

J. Schmidt, *Through the Legation Window 1876-1926, Four Essays on Dutch, Dutch Indian and Ottoman History,* Leiden / İstanbul 1992 (İstanbul Hollanda Tarih ve Arkeoloji Enstitüsü Yayınları LXVIII).

J. Schmidt, (ed.), *Per Koets naar Constantinopel, De Gezantschapsreis van Baron van Dedem van de Gelder naar İstanbul in 1785,* Zutphen 1998 (Werken uitgegeven door de Linschoten-Vereeniging LVXCVII).

J. Schmidt, *From Anatolia to Indonesia, Opium Trade and the Dutch Community* of *İzmir, 1820-1940,* Leiden / İstanbul 1998.

R. Schwoebel, *The Shadow* of *the Crescent: The Renaissance Image* of *the Turk (1453-1517),* Nieuwkoop 1967.

L. Wagner-Heidendal, *Het Filhellenisme in het Koninkrijk der Nederlanden (1821-1829),* Brüksel 1972.

J.J. Wesselo (giriş), Pieter van Woensel, *Amurath-Effendi, Hekim Bachi,* Zutphen (tarih yok).

of the Earliest Diplomatic Relations 1610-1630, Leiden / İstanbul 1978.

A.H. de Groot, *De betekenis van de Nederlandse ambassade bij de Verheven Porte voor de studie van het Turks in de 17de en 18de eeuw,* Leiden 1979.

A.H. de Groot, "Turkije' in: R. Peters (ed.), *Van vreemde herkomst. Aclnergronden van Turkse en Marokkaanse landgenoten, ed. R. Peters, Bussum* 1982, *pp. 145-210.*

A.H. de Groot, Zeki Çelikkol & Ben J. Slot. *Lale ile Başladı/It Began with the Tulip: The History of Four Centuries of Relationship between Turkey and the Netherlands in Pictures,* Ankara 2000

K. Heeringa, Bronnen tot de Geschiedenis van den Levantschen Handel I in 2 (1592-1660). II (1661- 1726), The Hague 1910, 1917: continued by J.G. Nanninga, III (1727-1765) and IV in 2 (1765- 1826), The Hague 1952. 1964-1966.

A.H. Huussen, *Het Leven* van Ogier Ghislain *de Busbecq, En het verliaal van zijn avanturen* als *keizerlljk gezant in Turkije 1554-1562,* Leiden 1949.

J.I. Israel, 'The Phases of the Dutch straatvaart (1590-1713)', *Tijdschrift voor Geschiedents* 99 *(1986),* pp.1-30.

J.H. Kramers, *Analecta Orientalia. Vol. I,* Leiden 1954.

F. J. E van Lennep, "Een Schilderij uit de Levant", in *Late Regenten,* Haarlem 1962, *pp.* 207-221.

R. van Luttervelt, *De 'Turkse' Schilderijen van J.B. Vanmour en zijn School,* Leiden/İstanbul 1958.

Z.R.W.M. von Martels & M. Goldsteen (intro.. ed. and trans.). *Ogier van Bodesbeeke.* Turkse Brieven, Hilversum 1994.

J. Schmidt, *Through the Legation Window 1876-1926, Four Essays on Dutch, Dutch Indian and Ottoman History,* Leiden/İstanbul 1992 (Publications de I' Institut historique-archeologique néerlandais de Stamboul LXVIII).

J. Schmidt, ed., *Per Koets naar Constantinopel, De Gezantschapsreis* van Baron *van Dedem van de Gelder naar İstanbul in 1785,* Zutphen 1998 (Werken uitgegeven door de Linschoten-Vereeniging LVXCVII).

J. Schmidt, *From Anatolia to Indonesia, Opium Trade and the* Dutch *Community* of *İzmir, 1820-1940,* Leiden/İstanbul 1998

R. Schwoebel, *The Shadow* of *the Crescent: The Renaissance Image* of *the Turk (1453-1517),* Nieuwkoop 1967.

L. Wagner-Heidendal, *Het Filhellenisme in het Koninkrijk der Nederlanden (1821-1829),* Brussels 1972.

J.J. Wesselo (intro), *Pieter van Woensel. Amurath-Effendi, Hekim Bachi,* Zutphen (undated).

LEVANT TİCARET ODASI

THE CHAMBER OF LEVANT TRADE

Laura van Hasselt
Amsterdam Müzesi / Amsterdam Museum

Cornelis Haga, bir ay süren bir yolculuğun ardından Mart 1612'de İstanbul'a ulaşıyordu, Hollanda'nın Osmanlı İmparatorluğu nezdindeki ilk elçisi olacaktı. Dört yüzyıl sonra, bugün, Hollanda ile Türkiye arasında, aile bağları, ticaret ve turizm gibi çok çeşitli bağlar söz konusudur. İki ülke arasındaki uzaklık, sözcüğün hem somut hem soyut anlamıyla hayal edilemeyecek derecede azalmıştır. Haga, posta arabasıyla Avrupa'yı bir uçtan bir uca kat etmişti, Akdeniz üzerinden gemiyle yolculuk etmiş ve bu yolculuğu dört ay sürmüştü. Bugün, Amsterdam'dan İstanbul'a uçak yolculuğu yalnızca üç buçuk saat sürüyor.

Levant Ticaret İdaresi

17. yüzyılda, Hollanda Cumhuriyeti'nden Osmanlı İmparatorluğu'na yolculuk birkaç ay sürmekle kalmıyor, tehlikeli de olabiliyordu. Birçok gemi batıyor; bazı gemiler Akdeniz'deki yağmacıların saldırısına uğruyordu. Kuzey Afrika'yı üs olarak kullanan kötü ünlü Berberi korsanlar, gemileri yağmalıyor, mürettebatı Hıristiyan köleler olarak satıyordu. Cornelis Haga'nın elçi olarak işinin önemli bir bölümü, bu kölelerin bırakılması için müzakere etmekti; bedeli yüksek bir uğraştı bu.

1625'te, Hollanda gemilerini donatmak ve ticareti teşvik etmek için Amsterdam'da bir şirket kuruldu. "Levant Ticaretinin ve Akdeniz'de Seyrüseferin İdaresi" (*Directie der Levantse Handel en Navigatie in de Middellandse Zee*) adındaki şirket, kısaca Levant Ticaret İdaresi olarak anılıyordu. Kurucularının en önemlilerinden biri, İstanbul gibi uzak bir yerden gelen Haga'ydı. Levant Ticaret İdaresi, Hollanda'nın Osmanlı İmparatorluğu ile denizyolu üzerinden temasını koordine ediyordu. İdare, hem Levant bölgesinden ithalat hem bu bölgeye ihracattan vergi alıyor, buna karşılık silah sağlıyor ve aracılık yapıyordu.

Bir açıdan Levant Ticaret İdaresi, daha doğuya, Japonya ve Güneydoğu Asya'ya sefer yapan Hollanda Doğu Hindistan

In March 1612, Cornelis Haga arrived in İstanbul after a month-long journey. He was to be the first Dutch ambassador to the Sultan's court. Four centuries on, Holland and Turkey are connected in all kinds of ways, such as family ties, commerce and tourism. The distance between the two countries has become unimaginably smaller, both figuratively and literally speaking. Haga's journey took four months, crossing Europe by coach and sailing across the Mediterranean. Today, a flight from Amsterdam to İstanbul takes only three and a half hours.

The Directorate of Levant Trade

Back in the seventeenth century, the voyage from the Dutch Republic to the Ottoman Empire did not only take several months, it could be dangerous as well. Many ships foundered; others were attacked by marauders in the Mediterranean. The notorious Barbary pirates, who operated from North Africa, emptied ships of their cargoes and sold their crews as Christian slaves. An important part of Cornelis Haga's work as an ambassador was to negotiate the release of these slaves, which was a costly affair.

In 1625, a company was set up in Amsterdam to arm Dutch ships and to encourage trade. It was called the 'Directorate of Levant Trade and Navigation in the Mediterranean' (*Directie der Levantse Handel en Navigatie in de Middellandse Zee*), in short: the Directorate of Levant Trade. Haga, all the way from İstanbul, was one of the main founders. The Directorate of Levant Trade coordinated maritime contact with the Ottoman Empire. It levied taxes, both on import from and export to the Levantine region, and provided arms and mediation in exchange.

The Directorate of Levant Trade was in a sense comparable to the Dutch East India Company (*Verenigde Oost-Indische Compagnie* or *VOC*), which sailed further east to Japan and Southeast Asia. The VOC, founded in 1602, was the world's

Şirketi'ne (*Verenigde Oost-Indische Compagnie* ya da *VOC*) benziyordu. 1602'de kurulan VOC, dünyanın ilk çok uluslu şirketiydi. Bu dönem, Hollanda'nın "altın çağı"ydı. Levant Ticaret İdaresi, Levant bölgesinde, VOC'nin Doğu'da sahip olduğu ticari tekele sahip olmadığı gibi, onunki kadar çok çalışanı da yoktu. Gene de, bütün ticari konularda etkili olmakla kalmayıp, Osmanlı İmparatorluğu'na elçi ve konsolosların atanmasında da etkili olan güçlü bir kuruluştu. Ticaret ile diplomasi, sıkı bağlarla birbirine bağlıydı. Hollanda Cumhuriyeti'nin resmi temsilcilerinin maaşlarının bir kısmını bile Levant Ticaret İdaresi ödüyordu.

Hollandalı tüccarlar, ipek, Ankara yünü, pamuk, kurutulmuş meyve, halı, meşe palamudu gibi Osmanlı ürünlerini satın alıyorlardı. Buna karşılık, Levant'ta her tür malı satıyorlardı. Bunlardan bir kısmı –örneğin, Leiden kumaşı ve mavi beyaz Delft çinisi– Hollanda Cumhuriyeti'nde üretiliyordu. "*Leeuwendaalders*" adı verilen Hollanda sikkeleri de, Osmanlı İmparatorluğu'nda çok rağbet görüyordu. Ama Hollanda gemileri dünyanın dört bir yanına gittiği için, ticari malları da çok farklı yerlerden geliyordu: baharat ve karabiber Uzakdoğu'dan, gümüş İspanya'dan, tahıl ürünleri ise Baltık bölgesinden. Levant Ticaret İdaresi'nin yardımıyla, Hollanda 17. yüzyılda Osmanlı İmparatorluğu'nun en önemli ticari ortaklarından biri haline geliyordu.

Levant Ticaret İdaresi'nin ilk ve ana ofisi, Amsterdam'daydı. Ofisi, hepsi de zengin Amsterdam ailelerine mensup yedi tüccardan oluşan bir kurul yönetiyordu. Osmanlı İmparatorluğu'yla ticaret 17. yüzyıl boyunca geliştikçe, Hoorn, Rotterdam, Middelburg gibi Hollanda liman şehirlerinde yeni odalar kuruldu. Gene de, Amsterdam odası öncü konumunu sürdürdü.

Çok manzaralı oda

Levant Ticaret İdaresi'nin Amsterdam ofisi, Hollanda Cumhuriyeti'nin en önemli binasında bulunuyordu: Dam Meydanı'ndaki belediye sarayında (Res. 1). Mimari tasarımını Jacob van Campen'in yaptığı Amsterdam'ın görkemli belediye sarayı, şehirli varlıklı yöneticileriyle bu şehrin gücünün temel simgesiydi. Saray, Hollanda ile Habsburg İmparatorluğu arasında seksen yıl süren savaşı sona erdiren Münster Barışı'ndan (1648) hemen sonra inşa edilmişti.

Levant Ticaret İdaresi'nin ilk yıllarında, eski –çok daha küçük– belediye sarayı henüz yerinde dururken, yöneticiler Amsterdam'da kiraladıkları çeşitli odalarda toplanıyorlardı. İdare'nin arşivlerine göre, yöneticiler sürekli olarak daha uy-

first multinational. This was the time of the Dutch 'Golden Age'. The Directorate of Levant Trade did not claim the same monopoly on trade in the Levantine region as the VOC held in the East, nor did it have nearly as many employees. Nevertheless, it was a powerful body, which was not only influential in all trade matters, but also in the appointment of ambassadors and consuls to the Ottoman Empire. Trade and diplomacy were closely intertwined. The Directorate even paid part of the salaries of the official representatives of the Republic.

Dutch merchants bought Ottoman products such as silk, angora wool, cotton, dried fruit, carpets, gallnuts, etc. Meanwhile, they also sold all kinds of goods in the Levant. Some of these were produced in the Dutch Republic, such as Leiden cloth and Delft Blue pottery. Also Dutch coins called 'Leeuwendaalders' became very popular in the Ottoman Empire. But as Dutch ships sailed the world, their merchandise came from many places: spices and pepper from the Far East, silver from Spain and grain from the Baltic. With the help of the Directorate of Levant Trade, Holland became one of the most important trading partners of the Ottoman Empire in the 17th century.

The first and main office of the Directorate of Levant Trade was in Amsterdam. It was directed by a board of seven merchants, who all came from wealthy Amsterdam families. As trade to the Ottoman Empire expanded in the course of the 17th century, new chambers were set up in the Dutch port towns of Hoorn, Rotterdam and Middelburg. The Amsterdam office, however, remained leading.

A room with many views

The Amsterdam office of the Directorate of Levant Trade was situated in the most important building of the Dutch Republic: the town hall on Dam Square (Fig. 1). Amsterdam's majestic town hall, designed by Jacob van Campen, was the quintessential symbol of the power of this city with its wealthy burgher rulers. It was built right after the Peace of Münster (1648), which brought an end to eighty years of war between the Dutch and the Habsburg Empire.

In the first years of the Directorate of Levant Trade, when the old – much smaller - town hall was still in place, the directors convened at various rented rooms in Amsterdam. According to the Directorate-archives, they were repeatedly looking for a more suitable office. In 1655 the new town hall was finished. From that time until the beginning of the 19th century, their office was in the town hall. The room was situated on the

Res. Fig. 1
Dam Meydanı ve Belediye Sarayı
Dam Square and the Town Hall
Gerrit Berckheyde (1638-1698)
Ahşap üzerine yağlıboya
Oil on panel
43 x 63 cm., 1673

gun bir ofis arayışı içindeydiler. 1655'te, yeni belediye sarayının yapımı tamamlandı. O zamandan 19. yüzyılın başlarına dek, kurulun ofisi belediye sarayındaydı. Oda, binanın kuzeybatı köşesinde, ikinci kattaydı. Yönetim kurulu her Çarşamba –gerekirse, daha sık– bu odada toplanıyordu. Burası aynı zamanda her tür ticari meseleyi tartışmak üzere ziyaretçileri kabul ettikleri yerdi.

Oda mekânının 17. ve 18. yüzyıllarda nasıl göründüğünü tam olarak bilemiyoruz, çünkü orijinal mekânı gösteren resim ya da gravürler yok elimizde. İç mekân o günden sonra tamamen değişmiş durumda. Bununla birlikte, Levant Ticaret İdaresi arşivlerindeki bir envanter sayesinde, o günlerde idarenin elinde bulunan sanat koleksiyonu hakkında oldukça ayrıntılı bilgilere sahibiz. 1810 tarihli bu envantere bakılırsa, mekân Osmanlı İmparatorluğu'nu gösteren etkileyici resim ve haritalarla kaplı olsa gerekti. Bir bakıma bu oda, Levant ticaretinin dev bir reklamı gibiydi.

18. yüzyıl ressamları Jean-Baptiste Vanmour ile Jan van der Steen'in yaptığı, sultanların şehri İstanbul'u gösteren çeşitli resimler vardı. Bu resimler arasında, Çanakkale Boğazı ile İstanbul Boğazı'nın görünümleri de yer alıyordu. Adı bilinmeyen bir ressamın yaptığı, Ankara şehrini konu alan bir resim de vardı (Res. 2). Ankara, "Ankara yünü"yle ünlüydü ve resimde bu yünün nasıl üretildiği tasvir edilir. Ayrıca İzmir limanını gösteren iki büyük resim vardı: Resimlerden biri H. Knop'un, diğeri Vanmour tarzında çalışan adını bilmediğimiz bir ressamın imzasını taşıyordu. Ticari olarak İzmir, Hollan-

second floor in the northwest corner of the building. This was where the board of directors convened every Wednesday and more often if needed. It was also the place where they would receive visitors to discuss all kinds of trade matters.

We do not know exactly what the room looked like in the 17th and 18th centuries, as there are no paintings or engravings of the original room. The interior has long since completely changed. However, thanks to an inventory in the archives of the Directorate of Levant Trade, there is quite detailed information as to the collection of art owned by the Directorate of Levant Trade in those days. According to this inventory from 1810, the room must have been replete with impressive paintings and maps of the Ottoman Empire. It was, in a sense, one big advert for the Levant trade.

There were several paintings of İstanbul, home to the Sultans, made by the 18th century painters Jean-Baptiste Vanmour and Jan van der Steen. They included sea views of the Dardanelles and the Bosphorus. There was also a painting of the city of Ankara, by an unknown master (Fig. 2). Ankara was famous for its 'angora' wool, the production of which is depicted in the painting. Then there were two large paintings of the harbour of Smyrna (İzmir): one signed H. Knop, the other by an anonymous painter in the manner of Vanmour. Commercially Smyrna was the most important town to the Dutch in the Ottoman Empire, hence its prominence in the room. In 1688, at the peak of the Levantine Trade, no less than 25 Dutch trading firms were to be found in Smyrna.

Res. Fig. 2
Ankara Görünümü View of Ankara, Ressamı Belirsiz Unknown Painter
Tuval üzerine yağlıboya Oil on canvas, 117 x 198 cm., 18. yüzyıl 18th Century, Rijksmuseum Amsterdam

dalılar için Osmanlı İmparatorluğu'ndaki en önemli şehirdi; mekânda öncelikli bir yerinin olması bundandır. Levant ticaretinin zirvede olduğu 1688'de, İzmir'de en az yirmi beş Hollanda ticari şirketi bulunuyordu.

Şu ana kadar sözünü ettiğimiz resimlerin hepsi, Osmanlı İmparatorluğu'ndaki önemli şehirlerin tasvirleriydi. Konusu biraz farklı büyük boy bir resim de vardı: Reinier Nooms'un *Livorno Çarpışması* adlı yapıtı (1653). Bu resim, doğrudan Osmanlı İmparatorluğu'nu konu almaktan çok, Hollandalıların 17. yüzyıldaki deniz gücüne tanıklık ediyordu. İlk İngiltere-Hollanda Savaşı sırasındaki Livorno Çarpışması'nda, Hollanda Akdeniz'deki bir İngiliz donanmasını yok etmişti. Resimde, bir İngiliz gemisi batarken, Hollanda bayrakları gururla dalgalanır. Levant Ticaret Odası'nda toplanan Amsterdamlı tüccarlar herhalde bu görünümden hoşlanıyorlardı.

Bir başka güç gösterisi, mekândaki çeşitli değerli haritalar ve deniz haritalarıydı. Bunların orada bulunması pratik bir amaca yönelikti, çünkü Osmanlı İmparatorluğu'na yolculuklar ciddi hazırlıkları gerektiriyordu. Bu haritaların orada bulunmasının bir nedeni de, Hollanda'nın denizlerdeki ege-

The paintings mentioned so far were all impressions of important towns in the Ottoman Empire. There was also a large painting with a slightly different subject: Reinier Nooms's 'Battle of Livorno'(1653). Rather than referring directly to the Ottoman Empire, this painting testified to the naval power of the Dutch in the 17th century. In the Battle of Livorno, during the first Anglo-Dutch War, the Dutch destroyed an English fleet in the Mediterranean. In the painting, Dutch flags are proudly waving as an English ship is going under. The Amsterdam merchants convening in the Levantine Trade Chamber must have enjoyed the view.

Another display of power were the various valuable maps and nautical charts in the room. They were there for practical purposes, for of a voyage to the Ottoman Empire repuired serious preparations. However, they were also there to underline the maritime dominance of the Dutch, certainly in the Golden Age. They were works of art in their own right, made by famous Amsterdam cartographers such as Joan Blaeu and Johannes Vingboons.

Most of these works of art had been gifts to the Directorate

menliğinin altını çizmekti; altın çağ boyunca bu kesinlikle böyleydi. Joan Blaeu ve Johannes Vingboons gibi ünlü Amsterdamlı haritacıların hazırladığı bu haritalar, başlı başına birer sanat yapıtıydı.

Bu sanat yapıtlarının çoğu, Levant Ticaret İdaresi'ne armağan olarak verilmişti. Çeşitli elçiler ve konsoloslar, Amsterdam ofisine sanat yapıtları getirmişti. Bu açıdan, bu katalogda hakkında daha ayrıntılı bilgilere ulaşabileceğiniz elçi Cornelis Calkoen öne çıkar. Calkoen, idareye Vanmour'un stüdyosunda yapılmış olan ve otuz iki kıyafet resminden oluşan bir seri armağan etmiştir. 18. yüzyılın ilk yarısında yapılan bu resimlerde, sultanın sarayındaki kişiler ve geniş Osmanlı İmparatorluğu'nun çeşitli halkları geleneksel giysileriyle tasvir edilir.

Amsterdam'ın merkezindeki bu mekânda yer alan resim ve haritalar, bir bütün olarak, ziyaretçilerin Osmanlı İmparatorluğu hakkında olağanüstü bir izlenim edinmelerini sağlamış olsa gerektir. Sonuçta bu Hollandalı tüccarların büyük bir bölümü, çok uzaktaki o egzotik beldeyi kişisel olarak asla göremeyecekti. Dolayısıyla, bu odada sergilenen görünümler, son derece etkili olmuş olmalıdır. Bunlar büyük bir olasılıkla, bu mekânı ziyaret eden tüccarları Osmanlı İmparatorluğu ile riskli, ama potansiyel olarak kârlı ticarete yatırım yapmaya teşvik etmiş, bu konuda onlara yardımcı olmuştur.

Ofis dekorasyonundan uluslararası sergiye

17. yüzyılın ikinci yarısı, Hollanda-Osmanlı ticaretinin en parlak dönemiydi. 18. yüzyılın büyük bir bölümü boyunca, Hollandalılar hâlâ önemli bir ticari ortaktılar, ama altın çağa özgü Hollanda üstünlüğü gerilemeye başlıyordu. Yavaş yavaş İngiltere ile Fransa, öncü konuma geçtiler. Kıyasıya bir rekabet hüküm sürüyordu. Özellikle, Osmanlı İmparatorluğu'na büyük miktarlarda ucuz Fransız kumaşı ihracatı, Hollandalılara büyük bir darbe indirmiş, Leiden kumaşı ticaretlerinin gerilediğine tanık olmuşlardı.

Birçok açıdan Fransızlar üstünlüğü ele geçiriyordu. 1795'ten 1813'e, Napolyon Bonapart'ın Fransız ordusu Hollanda'yı kuşatıyordu. Napolyon'un kardeşi Louis Napolyon, 1810'da Hollanda'ya kral atanıyordu. Louis Napolyon, Amsterdam'ın belediye sarayını bir kraliyet sarayına dönüştürmüştü; ünlü "belediye sarayı" yoktu artık. Bunun bir sonucu olarak, Levant Ticaret İdaresi, ofisi boşaltmak zorunda kalmıştı. O sıralarda, Fransızlar ile İngilizler, Levant ticaretinde çoktan Hollandalıların yerini almışlardı. 1826'da, yıllar süren gerilemenin ardından, Levant Ticaret İdaresi resmen

of Levant Trade. Various ambassadors and consuls presented works of art to the Amsterdam office. In this respect ambassador Cornelis Calkoen – more about whom is to be read elsewhere in this catalogue – stands out. He gave the Directorate a series of 32 costume paintings, made in Vanmour's studio. These paintings, made in the first half of the 18th century, depict figures from the sultan's imperial court and the various peoples of the vast Ottoman Empire, dressed in traditional garb.

Together, all the paintings and maps in this room, in the heart of Amsterdam, must have given visitors a fascinating impression of the Ottoman Empire. Most of these Dutch merchants would never actually see the far away, exotic region in person. Thus the views presented in this room must have been very influential. Possibly, they helped encourage the visiting merchants to invest in the risky, but potentially rewarding trade with the Ottoman Empire.

From office decorations to international exhibition

The latter half of the 17th century was the heyday of Dutch-Ottoman trade. Most of the 18th century the Dutch were still an important trading partner, but the Dutch prominence of the Golden Age started to fade. Gradually England and France took over their leading position. Competition was fierce. Especially the export of large quantities of cheap French cloth to the Ottoman Empire was a great blow to the Dutch, who saw their trade in Leiden cloth dwindle.

In more than one way, the French were taking over. From 1795 to 1813, the Netherlands were occupied by the French army of Napoleon Bonaparte. Napoleon's brother, Louis Napoleon, was appointed king to the Netherlands in 1810. He turned Amsterdam's town hall into a royal palace. The famous 'burgher-palace' was no longer. Consequently the Directorate of Levant Trade was obliged to vacate its office. By then the French and British had long displaced the Dutch in the Levant trade. In 1826, after years of decline, the Directorate of Levant Trade was formally disbanded. All its possessions ended up in the hands of the Dutch state. Eventually all archival materials went to the National Archives in The Hague; works of art to the Rijksmuseum in Amsterdam.

Although the French had left Amsterdam in 1813 after the defeat of Napoleon, the former town hall remained a royal palace. With one important difference: no longer did it belong to the French, but to the Dutch royal family. Nearly two hundred years later this is still the case. The Royal Palace on Dam

dağıldı; kurumun bütün malvarlığı, Hollanda devletine geçti. Sonunda bütün arşiv malzemeleri Lahey'deki Ulusal Arşiv'e; sanat yapıtları ise Amsterdam'daki Rijksmuseum'a gitti.

Fransızlar Napolyon'un uğradığı yenilginin ardından Amsterdam'dan ayrılmış olmakla birlikte, eski belediye sarayı kraliyet sarayı olarak varlığını sürdürdü. Önemli bir farkla: Bina artık Fransızlara değil, Hollanda kraliyet ailesine aitti. Yaklaşık iki yüz yıl sonra, bu durum hâlâ geçerliliğini koruyor. Artık Dam Meydanı'ndaki Kraliyet Sarayı, Kraliçe Beatrix tarafından önemli yabancı ziyaretçilerin kabulü için kullanılıyor. Sarayın bir bölümü halka açık; ama bu bölüm, eski Levant Ticaret Odası mekânını içermiyor. Oda, kraliçenin özel konuk odalarından biri olarak kullanılıyor, bu niteliğinden ötürü halka açık değil.

İki yüzyılı aşkın bir süreden sonra resimler ilk kez bir araya getirildi. 2012'de Levant Ticaret Odası'nın ofis mekânı olarak kullandığı orijinal odasındaki resimler bir kez daha bir arada görülecek. Amsterdam Müzesi ile Pera Müzesi'nin ortak sergisinde, bu resimler Amsterdam Müzesi'nden çeşitli sanat yapıtlarıyla birlikte, Ocak'tan Mart'a önce İstanbul'da sergilenecek. Nisan'dan Ağustos'a dek yapıtlar tam da eski belediye sarayının köşesindeki Amsterdam Müzesi'nde sergilenecek. Bu sergi, Türkiye ile Hollanda arasındaki ticaretin başlangıç günlerine bir tanıklık niteliği taşıyor. Levant Ticaret Odası, Amsterdam'da bir odaydı yalnızca, ama bütün Osmanlı İmparatorluğu'nu gören bir odaydı.[1]

Square is now used by Queen Beatrix for the reception of important foreign visitors. Part of the palace is open to the public, but this does not include the former Directorate room. It is in use as one of the queen's private guest chambers and as such it is not accessible to the public.

However, in 2012 the paintings from the original room are to be seen together once more. They have been reunited for the first time in over two centuries. In a joint exhibition of the Amsterdam Museum and the Pera museum, they will be shown first in İstanbul (January – March), combined with several works of art from the Amsterdam Museum. From April to August the works will be shown at the Amsterdam Museum, just around the corner of the former town hall. This exhibition is a tribute to the early days of trade between Turkey and the Netherlands. The Levantine Trade Chamber was just one Amsterdam room, but with a view to the entire Ottoman Empire.[1]

---

1   Eveline Sint Nicolaas ve Bibi Heuvelink'e teşekkürlerimle.

1   With thanks to Eveline Sint Nicolaas and Bibi Heuvelink.

ERKEN MODERN DÖNEMDE HOLLANDA'NIN LEVANT İLE TİCARETİ[1]

DUTCH TRADE WITH THE LEVANT IN THE EARLY MODERN PERIOD[1]

İsmail Hakkı Kadı
İstanbul Medeniyet Üniversitesi / İstanbul Medeniyet University

Osmanlılar, 14. yüzyıl gibi erken bir tarihte, ilk Avrupalı ticaret ortaklarıyla, yani Cenovalılar ve Venediklilerle temasa geçtiler. Avrupa ülkeleri, Osmanlılar ile ticaret yapmak için, ticaretlerinin ve ayrıcalıklarının koşullarını belirleyen "kapitülasyon"lar (*ahidname*) elde etmek durumundaydılar. Cenovalılara verilen en eski Osmanlı kapitülasyonu, 1352 tarihlidir; Venedikliler de sonraki otuz-kırk yıl içinde kendi kapitülasyonlarını elde etmişlerdir. On beşinci yüzyılın ortasında Levant'ta İngiliz varlığına ilişkin yer yer göndermeler olmasına karşın, Batı Avrupa ülkeleri ancak on altıncı yüzyıl boyunca ticari ayrıcalıklar elde etmiş ve Osmanlılar ile ticarete resmen katılmaya başlamışlardır. Osmanlıların 1517'de Mısır'ı fethi, Memlukların Fransızlara verdiği kapitülasyonların Osmanlılar tarafından onaylanmasıyla sonuçlanmış, ama Fransızlar İtalyanlarınkine benzer ticari ayrıcalıkları 1569'a dek elde edememişlerdir. Bunu, 1580'de İngilizlere verilen kapitülasyonlar izlemiştir.[2]

Doğu Akdeniz, 16. yüzyıl gibi erken bir tarihte, Hollanda gemilerinin ve tacirlerinin dikkat çekici faaliyetine tanık oluyordu; bu gemiler, Osmanlı egemenliğindeki bölgelerle ticaret yapmak için İngiliz ve/ya da Fransız bayrağı taşıyorlardı. Hollandalılar, ancak 1612'de Osmanlı padişahından kendi ahidnamelerini aldıktan sonra bağımsız hareket edip ticaretlerini önemli ölçüde geliştirebildiler. Hollandalıların Levant'taki ticari faaliyetlerinin 17. yüzyılda olağanüstü derecede gelişme göstermesinde, başka etmenlerin yanı sıra, İngilizler gibi düşük gümrük vergisi ödemelerinin de katkısı oldu: Hollandalılar yüzde üç gümrük vergisi ödüyorlardı; buna karşılık, Fransızlar 1673'e kadar yüzde beş gümrük vergisi ödemeye devam ettiler.[3]

Hollanda'nın Levant'taki ticari atılımı açısından en önemli yıllar, 1640'lı yılların sonlarıydı; bu yıllarda Hollanda, İspanyol yünü ve Türk tiftiği ticaretini denetler hale gelmiş, Leiden ve Haarlem'de bu hammaddeleri işleyen dokuma atölyelerine hareketlilik kazandırmıştı.[4] Hollanda'da İspanyol yününün bulunması ve işlenmesi, Hollandalılara Levant'a ihraç edebi-

As early as the fourteenth century the Ottomans came into contact with their earliest European trade partners i.e. the Genoese and the Venetians. To trade with the Ottomans, European nations were required to obtain so-called 'capitulations' (*ahidname*) delineating the provisions of their trade and privileges. The earliest Ottoman capitulation granted to the Genoese is dated to 1352, and the Venetians obtained theirs in subsequent decades. Despite intermittent references indicating English presence in the Levant in the mid fifteenth century, it was only during the sixteenth century that western European nations obtained commercial privileges and began to take part officially in trade with the Ottomans. The Ottoman conquest of Egypt in 1517 resulted in Ottoman confirmation of the capitulations accorded to the French by the Mamluks, although the French did not obtain trade privileges comparable to those of the Italians until 1569. This was followed by the capitulations accorded to the English in 1580.[2]

As early as the sixteenth century, the eastern Mediterranean witnessed a notable activity of Dutch ships and merchants, who operated under the English and/or French banner to trade with Ottoman dominions. The Dutch could act independently and expand their trade significantly only after they had obtained their own *ahidname* from the Sultan in 1612. The phenomenal expansion of Dutch commercial activities in the Levant in the seventeenth century was stimulated, among other factors, by the fact that they paid, like the English, a custom duty of a low three per cent whereas the French continued to pay five per cent until 1673.[3]

The crucial years for the Dutch commercial offensive in the Levant were the late 1640s, when the Dutch established control over the trade of Spanish wool and Turkish mohair (*tiftik*), and vitalized the relevant textile industries in Leiden and Haarlem.[4] The availability of Spanish wool and its processing in Holland provided the Dutch with exportable goods to the Levant i.e. woollen textiles, while the Leiden textile industry's demand for Turkish mohair ensured that there were market-

lecekleri ürünler –yani yünlü dokumalar– sağlıyor; Leiden dokuma sanayisinin Türk tiftiği talebi de iç piyasaya ürün sunulmasını güvence altına alıyordu. Bir kez kurulduktan sonra bu ticari yapı, İngilizler ile Hollandalıların, bu ticaret dalında Fransızların yerini almasına katkıda bulundu. Tongas'a göre, 17. yüzyılın ortasında, Fransa'nın Levant'la yıllık ticaret hacmi, 6-7 milyon *livre*'i; İngiltere'ninki, yaklaşık 15 milyon *livre*'i buluyor; Hollanda'nın Levant'la ticaret hacminin ise, yıllık 12 milyon *livre* civarında olduğu tahmin ediliyordu.[5] 1661'de Fransa'nın ticari konumu o kadar zayıflamıştı ki, Levant'tan ithalatı yalnızca 3 milyon *livre*'di; buna karşılık, Hollanda ile İngiltere'nin birlikte Levant'tan ithalatları yıllık 25 milyon *livre*'i buluyordu.[6]

Tam bu noktada, Fransa Maliye Bakanı Colbert, ülke ticaretini geliştirmeye yönelik çabalara girişmiş; bu çabalar, Levant'ta 1670'ten sonraki yıllarda net sonuçlar vermiştir. Bir yandan ilgili Fransız kurumlarının yeniden yapılandırılması, öte yandan Fransa'nın Babıâli'den elde ettiği yeni ayrıcalıklar,[7] Fransa'nın 18. yüzyıldaki ticari yayılmasına zemin teşkil etmiştir. Bu arada, Dokuz Yıl Savaşları (1688-1697), özellikle Hollandalılar için ciddi bir engel oluşturuyor, ekonomilerini ve Levant'la ticaretlerini yok ediyordu. Bunun bir sonucu olarak, Hollanda'nın Levant'la sof, tiftik ve diğer hammadde ticaretleri geriledi, bu da Haarlem ve Leiden'deki dokuma sanayilerinde önemli bir küçülmeye yol açtı.[8] Öteki Batı ülkeleri de aynı savaştan zarar görmüş, ama belli ki Hollanda Cumhuriyeti'nden çok daha az etkilenmişlerdi. İngiltere ve Hollanda'nın tekstil ihracat hacimleri, bunu gösterir. Hollanda'nın İzmir konsolosuna göre, Hollanda'nın İzmir ve İstanbul'a tekstil ihracatı 1670'li yıllarda yaklaşık 3.000 yarım parçadan oluşuyordu ve bu ihracat, Dokuz Yıl Savaşları'nın (1688-1697) başlarında yaklaşık 6.000 yarım parçaya yükselmişti.[9] 1699'da, Hollanda'nın Levant'a yıllık toplam tekstil ihracatının 2.000 ila 3.000 parça arasında kaldığı tahmin ediliyor, buna karşılık İngiliz ihracatı yıllık yaklaşık 20.000 parçayı buluyordu.[10]

Hollandalılar, ticaretlerinin Dokuz Yıl Savaşları'ndan sonra düzeleceğini umuyorlardı, ama İspanyol Veraset Savaşı (1701-1713) beklentilerini yok etti. Ne var ki, bu son savaş sona erdikten sonra da herhangi bir düzelme olmadı. Hollanda ticaretini olumsuz etkileyen unsurun, bu savaşlar değil, kapitülasyon ayrıcalıklarından yararlanan diğer Batılı ülkelerin, özellikle Fransa'nın rekabeti olduğu açıklık kazanıyordu. Hollanda'nın Levant'taki temel sorunu, Hollanda'da Levant ürünlerine yönelik bir talebin olmaması değildi; daha çok, Hollandalıların, ihraç ürünleriyle –İngiliz ve Fransızların

able returns. This trade pattern, once established, helped the Dutch, along with the British, to oust the French from this branch of trade. By the middle of the seventeenth century, according to Tongas, the annual trade volume of France with the Levant was worth about 6-7 million livres, that of England about 15 million livres while the volume of Dutch trade with the Levant was valued at about 12 million livres annually.[5] By 1661 the position of France was weakened to such an extent that their import from the Levant remained only at 3 million livres, while the combined Dutch and English imports from the Levant approached 25 million livres annually.[6]

It was at this point that the French minister Colbert commenced his efforts to promote national trade which yielded clear results in the Levant in the years after 1670. Along with the reorganization of the relevant French institutions, the new privileges which France obtained from the Porte[7] paved the way for its commercial expansion in the eighteenth century. Meanwhile the Nine Years' War (1688-1697) caused a serious setback, particularly to the Dutch: it ruined their economy and its trade with the Levant. Consequently the Dutch trade in camlets, mohair and other Levantine raw materials declined, causing a major contraction in the textile industries of Haarlem and Leiden.[8] Other western nations were also damaged by the same war, but, it seems, less so than the Dutch Republic. This is clear from the volume of English and Dutch textile exports. According to the Dutch Consul in İzmir, Dutch textile export to İzmir and İstanbul comprised about 3.000 half pieces by 1670s and it had increased to about 6.000 half pieces by the beginning of the Nine Years' War (1688-1697).[9] In 1699 it was estimated that the annual amount of Dutch textile export to the whole Levant remained at 2000 to 3000 pieces, whereas the English exports amounted to about 20.000 pieces annually.[10]

Although the Dutch expected that their trade would recover after the end of the Nine Years' War, the War of Spanish Succession (1701-1713) ruined their prospects. No improvement followed, however, once the latter war had also ended. It became clear that it was not these wars but the competition of other western capitulatory nations, especially that of the French, that cast a shadow on the Dutch trade. The main problem of the Dutch in the Levant was their inability to compete with the export products – woolen textiles of the English and the French – rather than a lack of demand for Levantine products in the Netherlands. In fact by the 1700s, despite the contraction of the Leiden and Haarlem textile industries during the previous war years, two thirds of the 3,000 to 3,200

yünlü dokumalarıyla– rekabet etmede yetersiz kalmasıydı. Gerçekten de, Leiden ve Haarlem dokuma sanayilerinde daha önce savaş yıllarında kendini gösteren küçülmeye rağmen; 1700'lü yıllara gelindiğinde, Anadolu'dan Avrupa'ya ihraç edilen tiftiğin üçte ikisi –100'er kiloluk 3.000-3.200 balya– Hollanda'ya gidiyordu. Ne var ki, Hollanda'nın Türk tiftiği talebinden asıl kâr edenler, Fransızlar ve özellikle İngilizlerdi; bunu, Hollanda'ya gönderdikleri tiftik karşılığında Levant'a "*londens*" ihraç ederek başarıyorlardı (*londens*, gerek kalite gerek renk olarak Hollanda dokuması taklidi yeni bir kumaş ürünüydü).[11]

Avrupa'ya ihraç edilen tiftik ipliği, ipliğin kalitesine bağlı olarak, çeşitli ürünlerin üretilmesinde kullanılıyordu. 17. yüzyıl boyunca, Hollanda'ya ithal edilen tiftik ipliği, öncelikle "*Leidse Turken*" olarak bilinen bir sofun üretiminde kullanılıyordu. Bu, dokunması ustalık gerektiren, üstün kaliteli, hafif bir sof olup, deve tüyü ve keçi kılı ile yün ve ipek karışımından üretiliyordu.[12] İngiltere'de, Ankara'dan getirtilen tiftik ipliği, düğme yapımında kullanılıyordu; 18. yüzyılda tiftik düğmelerin yerini madeni düğmeler alıncaya kadar bu böyle devam etti.[13] Hollanda arşivlerindeki veriler gösteriyor ki, Hollanda'ya ithal edilen tiftik ipliğinin kaliteli kısmı sof üretiminde, düşük kaliteli iplik ise düğme üretiminde kullanılıyordu.[14]

İlk Hollandalı tacirlerin Ankara'ya ne zaman geldikleri ya da yerleştikleri belli değildir,[15] ama Hollanda'nın tiftik ürünlerine olan ilgisinin epey gerilere, en azından on altıncı yüzyılın sonlarına uzandığını biliyoruz. 1590'lı yıllar gibi erken bir tarihte, Hollanda gemileri Venedik'ten Amsterdam'a tiftik ipliği taşıyorlardı.[16] İngiliz ya da Fransız bandıralı Hollanda gemileri de, bu dönemde İzmir'den tiftik ürünleri alıyorlardı. 17. yüzyılın ilk on yılında, Levant kökenli dokuma hammaddeleri, Hollanda dokuma sanayisi için çok önemli girdiler haline geliyordu.[17] 1645-1669 yıllarındaki Osmanlı-Venedik savaşları Hollanda'nın, özellikle Leiden şehrinin, Avrupa'nın en önemli sof üreticisi haline gelmesine yardımcı oldu.[18] Bu yıllar boyunca, Hollanda'nın doymak bilmez tiftik ipliği talebi o boyuttaydı ki, bu ürünü satın almak için İngiliz gemilerinden ve Londra'daki muhabirlerinden bile yararlanıyorlardı.[19] Bu gelişmelere, Hollanda'nın Levant'la ticaretinin merkezini Halep'ten İzmir'e kaydırması eşlik ediyordu, çünkü tiftik ipliği öncelikle İzmir'den ihraç ediliyordu.[20]

Leiden dokuma sanayisi, Hollanda'nın tiftik ipliği ticaretinde artan payından yarar sağlayanlar arasında başı çekiyordu. 1640'lı yılların sonlarından itibaren, Avrupa piyasalarında Leiden'de üretilen soflar, başka yerlerde –sözgelimi, İtalya ve

bales (weighing 200 Pounds each) of mohair yarn exported from Anatolia to Europe ended up in the Netherlands. However, it were mainly the French and, particularly, the English who profited from the Dutch demand for Turkish mohair yarn by means of exporting "londens," a new cloth product which allegedly was an imitation, both on quality and colour of the Dutch textiles, to the Levant in return for mohair yarn which they consigned to the Netherlands.[11]

Mohair yarn exported to Europe was used for the production of various goods, depending on yarn quality. During the seventeenth century, mohair yarn imported to The Netherlands was used primarily for the production of a camlet known as "*Leidse Turken*." This was a high-quality, skill-intensive, light camlet produced from a mixture of camel and goat hair with wool and silk.[12] In England, mohair yarn from Ankara was used for buttons until it was replaced by metal buttons in the eighteenth century.[13] Evidence from Dutch archives suggest that the better part of the mohair yarn imported to The Netherlands was used for the production of camlets, while the inferior yarn was used for the production of buttons.[14]

It is not clear when the earliest Dutch merchants visited or settled in Ankara,[15] but we know that the Dutch interest in mohair products dates back to at least the late sixteenth century. As early as the 1590s, Dutch ships were carrying mohair yarn from Venice to Amsterdam.[16] Dutch ships which bore English or French flags also obtained mohair products from İzmir at the time. During the first decade of the seventeenth century, textile raw materials originating from the Levant became crucial inputs for the Dutch textile industry.[17] The Ottoman-Venetian wars during 1645-1669 helped The Netherlands and especially the city of Leiden to become the primary camlet producer of Europe.[18] During these years, the Dutch appetite for mohair yarn was such that they even made use of English ships and their correspondents in London to acquire the commodity.[19] The relocation of the centre of Dutch Levant trade from Aleppo to İzmir accompanied these developments, since mohair yarn was exported primarily from the latter.[20]

The textile industry of Leiden was the primary beneficiary of the growing Dutch share in mohair yarn trade. After the late 1640s, camlets produced in Leiden were preferred in European markets to those produced elsewhere, such as Italy and Belgium.[21] In due time, the importance of the camlet industry for the economy of the city grew as well. For instance, it was noted that two thirds of the employees of the textile industry of the city were employed in the production of woollen cloth and camlet. George Downing, who happened to be in

Belçika'da– üretilenlere tercih ediliyordu.²¹ Zamanla, şehrin ekonomisi için de sof endüstrisinin önemi arttı. Örneğin, şehrin dokuma sanayisinde çalışan işçilerin üçte ikisinin, yünlü kumaş ve sof üretiminde istihdam edildiğini belirtenler olmuştur. 1665-1667 İngiltere-Hollanda savaşı sırasında Hollanda'da bulunan George Downing, "savaş Hollanda'ya tiftik ipliği ve İspanyol yünü ithaline engel olmaya devam ederse", Leiden'in küçük bir kasabaya dönüşeceğini belirtiyordu.²² Benzeri şekilde, İzmir'deki Hollanda konsolosu, Levant mallarının –özellikle, tiftik ipliğinin– Hollanda ekonomisi ve genel olarak Hollanda'daki istihdam açısından önemini 1679'da açıkça dile getiriyordu.²³ Bu yıllarda Leiden ekonomisinde tiftik ipliğinin belirgin önemine ilişkin en somut göstergelerden biri, Le Pla ailesinin Breestraat'ta, Leiden belediye sarayının yakınında yaptırdığı bir binadır. Le Pla ailesi, tiftik ticaretiyle yakından ilgilenen bir tüccar ailesiydi. Ailenin bir üyesi (Jan Adriaenesz), Levant Ticaret İdaresi'nde Leiden'i temsil ediyordu;²⁴ bir başka üyesi (Pietro) ise, tiftik ipliği satın alıp Leiden'deki ailesine göndermek üzere İzmir'e yerleşmişti.²⁵ Le Pla ailesi, 1673'te, Leiden belediye sarayı yakınındaki binayı yaptırdığında, binanın alınlığını Pieter Xavery'nin heykel çalışması *In Den Vergulden Turk* (Yaldızlı Türk) ile süslemişti: Bu çalışma, bir Türk'ün, Neptün'ün, Merkür'ün ve bir Ankara keçisinin heykellerini içerir.²⁶

Hollanda'nın tiftik ipliği ticareti ve Leiden sof endüstrisindeki hızlı gelişmeler, ancak 1680'li yılların sonlarında, Avrupa'nın önde gelen ülkeleri arasındaki deniz çarpışmaları sırasında durma noktasına geldi. Bu krizler, Leiden'deki sof endüstrisi istihdamını doğrudan etkiliyordu.²⁷

17. yüzyılın sonuna gelindiğinde, Hollanda'nın tiftik ipliği ve onunla bağlantılı sanayilere yönelik ilgisi, yeni boyutlar kazanıyordu. Artık Hollanda'dan bazı girişimciler, Ankara'da bir sof üretim tesisi kurma girişiminde bulunuyorlardı; bu girişimcilerin amacı, Ankara'da Hollanda'da ürettiklerinden çok daha kaliteli sof üretmekti. Girişimcilerden ikisi –Wilhelmus (Guillelmo) Wesselink ile Leiden ve Haarlem'de yaşayıp bu sanatta ustalaşmış olan Jan Michiel Simsim adlı bir Ermeni– 1697'de Türkiye'ye gitmek üzere yola çıktılar. Bu iki kişinin girişimlerine ilişkin söylentiler, Leiden'deki sof üreticilerini ve Amsterdam'daki tacirleri telaşlandırdı; bunun üzerine, bu üreticiler ve tacirler, söz konusu girişimi önlemek üzere harekete geçtiler. 21 Ekim 1697'de, Levant Ticaret İdaresi'nin başkanı Du Quesnoy, yönetim kurulu üyelerini konu hakkında bilgilendirdi ve Amsterdam belediye başkanından gelen bir talebi okudu. Talep, söz konusu girişimin ürünlerinin İspanya'ya ithalinin önlenmesini öngörüyordu.

The Netherlands during the Anglo-Dutch war of 1665-67, noted that if the war continued to hinder the import of mohair yarn and Spanish wool to The Netherlands, Leiden would turn into a small town.²² Likewise, the importance of Levantine goods—especially, of mohair yarn—for the Dutch economy and employment in The Netherlands in general was made explicit in 1679 by the Dutch consul in İzmir.²³ One of the most concrete indications of the prominent role of mohair yarn in Leiden's economy during those years is a building built by the family Le Pla on the Breestraat near the Leiden city hall. The Family Le Pla was a merchant family with extensive interest in mohair trade. One member of the family (Adriaenesz, Jan) represented Leiden at the Directorate of Levant Trade ²⁴) and another member (Pietro) settled in İzmir to purchase and consign mohair yarn to his family in Leiden.²⁵ When the family Le Pla built the building near the town hall of Leiden in 1673, they ornamented its pediment with Pieter Xavery's sculpture work *In Den Vergulden Turk* (in the gilded Turk), comprising statues of a Turk, Neptune, Mercury, and an Angora goat.²⁶

The rapid expansions of the Dutch trade in mohair yarn and of the Leiden camlet industry came to a halt only during the maritime conflicts among the European powers in the late 1680s. These crises had a direct impact on employment in the camlet industry of Leiden.²⁷

By the end of the seventeenth century, Dutch interest in mohair yarn and related industries gained new dimensions. By now, some entrepreneurs from The Netherlands attempted to establish a camlet manufacturing plant in Ankara, where, allegedly, they would produce camlets that were much better than those produced in The Netherlands. Two of the entrepreneurs—a certain Wilhelmus (Guillelmo) Wesselink and Jan Michiel Simsim, an Armenian who had lived in Leiden and Haarlem and had mastered the craft—set out for Turkey in 1697. The rumours of their enterprise alarmed the camlet producers of Leiden and the merchants in Amsterdam, who moved to block the initiative. On the 21st of October, 1697 Du Quesnoy, the president of the Directorate of Levant Trade, informed the members of the board about the issue and read a request from the burgomasters of Amsterdam. The request suggested that the products of the enterprise in question should be prevented from import to Spain. The board members considered the initiative very harmful for Dutch textile trade in the Ottoman Empire but found the measures suggested in the request insufficient and potentially hurtful. They recommended instead that the burgomasters find the

Yönetim kurulu üyeleri, bu girişimin Osmanlı İmparatorluğu'ndaki Hollanda tekstil ticareti açısından son derece olumsuz olduğunu düşünmekle birlikte, talepte öngörülen önlemleri yetersiz ve potansiyel olarak zararlı buluyorlardı. Bunun yerine, belediye başkanına girişimi başlatan Hollandalıya ulaşıp onu bu girişimden vazgeçirmelerini öneriyorlardı. İdarecilerin bir önerileri daha vardı: Genel Meclis, Osmanlı İmparatorluğu'ndaki Hollanda konsolosluk korumasının, Wesselink ve Simsim'i içine alacak şekilde genişletilmesini engellemeliydi.

Hollanda Genel Meclisi, belediye başkanının ve Levant Ticaret İdaresi'nin talebi üzerine, Wesselink ile Simsim'i Hollanda koruması kapsamı dışında bırakan bir karar çıkardı. Bu arada (Temmuz 1698) idareciler, Hollanda'da girişimi başlatan Hollandalının Pieter Blijenberg olduğunu öğrendiler; belediye başkanı Blijenberg'i bu girişimi durdurmaya ikna etti. Blijenberg, 18 Şubat 1699'da idareciler toplantısına katıldı ve imzaladığı ifadesinde, Wesselink ve Simsim'le ortak bir girişimde bulunmadığını, Ankara'da sof üretmekle de ilgilenmediğini, ama Wesselink ve Simsim'e bir konuda – siparişlerini, iyi hizmet alamadığı S. S. Fremeaux yerine, onlara vereceğine dair– söz verdiğini dile getiriyordu. Sorunlar bu şekilde çözüldükten sonra, Blijenberg Genel Meclis'e başvurdu: Meclisten Hollanda konsolos ve elçisini Ankara'da Wesselink'i korumakla yükümlü kılmasını istiyordu. Genel Meclis, Levant Ticaret İdaresi'ne danıştıktan sonra, Wesselink'in kumaş üretmekle değil, yalnızca yerel ürünleri satın almakla uğraşması koşuluyla talebi onaylayan bir karar aldı.[28]

Ankara'da Leiden'deki sof üretim tesislerine rakip bir tesisin kurulması olasılığı, 18. yüzyılın başlarında Hollanda dokuma ve tiftik ticaretini tehdit eden yegâne tehlike değildi. De Hochepied'in 6 Şubat 1700 tarihli mektubuna eklediği bir rapora göre, Hollanda dokuma ve tiftik ticaretini tehdit eden ana unsur, Levant mallarını Hollanda'ya serbestçe ithal edebilen İngiliz ve Fransız tacirleriydi. Raporda, İzmir ve Ankara'da tekstil ürünleri karşılığında tiftik ipliği alan İngiliz ve Fransız tacirlerinin, aldıkları iplikleri çok büyük bir talebin olduğu Hollanda'ya gönderdikleri belirtiliyordu. Gene aynı rapora göre, bu yolla İngiliz ve Fransız tacirleri, Hollandalı tacirlerin zararına kendi tekstil ürünlerini Levant'ta kolayca satabiliyor; bir yandan da, Hollanda'nın tiftik ipliği talebinden yarar sağlıyorlardı. Ayrıca, İngiliz ve Fransız tacirlerinin, tiftik ipliğine karşılık dokuma ürünleri satma konusundaki isteklilikleri İzmir ve Ankara'daki iplik fiyatlarını, gene genel olarak Hollanda dokuma sanayisinin, özel olarak da sof üreticilerinin aleyhine yukarı çekiyordu. Raporda belirtilen

Dutch initiator of the venture and convince him to suspend the venture. The directors also suggested that the States General prohibit the extension of Dutch consular protection in the Ottoman Empire to Wesselink and Simsim.

Upon the request of the burgomasters and the DLH, the Dutch States General passed a resolution depriving Wesselink and Simsim of Dutch protection. Meanwhile (July 1698), the directors found out that the Dutch initiator of the venture in The Netherlands was Pieter Blijenberg, whom the burgomasters convinced to suspend the venture. On 18 February 1699, Blijenberg attended the meeting of the directors and signed a testimony in which he stated that he was neither engaged in a joint venture with Wesselink and Simsim nor interested in camlet production in Ankara, but had promised Wesselink and Simsim that he would give orders (commissie) to them, instead of S. S. Fremeaux, who had not served him very well. After matters were settled in this way, Blijenberg applied to the States General to charge the Dutch consul and Ambassador with the protection of Wesselink in Ankara. The States General, after consulting the DLH, passed a resolution approving the demand under the condition that Wesselink would not be involved in the production of any kinds of textile, only in the purchasing of local products.[28]

The potential establishment of a camlet manufacturing plant in Ankara to rival those in Leiden was not the only danger threatening Dutch textile and mohair trade at the beginning of the eighteenth century. According to a memorandum enclosed to De Hochepied's letter of 6 February 1700, Dutch textile and mohair trade was primarily threatened by English and French merchants, who could freely import Levantine goods to The Netherlands. The memorandum explained that English and French merchants who bartered their textiles for yarn in İzmir and Ankara consigned these goods to The Netherlands, where the demand for them was immense. The memorandum argued that in this way English and French merchants could easily sell their textiles in the Levant to the detriment of the Dutch, while at the same time taking advantage of Dutch demand for mohair yarn. Moreover, English and French merchants' eagerness to barter their textiles for mohair yarn was pushing the yarn prices in İzmir and Ankara upwards, again to the detriment of the Dutch textile industry in general and the camlet producers in particular. The memorandum argued further that it would be possible to purchase cheaper and more mohair yarn in İzmir and Ankara, and to sell more Dutch textiles in the Levant, if the import of Levant goods were limited to Dutch nationals.[29]

bir nokta da şuydu: Levant malları ithali yalnızca Hollandalılar ile sınırlı tutulursa, İzmir ve Ankara'dan daha ucuz ve daha fazla tiftik ipliği satın almak ve Levant'ta daha fazla Hollanda dokuması satmak mümkün olacaktı.[29]

Ne var ki, Hollandalı yetkililer çok geçmeden bir şeyi fark ettiler: Fransızlar, iplik ürünlerini artık Hollanda pazarına yönelik olarak değil, Türk tiftiğiyle dokunmuş bir tür yeni ve şık kumaş geliştiren Fransız üreticiler için satın alıyorlardı. Hollanda'nın İzmir Konsolosu De Hochepied, 4 Aralık 1700'de, Hollanda Genel Meclisi Sekteretı Fagel'e yazdığı mektupta, tiftik ipliği ticaretindeki Fransız rekabetinin, genel olarak Hollanda ticaretini tehdit ettiğini belirtiyordu, çünkü tiftik ticareti Hollanda'nın Levant ticaretinin belkemiğini oluşturuyordu: Tiftik ipliği, Hollanda tacirlerinin, Levant'ta sattıkları tekstil ürünlerinin getirisiyle satın aldıkları başlıca üründü. De Hochepied, Fransızların Hollandalılar karşısında oldukça mesafe kaydettiklerini, son zamanlarda İzmir'de büyük miktarlarda tiftik ipliği satın aldıklarını, İngilizlerin ve Hollandalıların ise artan fiyatlar nedeniyle hiçbir şey yapamadıklarını belirtiyordu. De Hochepied, bu dalganın iplik fiyatlarını daha da yukarı çekmesini bekliyordu; çünkü Fransa'daki talep artıyordu, oysa Ankara ve Beypazarı'nda ihraç edilebilir ürün miktarı, yıllık en çok 5.000 balyayla sınırlıydı. Fransızların doymak bilmez tiftik ipliği talebi o derecedeydi ki, ürünü satın almak için, hatırı sayılır miktarlarda sahte sikke bile ithal ediyorlardı (yüzde 25'e kadar değeri düşürülmüş sikkelerdi bunlar). Ayrıca, Fransız tacirleri, ürünü satın almak için Ankara'da yeni bir ticaret evi kurmaya karar veriyorlardı.[30]

İzmir, 18. yüzyılın başlarında, İstanbul, Halep, Ankara ve Selanik'i çok geride bırakmış ve Hollanda'nın Levant'taki ticari faaliyetlerinin ana merkezi haline gelmişti.[31] İzmir'in artan önemini, bu şehre sefer yapan Hollanda gemilerinin sayısı ile ortaya koyabiliriz. 1727 ile 1743 arasında Akdeniz'e 1.187 gemi sefer yapmıştı; bu gemilerin 110'u, yani toplamın % 9,26'sını oluşturan kısmı, İzmir'e gidiyordu.[32] Hollandalılar, İzmir'den tiftik ipliği, ipek ve pamuk gibi tekstil hammaddeleri ithal ediyor; bu ürünlere karşılık ağırlıklı olarak yünlü kumaşlar, daha az ölçüde de Doğu Hindistan baharatları, kurşun, kalay, bakır ve egzotik türler ihraç ediyorlardı.[33]

Hollanda'nın Selanik'teki ticari faaliyetleri, 18. yüzyılın ilk yirmi-otuz yılında Hollanda'nın Levant'la ticaretinin gelişmesine geçici olarak katkıda bulunmuştur. Ne var ki Hollandalıların Selanik'teki varlığı, rakiplerine kıyasla çok etkili değildi. Hollanda, Fransa ve İngiltere'nin izinden giderek, orada 1720'de ilk konsolosluğunu kurmuş, ama ticareti rakiplerinin

However, the Dutch authorities soon realized that the French purchases were no longer meant for the Dutch market, but for the French manufacturers, who developed a new sort of fashionable cloth produced from Turkish mohair yarn. On 4 December 1700, De Hochepied (Dutch Consul in İzmir) wrote to Fagel (Secretary of the Dutch States General) that the French competition in the mohair yarn trade threatened Dutch trade with the Levant in general, because mohair trade had been the backbone of the Dutch Levant trade: mohair yarn was the primary commodity the Dutch merchants purchased with the proceeds of the textiles they sold in the Levant. De Hochepied observed that the French had gained considerable ground against the Dutch, and that recently the French had been buying up considerable amounts of mohair yarn in İzmir while the English and the Dutch remained idle due to increasing prices. De Hochepied expected that this wave would push yarn prices up still further, because the demand in France was increasing while the exportable amount of the product in Ankara and Beypazarı was limited to 5,000 bales a year at most. The French appetite for mohair yarn was such that, to purchase the product, they even imported considerable amounts of fake coins, which they debased up to 25 percent. Moreover, French merchants decided to establish a new commercial house in Ankara to purchase the commodity.[30]

By the beginning of the eighteenth century, leaving İstanbul, Aleppo, Ankara and Salonica far behind, İzmir had become the main centre for Dutch commercial activities in the Levant.[31] The increasing importance of İzmir can be demonstrated by the number of Dutch ships that sailed there. Between 1727 and 1743, 1187 ships sailed to the Mediterranean Sea and 110 of these ships, making up to 9.26% were destined to İzmir.[32] From İzmir the Dutch imported textile raw materials like mohair yarn, silk and cotton and in return for these merchandise they exported predominantly woollen cloth and, to a lesser extent, East Indian spices, lead, tin, copper and foreign specie.[33]

The Dutch commercial activities in Thessalonica temporarily contributed to the growth of Dutch trade with the Levant at the early decades of the eighteenth century. Compared to their competitors, however, the Dutch presence in Thessalonica was not very impressive. Following the French and the English the Dutch had established their first consulate there by 1720 and their trade remained much less than their competitors.[34]

Unlike the ports on the Aegean shores, Dutch commercial

Levant Ticaret İdaresi Yöneticilerinden Birinin
Evinden Ayrıntı, Osmanlı Figürlü Kabartma
Relief with Ottoman Figure, a Detail from the
House of a Director of Levant Trade

çok gerisinde kalmıştı.³⁴

Ege kıyılarındaki limanların aksine, Hollandalıların Ankara'daki ticari faaliyetleri, 18. yüzyıl boyunca giderek gerilemiştir. Gene de, önemli bir noktayı bilmek gerekir: 18. yüzyılın başlarında, Ankara'daki Hollanda topluluğu, oradaki Avrupa milletleri arasında en kalabalık olanıydı. Hollanda, Ankara'ya ve buradaki tiftik ticaretine yönelik kapsamlı ilgisine rağmen, şehre hiçbir zaman bir konsolos atamamıştır. Ticari rekabet ve yerel muhalefet yüzünden, 18. yüzyılın sonunda şehirde Hollandalı tacir kalmamıştır.³⁵

Hollanda'nın Halep'teki ticari faaliyetlerine gelince: Bu faaliyetler, 17. yüzyılın ilk yirmi-otuz yılına kadar birincil önemdeyken, 17. yüzyılın ortalarında ikinci plana düşmüştür. 18. yüzyılın başlarında, Hollanda'nın Halep ve çevresindeki ticari faaliyetleri gerilemişti; buna rağmen Hollandalılar burada hâlâ bir konsolos bulundurabiliyorlardı: Bu konsolos, Giovanni [Johann] Gosche'ydi. Genel Meclis, Halep'te varlık kazanmaya başlayan Hollandalı topluluğu –bu topluluk, 1698'de, Paul Maashoek dahil olmak üzere yalnızca altı kişiden oluşuyordu– idare etmesi için 1695'te Gosche'yi bu göreve atamıştı.³⁶ Gosche, 1703'te, Hollandalı topluluğun korunması görevini İngiliz Konsolosu George Brandon'a bırakıp, Hollanda'ya dönmek üzere yola çıktı. Topluluk, 1727'ye kadar oradaki İngiliz konsoloslarının idaresinde kaldı.³⁷ Daha güneyde, Avrupa ile ticareti Fransızlar denetliyorlardı. 18. yüzyıl boyunca, Sayda, Akka ve Trablus gibi şehirlerin Batı'yla ticaretleri giderek Fransa'nın denetimine girdi.³⁸

Resmi tamamlamak gerekirse, daha önce sözü edilen limanlar ve şehirler dışında, 18. yüzyıl boyunca Hollanda'nın Basra,³⁹ Kahire, İskenderiye⁴⁰ gibi öteki Osmanlı limanlarında ve Kuzey Afrika'nın başlıca şehirlerinde⁴¹ geçici ticari mer-

activities in Ankara were a story of decline in the course of the Eighteenth century. However, it is important to know that by the beginning of the eighteenth century, the Dutch colony in Ankara was the most populous among the European nations there. Despite the extensive interest the Dutch had in Ankara and in its mohair trade, they never appointed a consul to the town. Due to commercial competition and local opposition, by the end of the eighteenth century, the Dutch merchants disappeared from the city.³⁵

As regards the Dutch commercial activities in Aleppo: after having been of primary importance until the early decades of the seventeenth century, it had become of secondary importance around mid-seventeenth century. Despite the decline of Dutch commercial activities in and around Aleppo by the beginning of the eighteenth century, the Dutch were still able to maintain a consul there in the person of Giovanni [Johann] Gosche. Gosche was appointed to the post by the States General in 1695 to preside over the nascent Dutch nation of the town which in 1698 consisted of only six men, including Paul Maashoek.³⁶ In 1703 Gosche handed over the protection of the Dutch nation to the English consul George Brandon and left for the Netherlands. It remained at the hands of the English Consuls there until 1727.³⁷ Further to the south, the French controlled trade with Europe. In the course of the eighteenth century the westward trade of the cities such as Sidon, Acre and Tripoli fell increasing under French control.³⁸

To complete the picture: apart from the aforementioned ports and cities, in the course of the eighteenth century the Dutch were able to maintain intermittent trading posts, even small colonies, but not always served by their own consul, in

kezleri, hatta buralarda küçük Hollandalı toplulukları olmuştur, ama bu topluluklara her zaman Hollanda'nın kendi konsolosları hizmet vermemiştir.

Notlar

1 Bu yazının bazı kısımları daha önce şurada yayınlanmıştı: İsmail Hakkı Kadı ve Jan Schmidt, "Paul Maashoek: Dutch Merchant and Adventurer in Palestine (1669-1711)", *Eurasian Studies*, IV/1(2005), s. 1-17. İsmail Hakkı Kadı, "On the Edges of an Ottoman World: Non-Muslim Ottoman Merchants in Amsterdam", Christine M. Woodhead (ed.), *The Ottoman World* içinde (Londra, 2012), s. 276-288.
2 Halil İnalcık, "Part 1 The Ottoman State: Economy and Society", Halil İnalcık ve Donald Quataert (ed.), *An Economic and Social History of the Ottoman Empire, 1300-1914* içinde (Cambridge, 1994), s. 193-4, pp. 364.
3 Robert Paris, *Histoire du commerce de Marseille, Tome V: de 1660 à 1789. Le Levant* (Paris, 1957), s. 87.
4 Jonathan I. Israel, *The Dutch Republic: Its Rise, Greatness, and Fall, 1477-1806* (Oxford, 1995), **s.** 611.
5 Gérard Tongas, *Les relations de la France avec l'empire Ottoman durant la première moitié du XVIIe siècle et l'ambassade a Constantinople de Philippe de Harley, Comte de Césy (1619-1640)* (Toulouse, 1942), s. 208-210.
6 Paul Masson, *Histoire du commerce français dans le Levant au XVIIe siécle* (Paris, 1897), s. 236.
7 Bu ayrıcalıklardan en önemlisi, 1673'te gümrük vergisinin % 3'e indirilmesi; 1685'te de, bu ayrıcalığın kapsamının, Mısır'ı içine alacak şekilde genişletilmesiydi. Bkz. Robert Paris, *Histoire du commerce de Marseille* V, s. 87-90.
8 Jonathan I. Israel, a.g.e., s. 618, 859.
9 K. Heeringa (ed.), *Bronnen tot de Geschiedenis van den Levantschen Handel. Tweede Deel: 1661-1726*, (Lahey, 1917), 303.
10 A.g.y., 98. Ayrıca, şu yapıttaki rakamlara bakınız: Necmi Ülker, *The Rise of İzmir, 1688-1740* (Yayınlanmamış Doktora Tezi, Michigan Üniversitesi, 1974), s. 123.
11 Heeringa, a.g.e., s. 303-5.
12 Nicolaas Wilhelmus Posthumus, *De Geschiedenis van de Leidsche Lakenindustrie*, 3 cilt (Lahey, 1908-39), 2:272; Jan de Vries ve Ad van der Woude, *The First Modern Economy: Success, Failure, and Perseverance of the Dutch Economy, 1500-1815* (Cambridge, 1997), 289.
13 Bruce McGowan, *Economic Life in Ottoman Europe* (NY, 1981), 39.
14 Gemeentearchief Leiden (GL), Firma Van Eys, 14, 08.06.1736, Daniel Van Eys'ten Rolland ve Ploegstert'e.
15 Ankara'da Hollandalı bir tacire ilişkin en erken tarihli veri, Hollandalı bir tacirin adıdır (Felemenk Bâzergânı Sinor); Sinor, "Ankara Damga Mukâta'asının 1682 (1093) senesine ait mâlinden olup zimmetlerinde iplik ve muhayyer bahaları kalan bazergan taifesinden"dir. Bkz. Hülya Taş, *XVII. Yüzyılda Ankara* (Ankara, 2006), 67.
16 Jonathan I. Israel, a.g.e., 54; Gemeentearchief Amsterdam (GA), 5075, 1040/104, 13.12.1638.
17 Heeringa, a.g.e., 429-31.
18 Posthumus, a.g.e., 2:272-9.

other Ottoman Ports like Basra,[39] Cairo, Alexandria[40] and the main cities of North Africa.[41]

Notes

1 Some parts of this article are published previously in İsmail Hakkı Kadı and Jan Schmidt "Paul Maashoek: Dutch Merchant and Adventurer in Palestine (1669-1711)," *Eurasian Studies*, IV/1(2005), pp. 1-17. İsmail Hakkı Kadı, "On the Edges of an Ottoman World: Non-Muslim Ottoman Merchants in Amsterdam," in Christine M. Woodhead (ed.) *The Ottoman World*, (London, 2012), pp. 276-288
2 Halil İnalcık, "Part 1 The Ottoman State: Economy and Society," in Halil İnalcık and Donald Quataert (eds.), *An economic and social history of the Ottoman Empire, 1300-1914*, (Cambridge, 1994), pp. 193-4, pp. 364.
3 Robert Paris, *Histoire du commerce de Marseille, Tome V: de 1660 à 1789. Le Levant*, (Paris, 1957), pp. 87.
4 Jonathan I. Israel, *The Dutch Republic: its Rise, Greatness, and Fall, 1477-1806*, (Oxford, 1995), **pp.** 611
5 Gérard Tongas, *Les relations de la France avec l'empire Ottoman durant la première moitié du XVIIe siècle et l'ambassade a Constantinople de Philippe de Harley, Comte de Césy (1619-1640)*, (Toulouse, 1942), pp. 208-210.
6 Paul Masson, *Histoire du commerce français dans le Levant au XVIIe siécle*, (Paris, 1897), pp. 236.
7 The most important of these privileges were the reduction of the customs duties to 3 percent in 1673 and the expansion of this privilege to Egypt in 1685. See Robert Paris, *Histoire du commerce de Marseille* V, pp. 87-90.
8 Jonathan I. Israel, *The Dutch Republic: its Rise, greatness, and fall, 1477-1806*, (Oxford, 1995), pp. 618, 859.
9 K. Heeringa (ed.), *Bronnen tot de Geschiedenis van den Levantschen Handel. Tweede Deel: 1661-1726*, (Den Haag, 1917), 303.
10 Ibid. 98. See also the figures at Necmi Ülker, *The rise of İzmir, 1688-1740* (Unpublished PhD Thesis, University of Michigan, 1974), 123.
11 Heeringa, *Bronnen tot de Geschiedenis van den Levantschen Handel Tweede Deel: 1661-1726*, 303-5.
12 Nicolaas Wilhelmus Posthumus, *De Geschiedenis van de Leidsche Lakenindustrie*, 3 vols., (Den Haag, 1908-39), 2:272; Jan de Vries and Ad van der Woude, *The First Modern Economy: Success, failure, and Perseverance of the Dutch Economy, 1500-1815*, (Cambridge, 1997), 289.
13 Bruce McGowan, *Economic life in Ottoman Europe*, (NY, 1981), 39.
14 Gemeentearchief Leiden (GL), Firma Van Eys, 14, 08.06.1736, Daniel Van Eys to Rolland & Ploegstert.
15 The earliest evidence of a Dutch merchant in Ankara is the name of a Dutch merchant (Felemenk Bâzergânı Sinor) mentioned in a list of debtors of the stamp tax farm of Ankara in 1683. See Hülya Taş, *XVII. Yüzyılda Ankara*, (Ankara, 2006), 67.
16 Jonathan I. Israel, *Dutch Primacy in World Trade 1585-1740*, (Oxford, 1989), 54; Gemeentearchief Amsterdam (GA), 5075, 1040/104, 13.12.1638.
17 Heeringa, *Bronnen tot de Geschiedenis van den Levantschen Handel. Tweede Deel: 1661-1726*, 429-31.

18 Posthumus, *De Geschiedenis van de Leidsche Lakenindustrie*, 2:272-9.

19 GA 5075, 849/25, 11.06.1642.

20 Israel, *Dutch Primacy in World Trade*, 225.

21 Pieter de La Court, *Welvaren van Leiden: Handschrift uit het jaar 1659*, F. Driessen (ed.), (Den Haag, 1911), 95.

22 T. H. Lister, *Life and Administration of Edward, First Earl of Clarendon*, 3 vols. (Documentary appendix), (London, 1838), 3:361 cf. Israel, *Dutch Primacy in World Trade*, 308.

23 Heeringa, *Bronnen tot de Geschiedenis van den Levantschen Handel. Tweede Deel: 1661-1726*, 144.

24 Ibid, 72-74, 426.

25 Ibid, 159, 162, 167.

26 For a photo of the sculpture, see Zeki Çelikkol, Alexander H. de Groot, Bernardus Joshepus Slot, ...*Lale İle Başladı: Türkiye ve Hollanda arasındaki dörtyüz yıllık ilişkilerin resimli tarihçesi*, (Ankara, 2000), 92.

27 Jonathan I. Israel, *The Dutch republic*, (Oxford, 1995), 611, 715-716, 859; For the development of the Dutch mohair yarn trade, see İsmail Hakkı Kadı, "Amsterdam'daki Bir Kilisenin Anadolu'ya Uzanan Hikayesi," *Kebikeç İnsan Bilimleri İçin Kaynak Araştırmaları Dergisi*, 14/25 (2008), 219-237.

28 Heeringa, *Bronnen tot de Geschiedenis van den Levantschen Handel. Tweede Deel: 1661-1726*, 269-71.

29 Ibid, 302-08.

30 Ibid, 309-11.

31 G. R. B. Erdbrink, *At the Threshold of Felicity: Ottoman-Dutch Relations during the Embassy of Cornelis Calkoen at the Sublime Porte, 1726-1744*, (Ankara, 1977), p. 173.

32 Ibid, 213.

33 Elena Frangakis-Syrett, *The Commerce Of Smyrna in the Eighteenth Century (1700-1820)*, (Athens, 1992,), 164.

34 Erdbrink, *At the threshold of Felicity*, 150, 173-181

35 See Jan Schmidt, "Dutch Merchants in 18th-Century Ankara", *Anatolica*, 22 (1996), 235-260.

36 Apart from Maashoek the nation included Giovanni Pikerus, Giovanni van Liebergen, Giovanii Felissian, Balthazar Ardinois and Michel Heldewier. Heeringa, *Bronnen tot de Geschiedenis van den Levantschen Handel. Tweede Deel: 1661-1726*, 393.

37 Ibid, p. 396-7.

38 Ralph Davis, *Aleppo and Devonshire Square: English Traders in the Levant in the Eighteenth Century*, (London, Melbourne & Toronto, 1967), 38.

39 See Ben Slot, "At the Backdoor of the Levant: Anglo-Dutch Competition in the Persian Gulf, 1623-1766, in Alastair Hamilton, Alexander H. de Groot, Maurits H. van den Boogert (eds.), *Friends And Rivals in the East: Studies in Anglo-Dutch Relations in the Levant from the Seventeenth to the Early Nineteenth Century*, (Leiden, 2000), 117-134.

40 See Heeringa, *Bronnen tot de Geschiedenis van den Levantschen Handel. Tweede Deel: 1661-1726*, 437-482; J. G. Nanninga, *Bronnen tot de Geschiedenis van den Levantschen Handel*, Vol. III, (The Hague, 1952); J. G. Nanninga, *Bronnen tot de Geschiedenis van den Levantschen Handel*, Vol. IV, (The Hague, 1964-66).

41 See Alexander H. De Groot, "Ottoman North Africa and the Dutch Republic in the Seventeenth and Eighteenth Centuries", *Revue de l'occident musulman et de la Mediterranée*, 39(1985), 131-147.

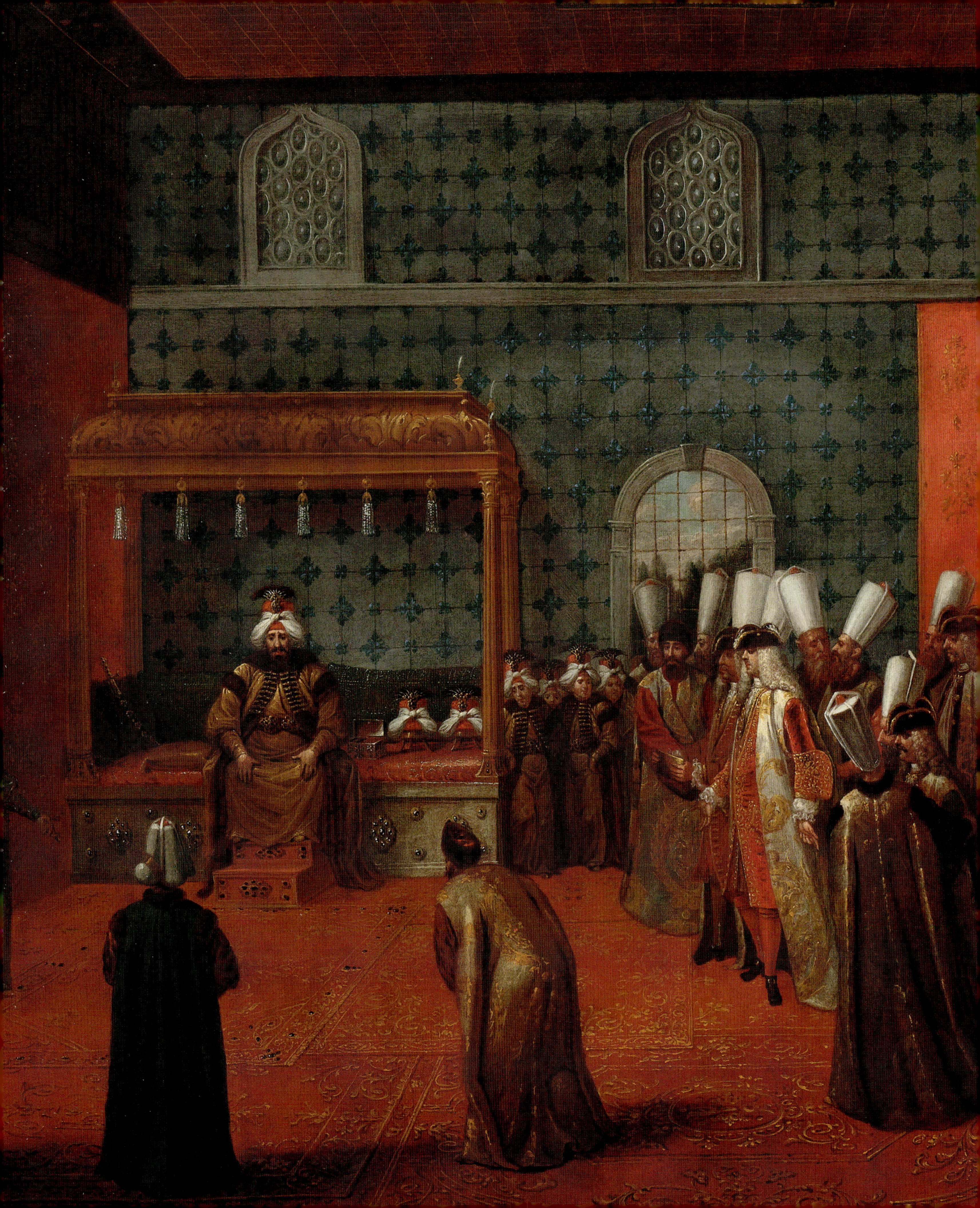

BÜYÜKELÇİ CORNELIS CALKOEN'UN (1696-1764) TÜRKİYE KONULU RESİMLERİ

THE TURKISH PAINTINGS OF AMBASSADOR CORNELIS CALKOEN (1696-1764)

Eveline Sint Nicolaas
Rijksmuseum Amsterdam

Hollanda elçisi Cornelis Calkoen, 14 Eylül 1727'de, Sultan III. Ahmed'in huzuruna çıkmak üzere Topkapı Sarayı'na ulaştığında, maiyetindeki kişiler arasında sanatçı Jean-Baptiste Vanmour (1671-1737) da vardı. Vanmour modern bir fotoğrafçının benzeri bir durumda yapacağı şeyi yapmış, o talihli günün önemli yönlerini üç tuvalden oluşan bir seri halinde kaydetmiştir. Calkoen İstanbul'a geldiğinde, Vanmour otuz yıldır burada çalışmaktaydı ve padişahın huzuruna çıkan birçok elçiye eşlik etmişti. Hollanda elçisi, Vanmour'a çok iyi para kazandıran hamilerden biri olacaktı: Elçi olarak huzura kabul edilişini kayda geçirme işini Vanmour'a vermenin yanı sıra, sanatçıdan Türklerin, Rumların ve Ermenilerin gündelik yaşamını betimleyen birçok tür resmi, topografik resimler, saray ricalini konu alan resimler ve bütün bir giysi resimleri serisi satın alacaktı. Bu açıdan Calkoen, genellikle bir huzura kabul resmiyle ve belki bir iki tür resmiyle yetinen öteki elçilerden önemli ölçüde farklılık gösteriyordu. Vanmour 1737'de İstanbul'da öldüğünde, *Mercure de France*'da özel olarak Calkoen'un eşsiz koleksiyonundan söz eden bir yazı yayımlandı: "Hollanda'nın Babıâli'deki elçisi Sayın Calkoen, çok sayıda ve son derece güzel resimlerden oluşan bir koleksiyona sahiptir." Vasiyetnamesindeki karmaşık koşullar sayesinde, elçinin olağanüstü koleksiyonu neredeyse olduğu gibi günümüze ulaşmıştır. 1902'de, Amsterdam'daki Rijksmuseum'da bir sergi mekânına kavuşan altmış beş yapıt, müzedeki onarımı tamamlanıp yeniden ziyarete açıldığında da 18. yüzyıl bölümünde Türk yapıtlarına ayrılan özel bir galeride sanatseverlerle buluşacaktır.

İstanbul'da Bir Elçi

İstanbul, kuzeybatıda Habsburg İmparatorluğu'nun sınırlarından güneydoğuda Kızıldeniz'e ve güneybatıdaki Cezayir'den kuzeydoğudaki İran ve Kafkasya'ya uzanan engin topraklarıyla Osmanlı İmparatorluğu'nun başkentiydi. Akdeniz ile Hint Okyanusu arasında stratejik bir konumu olan im-

When the Dutch ambassador Cornelis Calkoen arrived at Topkapı Palace in İstanbul on 14 September 1727 for his audience with Sultan Ahmed III, his entourage included the artist Jean-Baptiste Vanmour (1671-1737). In a series of three canvases, Vanmour recorded the highlights of that auspicious day, just as a modern photographer might do on a similar occasion. Vanmour had already been working in İstanbul for thirty years by the time Calkoen arrived, and he had accompanied many ambassadors to audiences. The Dutch ambassador was to be one of his more lucrative patrons. Besides commissioning Vanmour to record his audience, Calkoen was to buy numerous genre paintings from the artist depicting the everyday life of Turks, Greeks and Armenians, topographical paintings, portraits of court officials and a whole series of costume paintings. In this he differed considerably from his fellow ambassadors who generally made do with an audience painting and perhaps one or two genre pieces. When Vanmour died in İstanbul in 1737, an article appeared in the Mercure de France specifically naming Calkoen's collection and without rival: 'M. Calkoen, Ambassadeur de Hollande à la Porte, en a un très grand nombre et des plus beaux [tableaux].' Thanks to the complex conditions of his will, the ambassador's remarkable collection has remained more or less intact. In 1902, the sixty five works found a home at Amsterdam's Rijksmuseum, where they will appear in a special Turkish cabinet in the 18th century department when the renovated museum reopens.

Ambassador in İstanbul

İstanbul was the capital of the vast Ottoman Empire that stretched from the frontiers of the Habsburg Empire in the northwest to the Red Sea in the southeast and from Algeria in the southwest to Persia and the Caucasus in the northeast. Lying strategically between the Mediterranean Sea and the Indian Ocean, the empire played a vital political and econom-

Res. Fig. 1
Cornelis Haga
Ressamı Belirsiz, Unknown Painter
Ahşap üzerine yağlıboya, Oil on panel
62 x 46,5 cm.
Rijksmuseum Amsterdam

paratorluk, çok önemli bir siyasal ve ekonomik işlevi yerine getiriyordu. Cornelis Haga (1578-1654), başkente 1612'de ilk Hollandalı diplomatik temsilci olarak geldi (Res. 1). Hollanda Cumhuriyeti, Fransa ve İngiltere'den sonra, Osmanlı İmparatorluğu ile diplomatik ilişkiler kurmak isteyen üçüncü Avrupa ülkesiydi. Bir ittifakın, iki ülke açısından da yararları vardı. Ağırlıklı olarak Müslüman nüfusa sahip bu imparatorluğun başlıca düşmanlarından biri, egemenliğini kuzeye, ama aynı zamanda da güneye, Osmanlı topraklarına yaymaya çalışan Katolik Habsburg İmparatorluğu'ydu. Osmanlı sultanı, Habsburgların diğer düşmanları ile diplomatik ilişkiler kurmanın, dünya çapında kendi konumunu güçlendirmesini umuyordu. Bu arada, Hollanda Cumhuriyeti'nde "Katolik olacağına Türk olsun" sloganı hâkimdi. Bu yeni diplomatik bağın temelini, padişahın çıkardığı bir ahidname –Batı'da bilindiği şekliyle bir kapitülasyon– oluşturdu; padişah tek taraflı olarak anlaş-

ic role. Cornelis Haga (1578-1654) arrived in 1612 as the first Dutch diplomatic representative (Fig. 1). The Dutch Republic was the third European power to seek diplomatic relations with the Ottoman Empire, following France and England. There were advantages to both nations in an alliance. One of the overwhelmingly Muslim empire's principal enemies was the Catholic Habsburg Empire, which was attempting to spread its dominion to the north, but also south into the Ottoman realm. The sultan hoped that establishing diplomatic ties with other enemies of the Habsburgs would strengthen his position in the world. In the Dutch Republic, meanwhile, the slogan was 'Better Turk than Papist'. The foundation for this new diplomatic contact was a decree issued by the sultan, a capitulation, as it was known in the West - it could be renounced unilaterally by the sultan, and each successor had to renew the agreement. In it, the sultan outlined the legal status of foreigners, and the terms of trade.

In the course of the 17th century, the military balance of power shifted dramatically. The Ottoman Empire suffered a humiliating defeat at the hands of the Holy League, an alliance of the Habsburg Empire, Venice, Poland and Russia: the Peace of Karlowitz (1699) and the Peace of Passarowitz (1718) brought the sultan's military adventures to halt. His declining strength forced the sultan to adjust his stance in the political arena. To maintain his position he had to know what was going on in the courts of Europe, and since the Empire had no permanent diplomatic representatives abroad, he and his ministers turned to the various foreign envoys in İstanbul for the information they needed.

Calkoen was 30 when he was appointed ambassador of the Dutch Republic in İstanbul (Fig. 3). He arrived without any diplomatic experience, although he had served in administrative posts before: after graduating in law at Leiden he had been sheriff of Nieuwer Amstel for a number of years. He was born into a family that had participated in Amsterdam's administration for generations. In the 18th century, most diplomats would not have considered a term as ambassador in İstanbul an attractive prospect. Foreigners lived a relatively isolated existence there, the salary was meagre and the climate was far from healthy in the summer months. Yet Calkoen was probably pleased with the appointment. The distance from Holland gave him a certain leeway and it provided an opportunity to keep an eye on the family's commercial interests. The Calkoen family had been involved in the Levant trade for generations - the trade with Mediterranean countries east of Italy - and as ambassador it was Cornelis's job to

madan vazgeçebiliyordu ve her yeni hükümdarın anlaşmayı yenilemesi gerekiyordu. Padişah, ahidnamede ana çizgileriyle yabancıların yasal konumunu ve ticaret koşullarını belirliyordu.

17. yüzyıl ilerledikçe, askeri güç dengesi önemli ölçüde değişti. Osmanlı İmparatorluğu, Kutsal İttifak karşısında ağır bir bozguna uğradı. (Kutsal İttifak, Habsburg İmparatorluğu, Venedik, Polonya ve Rusya'nın oluşturduğu bir birliktir.) Karlofça Barış Antlaşması (1699) ve Pasarofça Antlaşması (1718), Osmanlı padişahının askeri seferlerine son vermesine neden oldu. Azalan gücü, padişahı siyasi arenadaki konumunu gözden geçirip ayarlamaya zorladı. Padişah, konumunu koruyabilmek için, Avrupa saraylarında nelerin olup bittiğini bilmek zorundaydı; Osmanlı İmparatorluğu'nun yurtdışında kalıcı diplomatik temsilcileri olmadığı için de, padişah ve vezirleri, ihtiyaç duydukları bilgi için İstanbul'daki çeşitli yabancı elçilere başvuruyorlardı.

Calkoen, İstanbul'a Hollanda Cumhuriyeti elçisi olarak atandığında otuz yaşındaydı (Res. 2). Daha önce idari görevlerde bulunmuş olmasına karşın, şehre geldiğinde diplomasi alanında herhangi bir deneyimi yoktu; Leiden Üniversitesi'nde hukuk okuduktan sonra, birkaç yıl boyunca Nieuwer Amstel'in mülki amirliğini yapmıştı. Calkoen, kuşaklar boyunca Amsterdam'ın yönetimine katılmış olan bir aileden geliyordu. 18. yüzyılda birçok diplomat, İstanbul'da bir dönem elçilik görevini çekici bir olasılık olarak görmezdi. Burada yabancılar görece toplumun kalanından soyutlanmış bir halde yaşıyorlardı, maaş düşüktü ve yaz aylarında iklim pek de sağlıklı değildi. Gene de, Calkoen büyük bir olasılıkla bu göreve atanmaktan memnundu. Hollanda'ya olan uzaklık, ona belirli bir özgürlük alanı veriyor ve ailesinin ticari çıkarlarını gözetmesine olanak sağlıyordu. Calkoen ailesi, kuşaklar boyunca Levant ticareti –İtalya'nın doğusundaki Akdeniz ülkeleriyle ticaret– ile uğraşmıştı ve elçi olarak Cornelis'in görevi bu ticareti koruyup teşvik etmekti. İşinin bu yönü o kadar önemliydi ki, maaşının bir kısmını Levant Ticaret İdaresi ödüyor, kalanını Genel Meclis karşılıyordu. 1625'te Cornelis Haga'nın kurduğu Levant Ticaret İdaresi'ni sekiz yönetici ve seçkin tüccardan oluşan bir yönetim kurulu yönetiyordu; idarenin Amsterdam'daki belediye sarayında bir ofisi vardı. Hollanda Doğu Hindistan Şirketi'nin (*Verenigde Oostindische Compagnie* ya da *VOC*) aksine, idare, ticari bir şirket değildi; görevi, denetlemek ve düzenlemekti. Örneğin, Berberistan kıyısındaki –özellikle, günümüzde Kuzey Afrika devletleri Cezayir ve Tunus'un bulunduğu bölgedeki– korsanlar, Hollanda deniz taşımacılığı için sürekli bir tehdit oluşturuyordu.

Res. Fig. 2
Büyükelçi Cornelis Calkoen'un Portresi
Portrait of Ambassador Cornelis Calkoen
Jean-Etienne Liotard
Parşömen üzerine pastel Pastel on parchement
63 x 51 cm., 1738-1742
Rijksmuseum Amsterdam

protect and stimulate this trade. This aspect of his work was so important that part of his salary was paid by the Directorate of Levant Trade, while the States General supplied the remainder. The Directorate had been established in 1625 by Cornelis Haga and comprised a board of seven directors and prominent merchants with an office in the town hall in Amsterdam. Unlike the Dutch East India Company (Verenigde Oostindische Compagnie or VOC), the Directorate was not a trading company; its task was to control and regulate. For example, the pirates of the Barbary coast - especially in the region of today's North African states of Algeria and Tunisia - were a constant threat to Dutch shipping. So to ensure that ships were adequately defended, the Directorate stipulated a minimum number of guns and crew. Calkoen reported back regularly to the Directorate while he was in İstanbul. With

Res. Fig. 3
Sultan III. Ahmed
Sultan Ahmed III
Jean-Baptiste Vanmour
Tuval üzerine yağlıboya Oil on canvas
32.6 x 26.2 cm., 1727-1730
Rijksmuseum Amsterdam

Dolayısıyla, gemilerin gereğince korunmasını sağlamak için idare, asgari sayıda topu ve gemi mürettebatını şart koşuyordu. Calkoen, İstanbul'dayken düzenli olarak idareye rapor veriyordu. Yönetim kurulunda akrabaları olduğu için, uzaklık büyük bir sorun değildi; nitekim, Cornelis zaman zaman kendi çıkarına bu akrabalarından yararlanma olanağı buluyordu.

Sultan III. Ahmed ve Saray Ricali

Cornelis Calkoen İstanbul'da göreve başladığında, tahtta hüküm süren padişah, Sultan III. Ahmed'di (1673-1736) (Res. 3). Padişah resmi olarak Osmanlı İmparatorluğu'nun mutlak hükümdarıydı ve Topkapı Sarayı bütün gücün merkeziydi. Ne var ki, 16. yüzyıldan itibaren günlük rutin yönetimi fiilen Divân-ı Hümayun üstlenmişti. Divan, padişahı temsil eden sadrazam ve vezirlerden oluşuyordu. Askeri yargıdan sorumlu Rumeli ve Anadolu kazaskerleri, imparatorluğun maliyesini yöneten defterdar ve kalemiye sınıfının başı nişancı da divana katılıyordu. Divân-ı Hümayun, Topkapı Sarayı'ndaki kubbealtında toplanırdı. 17. yüzyılın ortalarında, divan Top-

relatives on the board, the distance was less of a problem, and indeed Cornelis was able to use his connections to advantage on occasion.

The Court of Sultan Ahmed III

When Cornelis Calkoen began his term in İstanbul, the reigning monarch was Sultan Ahmed III (1673-1736) (Fig. 3). Officially, he was the absolute ruler of the Ottoman Empire and Topkapı Palace was the centre of all power. Yet since the 16th century, the Divân-ı hümayun, the imperial council, had effectively been responsible for the day-to-day administration. The council comprised the grand vizier, who represented the sultan, and his ministers, the viziers. The principal judges, the kadi askeri, also sat on the council, as did the defterdar, who managed the imperial finances, and the nisanci, the head of the chancellery. The imperial council met in the council chamber, or divan, at Topkapı Palace. In the mid-17th century the council took up residence in its own palace outside Topkapı; this was Babiâli, translated by foreigners as the High or Sublime Porte. Since ambassadors generally dealt with the council they were therefore known as ambassadors to the Sublime Porte.

Under Ahmed III and his righthand man Grand Vizier Nevşehirli Damat İbrahim Pasha the empire enjoyed a cultural renascence and became increasingly open to the West (Fig. 4). The first printing press arrived in the empire in 1729 and soon a steady flow of new publications appeared, with a range of books on history, topography and science as well as dictionaries and poetry. For the first time, Ottoman ambassadors were sent for long tenures to European cities. They returned with books and art and soon new buildings and fountains began to appear in the city inspired by European baroque and rococo styles. On the banks of the Bosporus and the Golden Horn, Ahmed III and leading families built palaces and pavilions with gardens in the latest French styles, based on plans and drawings obtained in Paris. The city acquired a more Western appearance in this period. In fact these years became known as the Tulip Era, after the annual festivities to celebrate the blossoming of the flower. Tulips had been introduced to the Dutch Republic in the 16th century and new varieties had been bred. Ahmed III was an ardent admirer of tulips and had examples of these otherwise unknown varieties imported to extend the range of Turkish flowers. The festivities he and the grand vizier organised in honour of the flower were exorbitant and expensive. Tulip vases, lamps and

kapı Sarayı dışında kendi binasına yerleşmiştir: Bu yeni yerin adı Babıâli'ydi. Elçiler genellikle divan ile iş gördüklerinden, ülkelerinin Babıâli elçileri olarak biliniyorlardı.

Sultan III. Ahmed'in hükümdarlığı ve sağ kolu Nevşehirli Damat İbrahim Paşa'nın (Res. 4) sadrazamlığı sırasında, Osmanlı İmparatorluğu bir kültür rönesansı yaşamış ve giderek Batı'ya açılmıştır. İmparatorluğa ilk matbaa makinesi 1729'da gelmiş ve çok geçmeden, bir yandan tarih, topografya ve bilime, diğer yandan sözlükler ve şiire uzanan bir yelpaze içinde düzenli olarak çok sayıda yeni yayın çıkmaya başlamıştır. İlk kez Osmanlı elçileri uzun süreli görevlerle Avrupa şehirlerine gönderilmiştir. Bu elçiler sanat kitaplarıyla geri dönmüş ve kısa sürede, şehirde Avrupa barok ve rokoko üsluplarından esinlenen yeni binalar ve çeşmeler boy göstermeye başlamıştır. III. Ahmed ve önde gelen aileler, Boğaz'ın ve Haliç'in kıyılarında, Paris'ten alınmış plan ve çizimlere dayalı, en son Fransız üsluplarını yansıtan bahçeli saraylar ve köşkler yaptırmışlardır. Şehir bu dönemde daha Batılı bir görünüm edinmiştir. Gerçekten de, bu yıllar sonradan, her yıl lale mevsimini kutlamak için düzenlenen şenliklere atfen Lale Devri olarak anılır olmuştur. Lale, Hollanda Cumhuriyeti'ne ilk kez 16. yüzyılda getirilmiş ve çeşitli lale türleri yetiştirilmişti. III. Ahmed, tam bir lale tutkunuydu ve Türk çiçekleri yelpazesini genişletmek için bu bilinmeyen çeşitlerden örnekleri imparatorluğa getirmişti. III. Ahmed'in ve sadrazamın lale onuruna düzenledikleri şenlikler, gösterişli ve pahalıydı. Uzun masalara lale saksıları, lambalar ve çeşitli yiyecekler yerleştiriliyordu. Sazendeler sazlarını çalıyor, insanlar dans ediyor ve kaplumbağalar sırtlarında fenerlerle saray bahçelerini bir uçtan bir uca ağır ağır kat ediyordu.

İstanbul'da Bir Ressam

Jean-Baptiste Vanmour, 1699 yılında, Fransız elçisi baron Charles de Ferriol d'Argental'in maiyetiyle İstanbul'a geldiğinde yirmi sekiz yaşındaydı. Bu, Vanmour'un hayatının akışını değiştiren bir yolculuk oldu. Nasıl günümüzde devlet temsilcilerinin çoğu zaman kendi fotoğrafçıları varsa, o günlerde de resmi yetkililer, özellikle Batı üslubunda resim yapabilecek ressam bulmanın zor olduğu Avrupa dışı yolculuklarda, kendi ressamlarıyla seyahat ediyorlardı. İstanbul'a bu görevle gelen birçok ressam, burada yalnızca kısa bir süre kalmıştı. Ne var ki, bu durum Vanmour için geçerli değildi. Sanatçı, ömrünün sonuna, yani 1737 yılına kadar Osmanlı başkentinde kaldı. Gerçek neden hakkında yalnızca tahmin yürütülebilir: Belli başlı müşterilerinin –diplomatlar ve gez-

Res. Fig. 4
Sadrazam Nevşehirli Damat İbrahim Paşa
The Grand Vizier Nevşehirli Damat İbrahim Pasha
Jean-Baptiste Vanmour
Tuval üzerine yağlıboya Oil on canvas
33.5 x 26 cm., 1727-1730
Rijksmuseum Amsterdam

various foods were laid out on long tables. Musicians played, people danced and tortoises shuffled with lanterns on their back across the palace gardens.

Painter in İstanbul

Jean-Baptiste Vanmour was 28 in 1699, when he arrived in İstanbul in the entourage of the French ambassador Baron Charles de Ferriol d'Argental. It was a journey that changed the course of his life. Just as modern government representatives often retain their own photographer, officials in those days had their own artist, especially on journeys outside Europe where it would be hard to find an artist who could paint in the Western style. Most painters who came to İstanbul in this capacity only stayed for a short period. Not Vanmour, however. He remained in the Turkish capital for the rest of his life, until 1737. The real reason can only be guessed at: all his principal customers - diplomats and travellers - only stayed in İstanbul temporarily. One result was that he was constantly acquiring new patrons, and so a minor master from Flanders

ginler– hepsi İstanbul'da ancak geçici olarak kalıyorlardı. Bunun bir sonucu, Vanmour'un hep yeni hamiler bulmasıydı; böylece Flandr'da ikinci derecede önemi olan bir sanatçı, İstanbul'a yerleşince 18. yüzyılın ilk yarısının en iyi bilinen sanatçılarından biri haline gelmeyi başarmıştı.

Vanmour, 9 Ocak 1671'de Valenciennes'de doğmuştur. O dönemde, şehir hâlâ İspanya egemenliğindeki Hollanda'nın bir parçasıydı; Fransa, şehri 1678'de ele geçirmiştir. Valenciennes, 17. yüzyılda danteliyle ünlüydü, ama sanatın başka herhangi bir dalında önemli bir ünü yoktu. Vanmour'un usta bir mobilyacı olan babasının ressamlar loncasıyla bağlantısı vardı ve büyük bir olasılıkla şehrin önde gelen ressamlarını tanıyordu. Genç Vanmour bu ressamlardan birinin yanına çırak verilmiş olabilir; şu da var ki, sanatsal becerilerini loncanın dışında da edinmiş olabilir: Vanmour'un yaşamının bu erken dönemiyle ilgili tek belge, loncanın 1690'da el koyduğu bir resim hakkındadır; bu el koymanın nedeni, Vanmour'un, lonca üyelerinin tekeline aykırı olarak resmi satmaya çalışmış olmasıydı. Vanmour'un gençliği, gene Valenciennes'li olan çağdaşı Jean Antoine Watteau'nun (1684-1721) yetişme yıllarına benzer olsa gerektir. Watteau, henüz keşfedilmemiş bir ressam olarak yıllarca Paris'te büyük bir mücadele vermiş, toptan alım-satım yapan bir sanat tüccarı için genç sanatçıların çok sayıda sanat ürünü ürettikleri bir atölyede çalışmıştı. Bu gençler elbette resim yapıyorlardı, ama Hıristiyan yortuları ya da laik şenlikler için geçici süslemeler, din konulu resimler ve tüccarlar için küçük süs işleri de yapıyorlardı. Büyük bir olasılıkla, Watteau gibi Vanmour da, sanat yaşamına bir tür "ne olsa yapan" kişi olarak adım atmıştı.

Vanmour'un İstanbul'daki ilk hamisi elçi Ferriol, ressamdan Osmanlı İmparatorluğu'nda yaşayanların tasvir edildiği yüz giysi resminden oluşan bir seri çizmesini istemişti. Vanmour, 1707-1708'de bu kapsamlı proje üzerinde çalıştı. Ferriol, sonuçtan memnun kaldı ve Fransa'ya geri döndüğünde Vanmour'un resimlerine dayalı gravürler sipariş etti. G. J. B. Scottin, P. Simoneau fils ve J. Haussard'ın da yer aldığı bir gravürcüler ekibi, 1712-1713'te bu gravürleri yaptı. 1714'te, *Recueil de cent estampes représentant differentes nations du Levant*'ın (Levant'ın Çeşitli Milletlerini Tanıtan Yüz Oymabaskı Derlemesi) ilk baskısı yayınlandı; bu, bir Türk düğününü, bir Türk cenaze törenini ve semazenleri konu alan tür resmi sahneleriyle birlikte yüz giysi resminden oluşan bir seridir (Res. 5). Ancak *Recueil*'ün yeni bir basımı yayınlandığında resimleri yapan asıl ressamın Vanmour olduğu açıklandı ve sanatçının ünü Avrupa'da yayılmaya başladı. Batı'da insanlar, Osmanlı İmparatorluğu halklarını zihinlerinde canlandırır-

based in İstanbul managed to become one of the best known artists of the first half of the 18th century.

Vanmour was born in Valenciennes on 9 January 1671. At that time, the town was still part of the Spanish Netherlands; it was acquired by France in 1678. Valenciennes was famous for its lace in the 17th century, but enjoyed no significant reputation in any other branch of the arts. Vanmour's father, who as a master cabinetmaker had contact with the painters guild, would have known the town's principal painters. Perhaps the young Vanmour was apprenticed to one of these, although he may also have acquired his skills outside the guild - the only document relating to these early years concerns a painting that was confiscated by the guild in 1690 because he had tried to sell it, in contravention of the monopoly held by guild members. Vanmour's youth was probably not unlike the formative years of his contemporary Jean Antoine Watteau (1684-1721), also from Valenciennes. As a struggling, yet-to-be-discovered artist, Watteau spent several years working at a factory studio in Paris, where young artists produced prodigious amounts of art for a wholesale art dealer. They painted portraits of course, but also temporary decorations for Christian or secular festivals, religious paintings and small ornamental pieces for burghers. Like Watteau, Vanmour probably also started as a kind of jack-of-all-trades.

His first patron in İstanbul, ambassador Ferriol, commissioned him to paint a series of a hundred costume portraits showing inhabitants of the Ottoman Empire. Vanmour worked on this extensive project in 1707 and 1708. Ferriol was pleased with the result and on his return to France he commissioned engravings based on Vanmour's paintings. These were made in 1712 and 1713 by a team of engravers including G.J.B. Scottin, P. Simoneau fils and J. Haussard. In 1714, the first edition of the *Recueil de Cent Estampes qui representant les differentes Nations du Levant* appeared, a series of plates of the a hundred costume portraits together with genre scenes of a Turkish wedding, a Turkish funeral and whirling Dervishes. It was only when a new edition of the Recueil appeared that Vanmour was revealed as the original artist and his fame began to spread in Europe. The Recueil Ferriol, as the work has become known, was to a large extent responsible for the way people in the West imagined the inhabitants of the Ottoman Empire (Fig. 6). Yet Vanmour was clearly not the inventor of this genre. He built on a tradition of costume pictures that already existed in the West and the East. What distinguished his series was that his paintings were based on his own observation and not on secondhand information. His

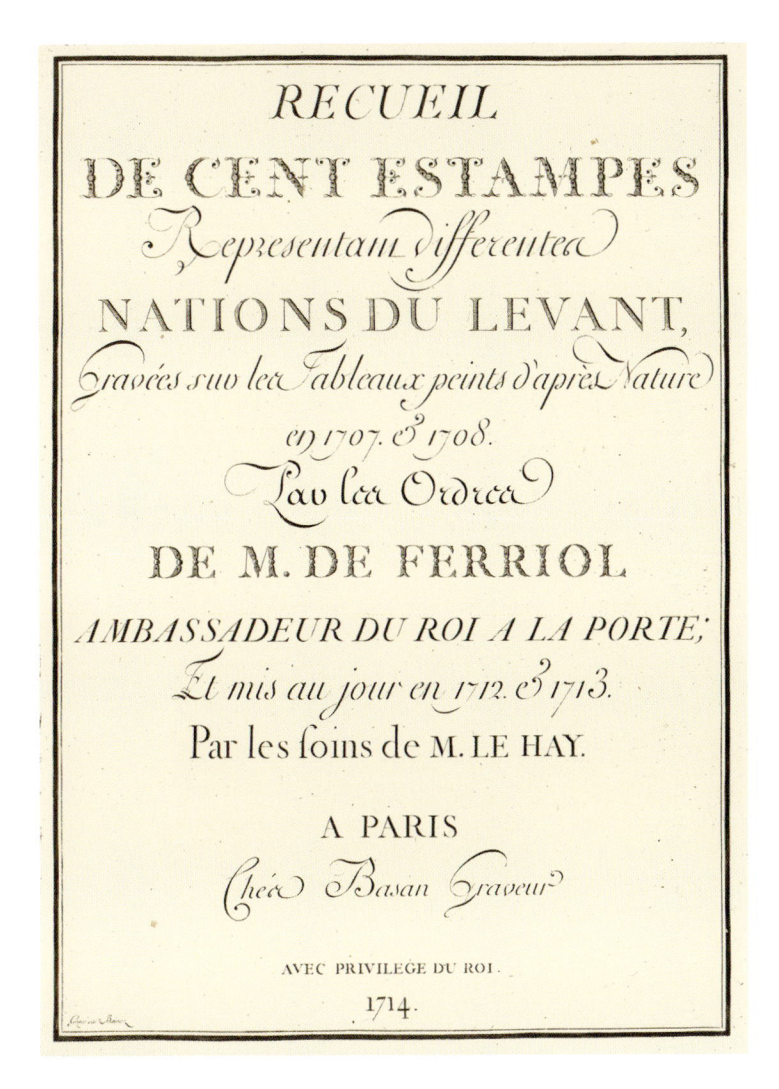

Res. Fig. 5
***Recueil de Cent Estampes Representant Differents Nations du Levant*'ın kapak sayfası, 1714 (üçüncü baskı)** Title page of the *Recueil de Cent Estampes Representant Differents Nations du Levant*, 1714 (third edition)
Suna and Kıraç Vakfı İstanbul Araştırmaları Enstitüsü Kütüphanesi
Suna and Kıraç Foundation İstanbul Research Institute Library

Res. Fig. 6
Haseki Sultan, ya da Kraliçe Sultan (*Recueil de Cent Estampes Representant Differents Nations du Levant*, 1714)
La Sultane Asseki, ou Sultane Reine (*Recueil de Cent Estampes Representant Differents Nations du Levant*, 1714)
Jean-Baptiste Vanmour - G. Scotin
Gravür Engraving
Suna and Kıraç Vakfı İstanbul Araştırmaları Enstitüsü Kütüphanesi
Suna and Kıraç Foundation İstanbul Research Institute Library

ken büyük ölçüde *Recueil Ferriol*'den –kitap, bu adla bilinir olmuştur– etkilenmişlerdir (Res. 6). Gene de, şurası açık ki, Vanmour bu türün yaratıcısı değildi; o, daha önce hem Batı'da hem Doğu'da var olan bir giysi resimleri geleneğinden yola çıkmıştı. Vanmour'un serisinin ayırt edici yönü, resimlerinin ikinci el bilgilere değil, kendi gözlemlerine dayanıyor olmasıydı. Ayrıca, Vanmour'un resimleri, yaklaşık aynı dönemde saray atölyelerinde ve şehir işliklerinde yapılan giysi serilerinden daha canlıydı, çünkü Vanmour figürlerini gerçekçi bir arka planın önüne yerleştiriyordu.

Ferriol, Vanmour'un giysi resimleri çizdiği tek hami değildi. Bu resimlerin pratik formatı, onları gezginler ve Osmanlı

portraits were also more lively than the costume series that were being produced around the same time in the palace studios and the city's workshops, since he set the figures against a realistic background.

Ferriol was not the only patron for whom Vanmour painted costume portraits. Their convenient format made these works ideal for travellers and (temporary) residents in the Ottoman Empire. Calkoen bought a series of thirty two costume paintings. He gave these to his employers, the Directorate of Levant Trade to decorate their office in Amsterdam's town hall. Calkoen had visited the office regularly while preparing for

Res. Fig. 7
Çuhadar, "Büyükelçinin Hizmetkârı"
A Choadar, "Servant of the Ambassador"
Jean-Baptiste Vanmour ve atölyesi
Jean-Baptiste Vanmour and his workshop
Tuval üzerine yağlıboya Oil on canvas
39.5 x 30 cm., 1700-1737
Rijksmuseum Amsterdam

Res. Fig. 8
Çavuş
A Chavoush
Jean-Baptiste Vanmour ve atölyesi
Jean-Baptiste Vanmour and his workshop
Tuval üzerine yağlıboya Oil on canvas
38 x 29.5 cm., 1700-1737
Rijksmuseum Amsterdam

İmparatorluğu'nda (geçici olarak) yaşayanlar için ideal hale getiriyordu. Calkoen, otuz iki giysi resminden oluşan bir seri satın almış; bu seriyi, Amsterdam'daki belediye sarayında bulunan ofislerini süslemeleri için Levant Ticaret İdaresi'ne vermişti. Calkoen, İstanbul'daki ikametine hazırlanırken, belki daha da önce, babası Nicolaas Calkoen idare için çalışırken ofisi düzenli olarak ziyaret etmişti. Calkoen'un giysi resimleri pratik bir amaca hizmet ediyordu: Bu resimler, ofisi ziyaret eden tüccarların imparatorlukta yaşayanlar konusunda bilgi edinmelerini sağlıyordu. Resimler numaralanmıştı ve çerçeve içindeki kısa bir yazıda bir açıklama yer alıyordu (Res. 7, 8). Resimleri Vanmour kendisi yapmamıştı. Bu siparişi aldığı dönemde artık yardımcılar çalıştırabiliyordu. Bu ona daha büyük siparişler –sözgelimi, padişahın huzuruna kabul ve gündelik yaşam resimleri– üzerine odaklanmak için zaman kazandırıyordu. Perspektif çizimindeki beceriksizlikler, Vanmour'un Batı Avrupa geleneklerini bilmeyen yerel sanatçılar çalıştırdığını gösterir. Belki de bu kişileri, İstanbul'daki Rum cemaatinin ikona ressamları arasından seçmiştir. Bel-

his residency in İstanbul and perhaps even earlier, when his father Nicolaas Calkoen had been involved with the Directorate. Calkoen's costume paintings served a practical purpose: they enabled merchants who visited the office to familiarise themselves with the empire's inhabitants. The paintings were numbered and a framed legend provided an explanation (Figs. 7, 8). The paintings were not painted by Vanmour himself. By this time he was able to employ assistants. This gave him time to focus on bigger commissions, such as audience and genre paintings. The perspective suggests that Vanmour employed local artists unacquainted with West European conventions. Perhaps he chose them from the icon painters of İstanbul's Greek community. He had evidently kept the designs for the series he made for Ferriol, since he often used the same motifs. For example, Calkoen's series contains a Man from the Albanian Coast and an Albanian Soldier, both based on the same prototype although executed by different artists (Figs. 9, 10).

li ki Vanmour, Ferriol için yaptığı serinin desenlerini saklamıştı, çünkü sık sık aynı motifleri kullanmıştır. Örneğin, Calkoen'un serisi, Arnavut Sahilinden Bir Kişi'yi ve Bir Arnavut Askeri'ni içerir; bunların ikisi de farklı sanatçılar tarafından çizilmiş olsalar da aynı prototipi temel alırlar (Res. 9, 10).

Padişahı Ziyaret

Yeni elçi, Mayıs ayında şehre gelişinden kısa bir süre sonra, Haziran 1727'de, diplomatik çevrelerde âdet olduğu üzere, itimatnamesini padişaha sunmaya hazırdı: Bu, iki ülke arasında resmi olarak karşılıklı ilişkiler kurmaya yönelik bir nezaket ziyaretiydi. Osmanlı sarayında huzura kabuller, Yeniçerilerin üç ayda bir verilen ulufeleri ve ondan önceki Divân-ı Hümayun toplantısı ile aynı zamana denk gelecek şekilde planlanırdı. Bir sonraki ulufe dağıtımı Ekim ayında olduğun-

Visiting the Sultan

As was usual in diplomatic circles, in July 1727, shortly after his arrival in May, the new ambassador readied himself to submit his credentials to the sultan - a courtesy visit that would officially establish mutual relations between the two countries. Audiences at the Ottoman court were planned to coincide with the quarterly payment of the Janissaries (an elite corps of Ottoman infantry) and the meeting of the Imperial Council that preceded this. Since the next disbursement was not due until October, Calkoen would have to be patient. On Tuesday, 12 August 1727, the ambassador was able to visit Grand Vizier Damad Ibrahim. At the meeting, which followed the same protocol as the subsequent meeting with the sultan, the participants exchanged polite pleasantries and Calkoen once again requested an audience with Ahmed III. The grand

Res. Fig. 9
Arnavut Asker
Albanian Soldier
Jean-Baptiste Vanmour ve atölyesi
Jean-Baptiste Vanmour and his workshop
Tuval üzerine yağlıboya Oil on canvas
39 x 31.5 cm., 1700-1737
Rijksmuseum Amsterdam

Res. Fig. 10
Arnavut Sahilinden Erkek
Man from the Albanian Coast
Jean-Baptiste Vanmour ve atölyesi
Jean-Baptiste Vanmour and his workshop
Tuval üzerine yağlıboya Oil on canvas
39 x 31.5 cm., 1700-1737
Rijksmuseum Amsterdam

Res. Fig. 11
Büyükelçi Cornelis Calkoen ve Maiyeti 14 Eylül 1727'de "Çanak Yağması" Sırasında Topkapı Sarayı'nın İkinci Avlusu'ndan Geçerken
Ambassador Cornelis Calkoen and His Entourage Crossing the Second Courtyard of Topkapı Palace During "Çanak Yağması" on 14 September 1727
Jean-Baptiste Vanmour
Tuval üzerine yağlıboya Oil on canvas
91.5 x 125 cm., 1727-1730
Rijksmuseum Amsterdam

dan, Calkoen'un sabırlı olması gerekiyordu. Elçi, 12 Ağustos 1727 Salı günü, sadrazam Damat İbrahim Paşa'yı ziyaret etme imkânını bulmuştu. Padişahla daha sonraki görüşmesinde uygulanan protokolün aynısının uygulandığı bu görüşmede, taraflar birbirlerine hal hatır sormuşlar ve Calkoen bir kez daha III. Ahmed'in huzuruna kabul edilme talebinde bulunmuştu. Sadrazam, Yeniçerilere ulufe dağıtımını öne çekmeye söz vermiş ve huzura kabul için 14 Eylül Pazar günü belirlenmişti. Calkoen'un kâtibi Jean Louis Rigo, bu görüşmeyi ayrıntılı olarak kaydetmişti; bu kayıt, Vanmour'un üç resmiyle birlikte, günün olaylarına ilişkin eksiksiz bir değerlendirme niteliği taşır. Rigo'nun raporu, elçilerinin nasıl karşılandığını görebilsinler diye Levant Ticaret İdaresi'ne ve Genel Meclis'e gönderilmiştir.

Padişahın huzuruna kabul tarihi onaylanır onaylanmaz, şehirdeki Hollanda cemaatinden tüccarlar ve diğer kişiler, saraya giderken elçiye eşlik etmek üzere çağrılırlar. Alay ne kadar büyük olursa o kadar etkileyici olacaktır. Grup 14 Eylül sabahı erkenden Palais de Hollande'da toplanır: Burası, Calkoen'un Pera semtindeki konutudur. Mükellef bir kahvaltıdan sonra, grup Haliç kıyısında bir araya gelir. Hava henüz aydınlanmamıştır, ortalık uşakların taşıdığı dev meşalelerle aydınlatılır. Kıyıda, çavuşbaşının teknesi demirlemiş durmaktadır. (Çavuşbaşı, padişahın yabancı elçilere eşlik etmekle görevlendirdiği birimin başıydı.) Rigo, öteki elçilere bu onurun gösterilmediğini belirtir, ama doğruyu söylemek gerekirse, Calkoen tekneyi kullanma ayrıcalığının karşılığını ödemek zorunda kalmıştır. Karşı kıyıda, tören alayı at sırtında Top-

vizier promised to bring the payment of the Janissaries forward and the audience was arranged for Sunday, 14 September. Jean Louis Rigo, Calkoen's secretary, made a detailed record of this meeting which, with Vanmour's three paintings, provide a complete overview of the day's events. Rigo's report was sent to the Directorate of Levant Trade and the States General to enable them to see how their envoy had been received.

As soon as the date of the audience with the sultan had been confirmed, the merchants and other members of the Dutch community in the city were invited to accompany the ambassador when he made his way to the palace. The bigger the procession, the more impressive it would be. On 14 September, they gathered in the early morning at Palais de Hollande, Calkoen's residence in the city's Pera neighbourhood. After a sumptuous breakfast, they assembled on the shore of the Golden Horn. It was still dark and the scene was lit by giant torches held by servants. Moored by the waterfront lay the çavus basi's boat. He was the captain of the unit entrusted by the sultan with accompanying foreign envoys. Other ambassadors had not been given this honour, Rigo reported, although to be fair, Calkoen had to pay for the privilege of using the boat. On the opposite bank, the procession continued on horseback to Topkapı Palace. Leading the way was a large group of Turkish courtiers, followed by Calkoen's interpreter and his secretary Rigo carrying a richly ornamented case containing his credentials. Calkoen rode the sultan's finest horse, behind the çavus basi, while the rest of his entourage brought up the rear. All the horses were supplied by the sultan.

kapı Sarayı'na doğru ilerlemeye devam eder. Yol göstermek üzere önden giden geniş bir Türk saraylıları topluluğu vardır, onları Calkoen'un tercümanı ve kâtibi olan ve elçinin itimatnamesinin bulunduğu zengin işli bir çantayı taşıyan Rigo izlemektedir. Çavuşbaşının arkasındaki Calkoen, padişahın en güzel atına binmektedir, bu arada maiyetinden öteki kişiler arkadan gelmektedirler. Bütün atlar padişah tarafından sağlanmıştır.

Padişahın sarayı, kapılarla birbirine bağlanan üç avlu içeriyordu. Bab-ı Hümayun'dan geçilerek girilen ilk avlu herkese açıktı. Bu, sadrazam ve ardındakiler geçinceye kadar Calkoen ve yanındakilerin bekledikleri avluydu. İkinci avlu, yalnızca saraylılara ve davetli konuklara açıktı. Orta Kapı'da, Calkoen'un padişaha saygı gereği attan inmesi ve silahlarını teslim etmesi gerekiyordu. Bu gerekliliğin farkında olan Calkoen, kılıcını evde bırakmış, kendisine eşlik edenleri de silahsız gelmeleri konusunda uyarmıştı. Bir protokol görevlisinin işareti üzerine, tören alayı ikinci avluya girdi (Res. 11). Protokol görevlileri önden gidiyor, gümüş tören değnekleriyle döşeme taşlarına tak tak vurarak yaklaşmakta olduklarını bildiriyorlardı. Ne var ki, maiyetteki herhangi birinin bunu duymuş olması kuşkuludur, çünkü tören alayı kapıdan geçerken ikinci avluyu çok daha yüksek bir gürültü dolduruyordu. Rigo, yaklaşık bin Yeniçerinin nasıl büyük bir gürültüyle yemek kaplarına hücum ettiğini anlatır. Calkoen'un avluya tam bu sırada girmesi rastlantı değildi, hatta son derece simgesel bir şeydi. Seçkin Yeniçeri Ocağı, orduda güçlü bir unsurdu ve çoğu zaman isyanlarda başı çekmişti. Yeniçeriler hevesle pilav tabaklarına koştuklarında, bu, mevcut rejimden memnun olduklarını gösteriyordu. Oturdukları yerden kıpırdamadıklarında, bu, Yeniçeriler arasındaki bir huzursuzluğu ve olası bir isyanı gösteriyordu. Bu yüzden, Yeniçeriler bir tür önderlik rolü üstleniyordu, ama olanlara tanık olan hiç kimse, denetimi elinde tutanın padişah olduğunu görmezden gelemezdi: Askerlerin ne zaman yiyeceklerini belirleyen, padişahtı. Calkoen, bu güç gösterisi karşısında şaşırmamış olsa gerektir. Padişahın huzuruna kabuller, 15. yüzyıldan beri az çok aynı şekilde olmuştu.

Rigo, raporunda, özellikle huzura kabul merasiminin çizim ve resmini yapmadaki üstünlüğüyle tanınan bir ressam olarak Jean-Baptiste Vanmour'un adını anar. Bu, Vanmour'un saraya giden bir elçiye ilk eşlik edişi değildi. Vanmour'un çağrılması, az çok kanıksanmış bir şeydi. Vanmour'un bu işleri ilk ne zaman kabul ettiği bilinmiyor; katıldığı ilk huzura kabul, 13 Nisan 1717'de Fransız elçisi Marki Jean Luis d'Usson de Bonnac'ınki olsa gerek. Vanmour'un huzura kabul resimle-

The sultan's palace comprised three connecting courtyards linked by gates. The first, accessed through the Imperial Gate, was open to all. This was where Calkoen and his entourage waited until the grand vizier and his followers had passed. The second courtyard was open only to courtiers and invited guests. At the Central Gate (Orta kapi), Calkoen was required to dismount and hand in his weapons, out of respect for the sultan. Calkoen, aware of the requirement, had left his sword at home and had also instructed his companions to come unarmed. At a signal from a protocol officer, the procession entered the second courtyard (Fig. 11). Protocol officers led the way, ticking the paving stones with their silver ceremonial staffs to announce their approach. It is doubtful whether anyone in the entourage heard this however, since a far louder noise filled the second courtyard as the procession passed through the gate. Rigo described how around a thousand Janissaries stormed noisily over to the plates of food. That Calkoen entered the courtyard at precisely this time was no accident and indeed highly symbolic. This elite corps was a powerful element in the army and had often led rebellions. When the Janissaries ran eagerly to their dishes of pilau it indicated that they were content with the current regime. If they remained where they sat, it indicated unrest in the corps - and a possible revolt. So the Janissaries were a kind of bellwether, yet no one who witnessed it could fail to see that it was the sultan who was in control: it was he who determined when the soldiers ate. Calkoen would not have been surprised by this display of power. Audiences with the sultan had proceeded more or less along the same lines since the 15th century.

Rigo names Jean-Baptiste Vanmour in his report: a painter, introduced specifically by his excellency to sketch and paint the audience. This was not the first time Vanmour had accompanied an ambassador to the court. It was more or less taken for granted that he would be asked. When Vanmour first accepted these commissions is not known; his first audience may have been that of the French ambassador Marquis Jean Luis d'Usson de Bonnac on 13 April 1717. Although his audience paintings look similar at first sight, they were not mass produced. He made two paintings for the French ambassador Vicomte Jean-Baptiste Louis Picon d'Andrezel in 1724, for Calkoen in 1727 he painted a set of three. He introduced variations by portraying different moments in the ceremony, turning each depiction into a unique work for the particular ambassador. We no longer know how Vanmour went about his work, although a remarkable collection of sketches clearly

Res. Fig. 12
İkinci Avlu'nun Eskizi
Sketch of the Second Courtyard
Jean-Baptiste Vanmour
Mavi kâğıt üzerine pastel Pastel on blue paper
48,8 x 45,8 cm., 1727
Kupferstichkabinett der Akademie der Bildenden Künste Vienna

ri ilk bakışta birbirini andırıyor gibi görünmekle birlikte, seri olarak üretilmiş değillerdi. Vanmour, Fransız elçisi Vicomte Jean-Baptiste Louis Picon d'Andrezel için 1724'te iki resim yaptı; Calkoen için 1727'de üç resimden oluşan bir grup hazırladı. Sanatçı, törendeki farklı anları çizerek çeşitlemeler getiriyor; her tasviri, hangi elçi söz konusuysa onun için benzersiz bir yapıta dönüştürüyordu. Vanmour'un nasıl çalıştığını artık bilemiyoruz; gene de, sanatçının elinden çıktığı belli olan ve halen Viyana'daki Kupferstichkabinett'te bulunan dikkat çekici bir eskizler koleksiyonu bize bazı ipuçları sunuyor. On iki çizim de, Calkoen'un koleksiyonundaki resimlerle bağlantılıdır. Beşi, 14 Eylül 1727'deki huzura kabul ile ilgilidir ve belli ki Vanmour, stüdyosunda tuval üzerinde çalışırken bunlardan yararlanmıştır. İlginç olan nokta, elçinin ikinci avludaki alayın tasvir edildiği çizimde yer almamasıdır; bu da, gerekli olması halinde, Vanmour'un bu boşluğu Calkoen'un meslektaşlarından biriyle doldurabileceğini gösterir (Res. 12).

Vanmour'un Calkoen'un huzura kabulünü konu alan ikinci resminde, sadrazamın elçinin maiyeti için verdiği yemek tasvir edilir (Res. 13). Altı kişinin divana giden Calkoen'a eşlik etmesine izin verilmiştir. Diğerleri dışarıda beklemekte-

by the artist and currently at Vienna's Kupferstichkabinett, offer some indication. The twelve drawings are all connected with paintings in Calkoen's collection. Five relate to the audience on 14 September 1727, and Vanmour obviously used these when he worked on the canvas at his studio. Interestingly, the ambassador does not appear in the sketch of the procession in the second courtyard, suggesting that Vanmour might have been able to fill the gap with one of Calkoen's colleagues, if required (Fig. 12).

Vanmour's second painting of Calkoen's audience shows the meal held by the grand vizier for the envoy's entourage (Fig. 13). Six people were allowed to accompany Calkoen to the divan. The others waited outside. Calkoen was shown to a low stool, yet no sooner had he taken his place than he had to stand again as the grand vizier entered through the backdoor. While the grand vizier sat down at the table, the two kadi askeri (chief judges) propped cushions behind their back and rested their feet on a footstool covered with a red cloth embroidered with gold flowers. The grand vizier sent a dragoman (interpreter) to Calkoen to ask after his health. Then the imperial council began their meeting - a demon-

dir. Calkoen'un alçak bir tabureye oturduğu görülür, ne var ki daha yerine oturur oturmaz, sadrazam arka kapıdan içeri girdiği için yeniden ayağa kalkması gerekmiştir. Sadrazam sofraya otururken, iki kazasker sırtlarını yastıklara yaslamış, ayaklarını sarı sırma çiçek işli kırmızı bir kumaşla örtülü ayak iskemlesine dayamışlardır. Sadrazam, hatırını sormak için Calkoen'a bir tercüman göndermiştir. Daha sonra, divan toplantısına başlar: Osmanlı devlet ve adaletinin ziyaretçilere gösterilmesidir bu. Resimde, sadrazamın üstünde kafesli bir pencere görürüz; bu pencere Padişahın Gözü olarak bilinir: Padişahın toplantıyı dinleyip dinlemediğini görmek olanaksızdı; dinliyor olması ihtimali, katılımcıların söylediklerine dikkat etmelerini sağlamaya yetiyordu. Divanda çeşitli meseleler gündeme getiriliyor ve halkın başvuruları ele alınıyordu. Sonra sıra Yeniçerilerin ulufelerinin dağıtılmasına ve yemeğe geliyordu. Vanmour'un betimlediği an budur. Ortada oturan kişi sadrazam Damat İbrahim Paşa'dır. Karşısında oturan kişi Calkoen'dur. Yanlarında, sarayın tercümanı Alexander Ghika (sadrazamın sağında) ile elçinin tercümanı Carlo Karatza vardır. Elçinin kâtibi Rigo, kançılarya memuru Rombouts'la birlikte sadrazamın soluna oturmuştur, onlara kaptan-ı derya Canım Hoca Mehmed Paşa ve vezir Mehmed Paşa eşlik etmektedir. Görkemli sarıklarıyla iki kazasker, yalnız başlarına yemek yemektedirler; İslam şeriatına sıkı sıkıya bağlı olduklarından, gayrimüslimlerle birlikte yemek yemeleri olanaksızdı. Elçinin maiyetinin diğer üyeleri, sağ uçtaki

stration of Ottoman government and justice for the visitors. In the painting we see a grilled window above the grand vizier which is known as the Sultan's Eye: it was impossible to see if the sultan was eavesdropping on the meeting or not. That he might have been listening was enough to ensure that the participants watched what they said. Various issues were raised at the meeting and petitions from subjects were discussed. Then it was time for the Janissaries to be paid and the meal. That is the moment Vanmour depicted. Seated in the centre is Grand Vizier Damad İbrahim. Sitting opposite is Calkoen. Beside them are Alexander Ghika, interpreter to the Porte (on the grand vizier's right), and the ambassador's interpreter, Carlos Caratza. Rigo, the envoy's secretary, sat on the grand vizier's left, with his chancellor, Rombouts, accompanied by Admiral Canım Hoca Mehmed Pasha and Vizier Mehmed Pasha. The two kadi askeri with the splendid turbans ate alone since, as strict observers of Islamic law, they could not eat together with non-Muslims. Other members of the ambassador's entourage sat with the treasurer on the far right. In the foreground, we see the protocol officers with their staff of office and palace servants bringing plates of food. Rigo described how big silver platters were placed on wooden frames as tables. Dishes were brought to the tables in quick succession, and the guests ate with ivory and ebony spoons. The meal only lasted half an hour, and concluded with water to wash the hands, and coffee.

Res. Fig. 13
Sadrazam Tarafından, 14 Eylül 1727'de Büyükelçi Cornelis Calkoen Onuruna Verilen Yemek
Dinner Given by the Grand Vizier in Honour of Ambassador Cornelis Calkoen on 14 September 1727
Jean-Baptiste Vanmour
Tuval üzerine yağlıboya Oil on canvas
90 x 120 cm., 1727-1730
Rijksmuseum Amsterdam

Res. Fig. 14
Büyükelçi Cornelis Calkoen'un 14 Eylül 1727'de Sultan III. Ahmed Tarafından Kabulü
Ambassador Cornelis Calkoen at Audience with Sultan Ahmed III on 14 September 1727
Jean-Baptiste Vanmour
Tuval üzerine yağlıboya Oil on canvas
90 x 121 cm., 1727-1730
Rijksmuseum Amsterdam

haznedar ile oturmaktadırlar. Ön planda, tören değnekleriyle protokol görevlilerini ve yiyecek tabaklarını getiren saray hizmetkârlarını görürüz. Rigo, nasıl masa olarak ahşap tablalar üzerine büyük gümüş sinilerin yerleştirildiğini anlatır. Tabaklar, birbiri ardı sıra masalara getirilmiş ve konuklar yemeklerini fildişi ve abanoz kaşıklarla yemişlerdir. Yemek, yalnızca yarım saat sürmüş ve elleri yıkamak için getirilen suyla ve kahveyle sona ermiştir.

Artık sıra ziyaretin asıl amacına, yani padişahın huzuruna çıkmaya gelmiştir (Res. 14). Görevliler, Calkoen'a ve yanındakilere kaftanlar verirler. Konuklara yönelik bu cömertlik simgesi, aynı zamanda üzerlerindeki "inançsız" giysileri gizlemeye yarayacaktır. Calkoen'a kürk astarlı ipek bir kaftan; diğerlerine daha yalın kaftanlar verilmiştir. Türk merasim kaftanları, Topkapı Sarayı'ndaki bir işlikte yapılıyordu. Kaftanlarda çift dokumalı özel bir kumaş kullanılıyor, kumaş, şeklini korusun diye metal iplik eklenerek güçlendiriliyordu. Motif de ilginçtir: çok büyük hurma yaprakları ile bir taç içinde birbirine bağlanmış uzun, çeşitli şekillerdeki yapraklar. Bu motif, 17. ve 18. yüzyılda yabancı elçiler için kullanılıyordu.

Huzura kabul, sarayın üçüncü avlusundaki bir bina olan Arz Odası'nda gerçekleşmiştir. Bu alan, elçileri karşılamanın yanı sıra, sadrazam ile padişah arasındaki görüşmeler, tahta çıkacak şehzadelerin cülus törenleri ve şehzadelerin doğum günü kutlamaları için de kullanılıyordu. Calkoen'un divana yanında getirdiği altı kişi, tıpkı Vanmour gibi, ona eşlik etmeyi sürdürmektedirler. Calkoen'un doğrudan padişaha hitap etmesine izin verilmemiştir. Padişahla elçi, elbette tercümanlardan yararlanarak, sadrazam aracılığıyla konuşurlar.

It was now time for the audience with the sultan, the purpose of the visit (Fig. 14). Officials gave Calkoen and his companions kaftans, a token of generosity to the guests which would also conceal their infidel garments. Calkoen received a hilat, a silk kaftan with fur lining. The others received simpler kaftans. Turkish ceremonial kaftans were made at a workshop in Topkapı Palace, where a special fabric was used with a double weave, stiffened to hold its shape with the addition of metal thread. The pattern is also interesting: huge palmettes and long, variously shaped leaves linked in a wreath. This pattern was reserved in the 17th and 18th century for foreign envoys.

The audience took place in the Throne Room, a building in the third courtyard of the palace. Besides ambassadorial receptions, this area was also used for consultations between the grand vizier and the sultan, the ceremonial accession of a new sultan and birthday celebrations for crown princes. The six companions Calkoen had brought to the divan now accompanied him further, as did Vanmour. Calkoen was not permitted to address the sultan directly. They conversed through the grand vizier, using the dragomans of course. Rigo noted in his report: 'The Great Lord was seated on the edge of the centre of his throne, made in the manner of a massive bed with his feet resting on the second step by which he had ascended the throne.' Four young princes stood at his side, their hands on their waistband to show respect for the sultan. Two standards rose from the richly decorated throne surmounted by a turban to symbolise the two halves of the empire: Anatolia and Rumelia. Clearly visible in the painting is the way

Rigo, raporunda şunu belirtir: "Büyük Efendi, büyük bir yatak şeklinde yapılmış olan tahtın ortasında, önde oturuyordu, ayakları tahta çıktığı basamakların ikincisinde duruyordu." Dört şehzade padişahın yanında durmakta, padişaha olan saygılarından ellerini kemerlerinin üstünde tutmaktadırlar. Üstünde bir sarığın yer aldığı, zengin süslerle bezeli tahttan yukarıya iki sancak yükselmektedir; bunlar imparatorluğun iki yarısını –Anadolu ile Rumeli– simgelerler. Resimde açıkça görülen bir şey de şudur: Türkler, Calkoen'a eşlik eden herkesin iki kolundan tutmuşlardır. Bunun için getirilen açıklama her zaman aynı değildir. Bazı yazarlar, bu göreneğin destekleyici, olumlu yönünü vurgularlar; bazıları ise gerçek nedenin sultanı yabancıların saldırısından koruma zorunluluğu olduğunu belirtirler.

Şimdi padişah, saraya daha önce sabahleyin iletilen armağanları gözden geçirmektedir. Bunun ardından Calkoen padişaha takdim edilir. Elçi, zorunlu saygı eğilişiyle başlayarak Hollandaca konuşmasını yapar ve iki ülkenin iyi ilişkiler içinde olmayı sürdürmesi yönündeki dileğini dile getirir. Sonra ikinci kez iyice eğilerek, itimatnamesini kâtibi Rigo'dan alıp Babıâli tercümanına uzatır. Belgelerin yer aldığı zengin işlemeli ipek çanta elden ele geçirilip, sonunda padişahın yanındaki tahtın üzerinde duran yazı kutusuna koyulur. Calkoen'un konuşması padişah için Türkçeye çevrilerek yinelenir. Bir nezaket göstergesi olarak, Calkoen zaten Türkçe bir çeviri getirmiştir. Daha sonra, sadrazam padişah adına karşılık verir: Genel Meclis, her zaman Babıâli'nin iyi bir dostu olmuştur ve ahidnameye (kapitülasyon) tam olarak uyulmaya devam edilecektir. Hollandaca yazılan raporda belirtildiğine göre, daha önce böyle kapsamlı bir karşılık hiç verilmemiş olması Calkoen'u üçüncü bir saygı eğilişinde bulunmaya teşvik etmiş, bunun ardından huzura kabul töreni sona ermiştir. Öğleden sonra saat ikide, elçi ve maiyeti Palais de Hollande'a dönmüş; burada mükellef bir ziyafet verilmiştir. Aynı gün daha sonra padişahın güreşçileri güreş tutmuş ve sadrazamın sazendeleri elçiyi ve konuklarını eğlendirmişlerdir.

Armağan alıp verme, diplomatik sürecin asli bir parçasını oluşturuyordu. Armağanlar uygun muydu? Takdirle karşılanacak mıydı? Bir armağan ile öteki elçilerin verdiği armağanlar karşılaştırılacak olursa, sonuç ne olurdu? Verdikleri armağanın karşılığında ne alacaklardı? Bunlar, Calkoen'un ve üstlerinin göz önünde bulundurması gereken kilit sorulardı. Elçi, Hollanda'dan Genel Meclis ve idare adına armağanlar getirmiş, ayrıca gelirken yolda, Paris'te ve İstanbul'da da armağanlar satın almıştı. Bunlar, sabah erkenden teslim edilebilsin diye, huzura kabulden önceki gün sarayın yakınların-

all the men accompanying Calkoen were held by both arms by Turks. The reason given for this is not always the same. Some writers emphasise the supportive, positive aspect of the custom; others point to the need to protect the sultan from attack by foreigners as the real reason.

The sultan now viewed the gifts which had been delivered to the palace earlier in the morning. After which Calkoen was introduced to the sultan. Beginning with the required bow, the ambassador gave his speech in Dutch and expressed the wish that the two countries would continue to enjoy good relations. A second deep bow followed and he took his credentials from his secretary Rigo to hand them to the Porte's dragoman. The richly ornamented silk case containing the documents was passed from hand to hand and eventually placed in the writing box on the throne beside the sultan. Calkoen's speech was then repeated for the sultan in Turkish. As a courtesy, Calkoen had already brought a Turkish translation. Then the grand vizier replied on the sultan's behalf: That the States General had at all times been a good friend of the Sublime Porte, that this friendship would continue to grow, and that the capitulation would continue to be strictly observed. Such an extensive response had never been made before, according to the Dutch report, and prompted Calkoen to make a third deep bow, after which the audience ended. By two in the afternoon the ambassador and his entourage were back at Palais de Hollande. A sumptuous banquet was laid on here. Later that day, the sultan's wrestlers performed and the grand vizier's musicians entertained the ambassador and his guests.

Exchanging gifts was an essential part of the diplomatic process. Were the gifts appropriate? Would they be appreciated? How did a gift compare to those presented by other ambassadors? What would they receive in return? These were key questions that Calkoen and his superiors had to consider. The ambassador had brought gifts from Holland on behalf of the States General and the Directorate, and he had also bought gifts en route, in Paris and İstanbul. These had been conveyed to a house near the palace on the day before the audience, so they could be delivered early in the morning. The Dutch kept this building near the palace specially for this purpose. The gifts were given to a court official by Calkoen's dragoman with an explanatory list. This mentions coats made of Dutch cloth, satin and velvet, in various colours and of the finest quality; a large and extremely fine and intriguing crystal cabinet, two silver filigree flowerpots with blooms made of cloth, a box of expensive scented oils, a ten-foot telescope, an elegantly decorated case containing four spectacles and twelve porcelain

daki bir eve götürülmüştü. Hollandalılar saray yakınındaki bu evi bu amaçla tutuyorlardı. Armağanları, açıklayıcı bir listeyle birlikte Calkoen'un tercümanı bir saray yetkilisine veriyordu. Listede şu armağanlardan söz edilir: Hollanda kumaşından, renk renk ve en iyi kalite saten ve kadifeden yapılmış ceketler; çok ince bir işçiliğin ürünü, ilginç, büyük bir kristal dolap; içinde kumaştan yapılmış filizlerin bulunduğu gümüş tel işi iki saksı; bir kutu pahalı aroma yağı; üç metrelik bir teleskop; içinde dört gözlük bulunan şık süslemeli bir kutu ve çeşit çeşit şekerleme doldurulmuş on iki porselen kap. Bu resmi armağanlar listesine dahil edilmeyen, ama Sultan III. Ahmed'e kesinlikle sunulmuş olan bir başka armağan da, Topkapı Sarayı'nın talebi üzerine Calkoen'un Amsterdam'dan getirdiği yangın söndürücüleriydi. Tasarımını 1672'de Jan van der Heyden'in yaptığı bu yangın söndürücüleri, çoğu zaman yangınların ahşap evler arasında hızla yayıldığı bir şehirde özellikle olumlu karşılanmıştı. Rigo'nun raporunda armağanların çok büyük bir memnuniyet yarattığı belirtilir: "Armağanlar da –özellikle, daha önce burada hiç görmedikleri kristal dolap ile kadife– büyük bir memnuniyetle karşılandı. Dolapla ilgili olarak, en iyi dostlarımdan saydığım ve padişahın en yakınlarından sayılan bir kişi bana, majestelerinin incelemek için dolabı en az otuz kez açıp kapadığını söyledi."

Bir Elçinin Yaşamı

Calkoen'un elçi olarak ilk yılları görece sakin geçti. Bazı olaylar olmakla birlikte, bunlar meslektaşlar arasında yer yer patlak veren tartışmaların ötesine pek geçmiyordu. Calkoen, öteki elçilerden de çok, Topkapı Sarayı erkânıyla iyi, hatta kimi zaman dostça ilişkiler kurmuştu. Bunun somut kanıtı, saraydaki kişilerin yedi küçük resminden oluşan bir seridir (Res. 15-21). Bunlar, bildik giysi resimlerinden çok, adlarını ve özelliklerini bildiğimiz kişilerin gerçek birer portresidir. Gerçek bir portre resmi geleneğinin olmadığı Osmanlı toplumu bağlamında, Vanmour'un resmettiği kişilerin yüzlerini resme aktarması dikkat çekici, hatta benzersiz bir şeydir. Sultan III. Ahmed'in hükümdarlığında dışa daha açık saray atmosferinde, Calkoen önceki elçilere oranla Osmanlı ricaliyle daha fazla görüşme olanağı buluyordu. Calkoen, diplomatik görüşmelerin yanı sıra, çeşitli elçiliklerde düzenlenen partiler ve balolar dahil olmak üzere sosyal etkinliklerde de Osmanlı devletinin yetkilileriyle görüşüyordu (Res. 22). Öyle görünüyor ki Vanmour, Calkoen'un kurduğu iyi ilişkilerden yararlanmış, resmi görüşmeler ve şenliklerde ona eşlik etmiştir. Sonuçta, Vanmour'un olup biteni büyük bir merakla göz-

pots filled with all kinds of confectionary. Not included in this list of official gifts, although certainly presented to Ahmed III, were the fire extinguishers that Calkoen had brought from Amsterdam at the imperial court's request. Designed by Jan van der Heyden in 1672, these were especially welcome in a city where fire often spread quickly among its wooden houses. Rigo's report states that the gifts were extremely well received: 'the gifts were also much appreciated and particularly the crystal cabinet, and the velvet, since neither had ever been seen here before. With regard to the former, it was told to me by a man whom I consider one of my best friends, a man who is counted among the intimates of the great lord, that his majesty opened and closed it at least thirty times to examine it.'

The Life of an Ambassador

The first years of Calkoen's term as ambassador were relatively quiet. Some incidents occurred, but little more than the occasional diplomatic tiff between colleagues. Calkoen cultivated good, and here and there even friendly relations with members of the imperial court, even more than other envoys. Tangible proof of this is a series of seven small portraits of figures at court (Figs. 15-21). Rather than the usual costume pictures, these are true portraits of subjects whose name and particulars we know. In the context of Ottoman society, where no real tradition of portrait painting existed, Vanmour's depiction of the physiognomy of his subjects is remarkable and indeed unique. In the more open atmosphere of the court under Sultan Ahmed III, Calkoen had more opportunity than his predecessors to meet leading Ottoman courtiers. Besides diplomatic meetings, he also met Ottoman government officials at social events, including the parties and balls held at the various embassies (Fig. 22). Vanmour appears to have profited from Calkoen's good connections by accompanying him to official engagements and festivities. He would have observed events avidly, after all, there could be no question of asking his subjects to pose. Whether they posed at other times is not known, it seems unlikely that either the sultan or the grand vizier ever sat for a portrait. Vanmour portrayed the courtiers both as individuals and in the function they fulfilled at court. They appear in the palace, the divan or their office. Their dress and particularly their turban indicate their position, occasionally augmented with a writing desk or ceremonial staff.

All the foreign envoys resided in the diplomatic district of Pera (today's Beyoglu) on the northern shore of the Golden

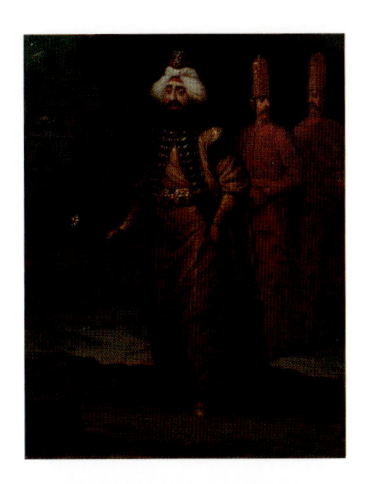

Res. Fig. 15
Sultan III. Ahmed
Sultan Ahmed III
Jean-Baptiste Vanmour
Tuval üzerine yağlıboya
Oil on canvas
32.6 x 26.2 cm., 1727-1730
Rijksmuseum Amsterdam

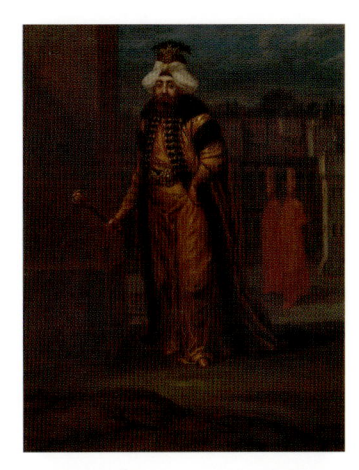

Res. Fig. 16
**Padişah Portresi
(olasılıkla Sultan I. Mahmud)**
**Portrait of a Sultan
(possibly Sultan Mahmud I)**
Jean-Baptiste Vanmour
Tuval üzerine yağlıboya
Oil on canvas
33.5 x 26 cm., 1730-1737
Rijksmuseum Amsterdam

Res. Fig. 17
Sadrazam Nevşehirli Damat İbrahim Paşa
The Grand Vizier Nevşehirli Damat İbrahim Paşa
Jean-Baptiste Vanmour
Tuval üzerine yağlıboya
Oil on canvas
33.5 x 26 cm., 1727-1730
Rijksmuseum Amsterdam

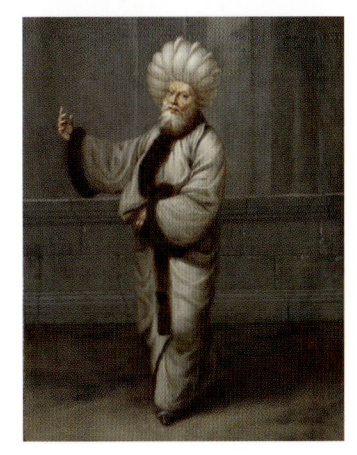

Res. Fig. 18
Kazasker (en yüksek askeri yargıç olan iki kazaskerden biri)
The "Kadi Askeri" (one of the two kazaskers, supreme military judges)
Jean-Baptiste Vanmour
Tuval üzerine yağlıboya
Oil on canvas
34 x 27 cm., 1727-1730
Rijksmuseum Amsterdam

Res. Fig. 19
Müftü ya da Şeyhülislam (dini işlerin başı, olasılıkla Abdullah Efendi)
The Müftü or Şeyhülislam, (head of Religious Affairs, possibly Abdullah Efendi)
Jean-Baptiste Vanmour
Tuval üzerine yağlıboya
Oil on canvas
34 x 26 cm., 1727-1730
Rijksmuseum Amsterdam

Res. Fig. 20
Reis Efendi ya da Reisülküttab (Üçanbarlı Mehmed Efendi)
The Reis Effendi or Reisülküttab (Üçanbarlı Mehmed Efendi)
Jean-Baptiste Vanmour
Tuval üzerine yağlıboya
Oil on canvas
34.5 x 27 cm., 1727-1730
Rijksmuseum Amsterdam

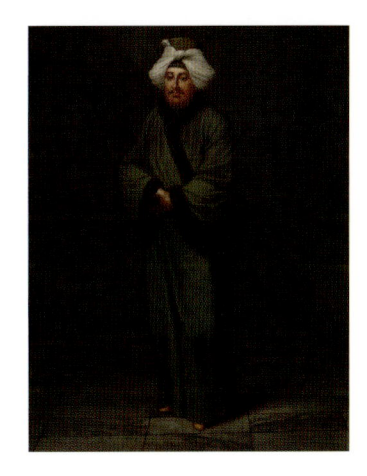

Res. Fig. 21
Mehmed Kâhya (Ağa'nın yardımcısı)
Mehmed Kâhya (Adjutant to the Aga)
Jean-Baptiste Vanmour
Tuval üzerine yağlıboya
Oil on canvas
34.5 x 27.5 cm., 1727-1730
Rijksmuseum Amsterdam

Res. Fig. 22
Sadrazam'ın Atmeydanı'ndan Geçişi
The Grand Vizier Crossing Atmeydanı
Jean-Baptiste Vanmour
Tuval üzerine yağlıboya Oil on canvas
61 x 84.5 cm., 1727-1737
Rijksmuseum Amsterdam

lemesi gerekiyordu, resmini çizdiği kişilerden poz vermelerini istemesi söz konusu olamazdı. Bu kişilerin başka zamanlar resim için poz verip vermedikleri bilinmiyor, padişahın ya da sadrazamın resim için poz vermiş olmaları pek olası görünmüyor. Vanmour, saraylıları hem birer birey olarak, hem sarayda yerine getirdikleri görevleri başında resmetmiştir. Bu kişileri, sarayda, divanda ya da işlerinin başında görürüz. Giysileri, özellikle sarıkları, konumlarını gösterir, buna zaman zaman bir yazı masası ya da tören değneği eklenir.

Bütün yabancı elçiler, Haliç'in kuzey kıyısındaki diplomatik Pera semtinde (günümüzde Beyoğlu) oturuyorlardı (Res. 23). Cornelis Calkoen'un konutu Palais de Hollande da buradaydı. Ne yazık ki, elimizde elçinin sarayının kesin bir tasviri yok, ama şunu biliyoruz: Konut, tuğla bodrum katı üzerine ahşap bir yapıydı (Levant'taki evlerin ortak yapım şeklidir bu). Odalar, Türk göreneğine uyularak, harem ve selamlık şeklinde ayrılmıştı. Odalardan hiçbirinin Batı'da sıkça rastladığımız türden bildik belirgin bir işlevi yoktu; bunlar gerektiğinde yemek odası, oturma odası ya da yatak odası olarak kullanılabiliyordu. Bina, 1831'deki bir yangında yok oldu (Res. 24). Bunun ardından, tuğla temel, yeni bir Palais de Hollande için kullanıldı, günümüzde Hollanda Konsolosluğu hâlâ bu binadadır.

Calkoen'un döneminde, elçilikte kırk kişi barınıyordu. Bu kişilere her gün yemek çıkarmak gerekiyordu ve içlerinden yirmi beşine her yıl yeni bir kıyafet veriliyordu. Elçi, özellikle de Genel Meclis'ten yalnızca kısmi maaş aldığı için, sürekli olarak elçiliği idare etmenin maliyetinden yakınıyordu. Calkoen'un Hollandalı üstleri, onun giderleri karşısında şoka

Horn (Fig. 23). Palais de Hollande, Cornelis Calkoen's residence, was also located here. While unfortunately we have no precise description of the ambassador's palace, it is known that the residence was a wooden structure over a brick basement gallery, a common construction for houses in the Levant. Following Turkish custom, the rooms were separated into men's and women's quarters. None of the rooms had the kind of specific function usual in the West; they could be used as diningroom, livingroom or bedroom as required. The building was destroyed in a fire in 1831, (Fig. 24) after which the brick foundation was used for a new Palais de Hollande which still houses the Dutch consulate to this day.

In Calkoen's day the embassy housed a staff of forty. They had to be fed daily and twenty five of them received new livery each year. The ambassador complained regularly about the cost of running the embassy, particularly since he only received partial compensation from the States General. Calkoen's Dutch superiors were shocked by his expenses, they considered his costs excessive and too profligate for the national budget. Unlike his predecessors, Calkoen came from a patrician family and dinners and receptions had been regular events at his home. Yet compared to other embassies and the aristocratic circles in which he mixed, his residence was modest. To augment his income, the ambassador bought diamonds which he sold either rough, or polished and set in jewels. It is possible that he acquired this superb ring through his private trade (Fig. 25).

Like many Europeans and Turks who could afford the luxury, Calkoen kept a country house in the woods around Bel-

Res. Fig. 23
Pera'daki Hollanda Konsolosluğu'ndan Görünüm View from the Dutch Embassy in Pera
Jean-Baptiste Vanmour (atölyesi) (workshop of) Jean-Baptiste Vanmour
Tuval üzerine yağlıboya Oil on canvas, *142 x 214 cm., 1700-1743*
Rijksmuseum Amsterdam

uğruyor, bu giderleri ülkenin bütçesi için aşırı ve çok savurganca buluyorlardı. Calkoen, kendinden öncekilerin aksine, soylu bir aileden geliyordu ve evinde düzenli olarak yemek davetleri ve resepsiyonlar verilirdi. Gene de, öteki elçiliklerle ve Calkoen'un dahil olduğu aristokratik çevrelerle karşılaştırıldığında, konutu alçakgönüllüydü. Elçi, gelirini artırmak için elmaslar satın alıyor, bunları ya işlenmemiş olarak ya da perdahlanıp parlatılmış ve mücevherlere takılmış olarak satıyordu. Bu olağanüstü yüzüğü, özel ticari faaliyeti sayesinde edinmiş olabilir (Res. 25).

Calkoen'un, lüks bir yaşam sürebilen birçok Avrupalı ve Türk gibi, İstanbul'un kuzeyindeki Belgrad Ormanı'nda bir kır evi vardı. Yaz aylarını, şehrin nemli ve sağlıksız ikliminden uzak durarak burada geçiriyordu. Bu evinden Karadeniz ve Boğaz görülüyordu. İstanbul'da oturan Hollandalılar, diğer

grade, north of İstanbul. He spent the summer months there, avoiding the city's humid and unhealthy climate. From this house he had a view of the Black Sea and the Bosporus. Dutch residents of İstanbul and other Europeans would visit the house, as well as Ottoman functionaries, a sign that Calkoen's association with the Ottoman court was built on more than just diplomacy. Double white hyacinths grew in his garden and Calkoen would present these to ministers in the spring (Figs. 26, 27).

A Colourful World

In this relatively quiet and prosperous period, people enjoyed refreshing walks on the shore of the Golden Horn or the Bosporus or picnics in Belgrade wood on the outskirts of the

Res. Fig. 24
Hollanda Sarayı'nın Limana Bakan Cephesi Vue de la Façade du Palais de Hollande Donnant sur le Port
Jean-Baptiste Vanmour (atölyesi) (workshop of) Jean-Baptiste Vanmour
Kâğıt üzerine suluboya Watercolour on paper, 34 x 54,7 cm., 1818
Fondation Custodia Paris

Avrupalılar ve Osmanlı yetkilileri, evi ziyaret ederlerdi; bu da, Calkoen'un Osmanlı sarayıyla bağlantısının, yalnızca diplomasiye dayalı olmadığının, bunun ötesine geçtiğinin bir göstergesidir. Calkoen bahçesinde çift beyaz sümbül yetiştiriyor ve baharda bunları vezirlere hediye ediyordu (Res. 26, 27).

Renkli Bir Dünya

Bu görece sakin ve rahat dönemde, insanlar Haliç'in ya da Boğaz'ın kıyısında hava almak için yürüyüşlere çıkıyor ya da şehrin eteklerindeki Belgrad Ormanı'nda piknik yapıyorlardı. Bu tasasız yaşam, Calkoen'un koleksiyonundaki Vanmour'un tür resimlerinden bazılarına yansımıştır (Res. 28). Bu resimlerde, farklı toplulukların birbirleriyle yan yana belirgin bir uyum içinde yaşadıkları görülür: Deniz kıyısında mutlu piknikler, dışarıda dans eden Rum erkek ve kadınları,

city. This blithe existence is reflected in some of Vanmour's genre paintings in Calkoen's collection (Fig. 28). These show a society in which different peoples lived alongside one another in apparent harmony: happy picnics by the water, Greek men and women dancing outdoors, a Turkish and an Armenian wedding and whirling Dervishes (Figs. 29, 30, 31). For Muslim women, these excursions were probably the only opportunity to venture out of the house, and for Vanmour these picnics provided a rare opportunity to observe them. The paintings are occasionally reminiscent of the fêtes galantes or fêtes champêtres of the same Watteau mentioned earlier, whose work Vanmour may have known from prints.

Vanmour was able to base these paintings of outdoor entertainments more or less on observation. This was not the case when it came to indoor scenes, like the Greek wedding party, (Fig. 32) prominent ladies at a meal, or the highly detailed de-

Res. Fig. 25
Elmas Erkek Yüzüğü
Men's Diamond Ring
Sanatçısı belirsiz Artist unknown
Gümüş, altın, elmas Silver, gold, diamonds
İstanbul, yak. c. 1740
Rijksmuseum Amsterdam

Res. Fig. 26
Cornelis Calkoen'un Evrak Zarfı (arka yüzünde "Constantinopoli A: 1727" yazılıdır)
Cornelis Calkoen's Letter Case ("Constantinopoli A: 1727" is inscribed on the backside)
Sanatçısı belirsiz Artist unknown
İpek, altın ve gümüş ipliklerle bezeli Embroidered with silk, gold and silver thread
11.5 x 20.5 cm., İstanbul, 1727
Rijksmuseum Amsterdam

bir Türk ve bir Ermeni düğünü ve semazenler (Res. 29, 30, 31). Bu geziler, Müslüman kadınlar için büyük bir olasılıkla evden çıkmak için yegâne fırsattı; Vanmour için de, kadınları gözlemek açısından bu piknikler az bulunur bir fırsat sağlıyordu. Yer yer resimler, daha önce sözünü ettiğimiz Watteau'nun *fêtes galantes* ya da *fêtes champêtres*'ini anımsatır; Vanmour, Watteau'nun yapıtlarını baskılarından biliyor olabilir.

Vanmour, açık hava eğlencelerini konu alan bu resimleri az çok gözleme dayandırabiliyordu. Ev içi sahneler –sözgelimi, Rum düğün töreni (Res. 32) bir sofradaki seçkin hanımlar ya da yeni doğan bir bebeği ziyarete gelenlerin son derece ayrıntılı tasviri– söz konusu olduğunda, durum farklıydı (Res. 33). Her zamanki gibi, Vanmour sahneyi, seyirciye bir öykü anlatacak şekilde kurar: Bu resme, bu tür bir ziyaretle ilgili olabilecek her şeyi eklemiştir. Aslında, Vanmour'un eşzamanlı olarak resmettiği olaylar, ardışık olarak gerçekleşiyor olsa gerekti. Önce, konuklara kahve ikram ediliyor; kahve nefis süslemelerle bezeli bir mangalın korları üzerindeki gümüş cezvede sıcak tutuluyordu. Kahveden sonra, konuklara fağfur kâselerde şerbet ikram ediliyordu. Daha sonra, bir köle konukları tek tek dolaşıp serinlemeleri için ellerine gülsuyu döküyordu. Bunun ardından, bir köle gümüş bir parfüm püskürteci ile dolaşıyor; kadınlar, püskürteçte ısınan parfümü yüzlerine serpiyor, oda bunun yol açtığı kokuyla doluyordu. Bariz olarak, Vanmour'un burada tasvir ettiği iç mekân, zengin bir aileye aittir. Ne var ki, Vanmour kişisel olarak asla böyle bir sahneye tanıklık etmiş olamaz; herhalde kompozisyonu için Rum ve Ermeni evlerindeki gözlemlerini temel alıyordu. Gayrimüslimlerin evleri genel olarak başkalarına daha açıktı

Res. Fig. 27
Cornelis Calkoen'un Evrak Zarfı ("Constantinopolen A: 1728" yazılıdır)
Cornelis Calkoen's Letter Case ("Constantinopolen A: 1728" is inscribed)
Sanatçısı belirsiz Artist unknown
İpek, altın ve gümüş ipliklerle bezeli Embroidered with silk, gold and silver thread
11.5 x 20.5 cm., İstanbul, 1728
Rijksmuseum Amsterdam

Res. Fig. 28
Boğaziçi'ndeki Hünkâr İskelesi'nde Eğlenen Kadınlar
Women's Party at Hünkâr İskelesi on the Bosphorus
Jean-Baptiste Vanmour
Tuval üzerine yağlıboya Oil on canvas
78 x 101 cm., 1727-1737
Rijksmuseum Amsterdam

Res. Fig. 29
Dans Eden Rum Erkek Ve Kadınlar
Greek Men and Women Dancing the Khorra
Jean-Baptiste Vanmour
Tuval üzerine yağlıboya Oil on canvas
44.5 x 58 cm., 1727-1737
Rijksmuseum Amsterdam

Res. Fig. 30
Ermeni Düğün Alayı
Armenian Wedding Procession
Jean-Baptiste Vanmour
Tuval üzerine yağlıboya Oil on canvas
44.5 x 58.5 cm., 1727-1737
Rijksmuseum Amsterdam

Res. Fig. 31
Pera'daki Galata Mevlevihanesi'nde Semazenler
Whirling Dervishes at the Galata Mevlevihane in Pera
Jean-Baptiste Vanmour
Tuval üzerine yağlıboya Oil on canvas
76 x 101 cm., 1727-1737
Rijksmuseum Amsterdam

Res. Fig. 32
Düğün Gününde Rum Gelini
A Greek Bride on Her Wedding Day
Jean-Baptiste Vanmour
Tuval üzerine yağlıboya Oil on canvas
55.5 x 90 cm., 1727-1737
Rijksmuseum Amsterdam

Res. Fig. 33
Seçkin Bir Türk Kadınının Loğusa Odası
Lying-in Room of a Prominent Turkish Woman
Jean-Baptiste Vanmour
Tuval üzerine yağlıboya Oil on canvas
55.5 x 90 cm., 1727-1737
Rijksmuseum Amsterdam

ve içleri, Müslüman komşularının evlerinin iç mekânlarının hemen hemen aynısıydı. Vanmour, tasviri için, 1716-1718 yıllarında Britanya elçisi Sir Edward Wortley'in eşi Mary Wortley Montagu'nun ayrıntılı bir betimlemesini temel almış olabilir. Montagu, ziyaret ettiği çeşitli haremleri günlüğünde betimliyordu; bu bilgi, Vanmour için son derece yararlı olmuş olabilir.

Mektepte ilk gün resmine bakılırsa, Vanmour'un imparatorlukta yaşayanların giysi ve takılarına ve insanların giyimlerini düzenleyen kurallara da büyük bir ilgi duyduğu belli olur (Res. 34). Örneğin, kadınların dışarıda nasıl giyineceğini, Müslümanların ve gayrimüslimlerin nasıl giyinebileceğini öngören kurallar vardı ve çeşitli saraylıların nasıl giyineceğini ayrıntılı yönergeler belirliyordu. Vanmour, giysilerle ilgili bu kuralları en ince ayrıntısına dek resimlerine yansıtıyordu. Kadınlar dışarıda ferace giymek zorundaydılar. Müslümanların parlak feraceler giymesine izin verilirken, gayrimüslimler yalnızca soluk renkli feraceler giyebiliyorlardı. Yaşmak, çok ince beyaz muslinden yapılmış bir başörtüsüydü ve iki kısımdan oluşuyordu: Biri başı ve yüzün üstünü, öteki ise yüzün burundan aşağı kısmını örtüyordu. Kadınlar bunun üzerine (kara) peçe takıyorlardı. 18. yüzyılda bu, yerini giderek başın üstüne gevşek şekilde örtülen daha saydam, hafif bir peçeye bıraktı. Müslüman kadınlar sarı ayakkabılar giyerken, gayrimüslim kadınların seçeneği siyah ya da koyu renk ayakkabılarla sınırlıydı.

Kadınlar, evde ayak bileklerine kadar uzanan, genellikle parlak renkli şalvar; bunun üstüne ince ipekten ve kimi za-

piction of a visit to a newborn baby (Fig. 33). As usual, Vanmour set the scene to tell the viewer a story. In this picture he included everything that might be associated with such a visit. In reality, the events that Vanmour portrayed simultaneously would have taken place consecutively. First, the guests would have been offered coffee. The coffee would be kept hot in a silver pot on the burning coals of the splendidly decorated brazier. After coffee, the guests would be given sorbet in Chinese porcelain bowls. Then a slave would walk round with a rosewater sprinkler for the guests to freshen up. After which, a slave would circulate with a silver perfume spray. The women would fan the perfume vapour heated in the sprayer towards their face, while the room filled with the scent that it produced. Obviously, the interior depicted by Vanmour here is that of a prosperous household, although as a man he would never have witnessed a scene such as this. Presumably, Vanmour based his composition on observations in Greek and Armenian homes. The homes of non-Muslims were generally more accessible, and their interiors were much the same as those of their Muslim neighbours. It is also possible that Vanmour may have based his depiction on a detailed account by Lady Mary Wortley Montagu, the wife of Sir Edward Wortley, British ambassador in 1716-1718. She described various harems that she visited in her diary and the information would have been extremely useful for Vanmour.

From his painting of a child's *First day at school*, it is clear that Vanmour was also fascinated by the clothes and accessories of the empire's inhabitants and the rules that governed

69

man çiçek motifiyle bezeli gömlek giyiyorlardı. Bellerine geniş bir kuşak (seraser) geçiriyorlardı ve bütün bunları entari ya da kaftan örtüyordu. Lale Devri'nde düşük yakalar yaygınlık kazandı, giysiler daha parlak ve daha zengin işlemelerle süslü hale geldi, kadınların başlarına taktığı başörtüleri de giderek daha canlı bir görünüme büründü.

Patrona Halil

İstanbul'daki diplomatlar için bu görece sakin dönem, Eylül 1730'da son buldu. Bir süredir, III. Ahmed yönetiminin neden olduğu hoşnutsuzluk taşma noktasına gelmişti. Müslümanların manevi liderleri, Lale Devri sultanının düzenlediği savurgan eğlenceleri kınıyorlardı ve bu eğlenceler ile sultanın askerlerinin içinde yaşadığı zor koşullar ve son derece düşük maaşları arasındaki karşıtlık, haksız görünüyordu. Dikkati ülke içindeki siyasetten başka yöne çekmek için, İran'a karşı bir sefer planlanıyordu. Ne var ki, sadrazamın İran'a yönelik tutarsız politikaları, tam da tersi sonucu yaratmıştı. Bu politikalar, Müslümanların manevi liderlerini kızdırmış, kendilerinden ne beklendiğini anlayamayan askerler arasında huzursuzluk baş göstermişti. 28 Eylül sabahı erkenden çarşıda isyanlar patlak verdi. Yakında çıkılacak olan İran seferine hazırlanmak için şehir dışında ikamet eden padişah ve maiyeti, hemen saraya döndü. Arnavut asıllı bir levent olan Patrona Halil'in liderliğindeki on beş, yirmi isyancıdan oluşan küçük bir topluluk ve kahvehane işleticisi Muslu Beşe, giderek yükselen öfke duygusunu kışkırttılar: Çarşıdaki bütün dükkânların kapatılmasını talep ediyorlardı; Yeniçerilerin desteğine de başvurdular. Durum, III. Ahmed'in hemen karşılık vermesini gerektiriyordu, ama padişah isyanı bastırmak yerine hiçbir eyleme girişmedi, böylece isyan dalga dalga yayıldı. Ertesi gün, isyancılar saraya girdiler ve ondan bir gün sonra, sadrazamın ve belli başlı vezirlerinin başlarının vurulmasını talep ettiler; III. Ahmed, kendinde bu talebi reddedecek gücü bulamadı. 1 Ekim'de, sadrazam Damat İbrahim Paşa ve çeşitli vezirler, isyancı kalabalığın eline teslim edildi; bu kalabalık hemen başka kurbanlar istedi. Sonunda, Sultan III. Ahmed'in tahttan inmesini ve yerine Sultan I. Mahmud'un geçirilmesini de talep ettiler.

Calkoen, Genel Meclis'e bu olaylara dair son derece kapsamlı ve ayrıntılı bir değerlendirme sunuyordu. En iyi zamanlarda, Osmanlı sarayında olup bitenler hakkında bilgi toplamak hiç de kolay değildi; isyan sırasında, yabancılara kendi semtleri Pera'da kalmaları, tercihan dışarı çıkmamaları tavsiye edilmişti: Aksi takdirde, isyancı kalabalığın yabancıları hedef

Res. Fig. 34
Mektepte İlk Gün The First Day at School
Jean-Baptiste Vanmour
Tuval üzerine yağlıboya Oil on canvas
38.5 x 53 cm., 1727-1737
Rijksmuseum Amsterdam

what people wore (Fig. 34). There were rules about what women should wear outdoors, for example, what Muslims and non-Muslims could wear, and detailed directions dictated what the various courtiers wore. Vanmour observed these sartorial regulations in minute detail in his paintings. Women were required to wear a *ferace* outdoors. Muslims were allowed to wear brightly coloured versions of this cape, non-Muslims could only wear pale colours. A *yaşmak* was a scarf of extremely fine white muslin. It had two parts; one covered the head and the top of the face; the other covered the face below the nose. Over this, women wore a black veil, or *peçe*. In the 18th century this increasingly made way for a more transparent, light veil draped loosely over the head. Muslim women wore yellow shoes while non-Muslims were confined to black or dark-coloured shoes.

Indoors, women wore long baggy trousers down to their ankles, a salvar, often brightly coloured. Over this, they wore a kind of long-sleeved blouse, a *gömlek*, made of fine silk and sometimes decorated with a floral motif. A wide band would be worn over the hips (seraser) and covering all this a short- or long-sleeved gown, an *entari* or *kaftan*. In the Tulip Era low necklines became popular, clothes were brighter and more richly embroidered and the scarves women wrapped over their head were increasingly exuberant.

almasını devletin önleyemeyeceği belirtilmişti. Calkoen'un aktardığı kusursuz bilgiler, kendi döneminde Babıâli'de iyi bir muhbirler ağı kurmayı başardığını ve sarayın kapıları ardındaki siyasal tertipler hakkında her şeyi bildiğini gösteriyor. Calkoen, Vanmour'dan belirleyici ânı resmetmesini istemişti. Patrona Halil'in resmi, arka plandaki şehrin önünde gördüğümüz isyancıyı bir kahraman olarak tasvir eder (Res. 35).Belli ki, bu özel bir resimdi; Calkoen'un koleksiyonunda Vanmour'un imzasını taşıyan tek yapıttır.

Ayaklanmayı konu alan ikinci bir resimde, daha sonraki olaylar tasvir edilir (Res. 36). Yeni padişahın, Patrona Halil ve destekçilerinin yönetimde daha fazla söz sahibi olma taleplerine duyduğu öfke giderek artıyordu. Bu yüzden, Sultan I. Mahmud, liderleri sahte mazeretlerle saraya çekip, sonra hepsini öldürttü (Res. 37, 38). Resim canlı bir anlatıma sahiptir ve aynı sahnede birbirini izleyen olayların gösterildiği

Res. Fig. 35
Patrona Halil, Sultan III. Ahmed'e Karşı Düzenlenen Ayaklanmanın Lideri, 28 Eylül 1730
Patrona Halil, Leader of the Rebellion Against Sultan Ahmed III, 28 September 1730
Jean-Baptiste Vanmour
Tuval üzerine yağlıboya Oil on canvas
120 x 90 cm., 1730-1737
Rijksmuseum Amsterdam

Patrona Halil

This relatively tranquil period for İstanbul's diplomats came to an end in September 1730. Discontent with Ahmed III's regime had been brewing for some time. Muslim spiritual leaders had condemned the lavish entertainments put on by the Tulip Sultan and the contrast with the dire conditions in which his soldiers lived and their pitiful salary seemed unjustifiable. An expedition against the Persians was planned to distract attention away from domestic politics. However, the grand vizier's inconsistent policies towards Persia had precisely the opposite effect. They irritated the Muslim spiritual leaders and the army grew restless, confused about was expected of them. Early in the morning of 28 September, riots broke out in the bazar. The sultan and his entourage, residing outside the city in preparation for the coming expedition to Persia, rushed back to the palace. A small group of fifteen to twenty rebels, led by Patrona Halil, an Albanian sailor, and Muslu Beşe, owner of a coffee shop, stirred up the growing sense of indignation. They demanded that all the shops in the bazar be closed and then sought the support of the Janissaries. The situation demanded a prompt response from Ahmed III, but instead of crushing the rebellion he took no action at all and so the insurrection swelled. The next day, the rebels forced their way into the palace and when, a day later, they demanded the heads of the grand vizier and his chief courtiers, Ahmed III found himself unable to refuse. On 1 October, the bodies of Grand Vizier Damad İbrahim and various ministers were delivered to the mob, who promptly called for more victims. In the end, they demanded that Sultan Ahmed III step down too, and be replaced by Sultan Mahmud I.

Calkoen provided a remarkably extensive and detailed account of these events to the States General. It was far from easy to gather information about what was happening at the Ottoman court at the best of times; during the insurrection, foreigners were advised to stay in their own neighbourhood of Pera and preferably to remain indoors. The government would otherwise be unable to prevent the mob from turning on them. Calkoen's excellent information suggests that he had managed to build up a good network of informants in his time at the Sublime Porte and knew all about the political manoeuvring behind the palace doors. Calkoen commissioned Vanmour to paint the decisive moment. The portrait of Patrona Halil shows the rebel as a hero with the city in the background (Fig. 35). It was apparently a special painting: it is the only work in the collection of Calkoen that Vanmour signed.

Res. Fig. 36
İsyancı Patrona Halil ve Önde Gelen Takipçilerinin Öldürülüşü
The execution of the Rebel Patrona Halil and His Principal Followers
Jean-Baptiste Vanmour
Tuval üzerine yağlıboya
Oil on canvas
75 x 101 cm., 1730-1737
Rijksmuseum Amsterdam

bir çizgi roman gibidir. Sağda Patrona Halil, dört bir yandan üstüne hücum edenler yaklaşırken bir tabancayla kendini savunmaya çalışır; solda atı, divandan getirilmektedir. Doğal olarak, Vanmour asıl katliam gerçekleştiğinde orada değildi; her durumda, katliam ikinci avluda değil, padişahın üçüncü avludaki özel odasında olmuştur.

Hollanda'ya Geri Dönüş

I. Mahmud (1730-1754) Lale Devri'nin aşırı eğlencelerine son vermişti, ancak Batı'ya açılan kapı açık kalmıştı. Calkoen, Avrupa'daki siyasal gelişmeler hakkında değerlendirmede bulunmak üzere birçok kez sadrazam tarafından saraya çağrılmıştır. 1737'de, Hollanda elçisi, I. Mahmud ile Rus çarı arasında aracılık etmek üzere, İngiliz meslektaşı ile birlikte Tuna Nehri ağzı yakınlarındaki Babadağ'da bulunan Osmanlı karargâhına çağrılmıştı.

Calkoen, 4 Nisan 1744'teki bir huzura kabulde, ayrılmak için sadrazamdan resmi izin aldı. Görüşmede Calkoen'a kakım kürklü kaftan verildi: Bu daha önce herhangi bir elçinin aldığından daha lüks bir armağandı. Calkoen, bir ay sonra, 7 Mayıs'ta İstanbul'dan ayrıldı. Genel Meclis'e düzenli olarak başvuruda bulunmuş, hiçbirinde netice alamamıştı. Şimdi, Paris elçiliği gibi kilit bir konumu üstlenmek üzere Lahey'e çağrılıyordu. Belli ki, Hollanda yönetimi, Calkoen'un diplomatik nitelikle-

A second painting of the insurrection shows the events that followed (Fig. 36). The new sultan became increasingly irritated by the demands of Patrona Halil and his supporters for more say in the government. So Sultan Mahmud I lured the leaders under false pretenses to the palace and then had them all killed (Fig. 37, 38). The painting is dramatic, and it reads like a comic strip with successive events shown in the same scene. On the right Patrona Halil attempts to defend himself with a pistol as attackers approach from all sides. His horse is led from the divan on the left. Naturally, Vanmour was not actually present when the massacre took place, and anyway, it happened in the sultan's private apartment in the third courtyard, not the second.

Back in the Netherlands

While Mahmud I (1730-1754) brought an end to the extravagant tulip entertainments, the door to the West remained open. Calkoen was summoned many times by the new grand vizier to give his assessment of European political developments. In 1737, the Dutch ambassador was summoned together with his British colleague to the Ottoman headquarters at Babadag near the Danube estuary, to mediate between Mahmud I and the Russian tsar.

It was at an audience on 4 April 1744 that Calkoen took

Res. Fig. 37
Patrona Halil Portresi İçin Eskiz
Sketch of the Portrait of Patrona Halil
Jean-Baptiste Vanmour
Mavi kağıt üzerine pastel Pastel on blue paper
54,2 x 43,5 cm., 1730-37
Kupferstichkabinett der Akademie der Bildenden Künste Vienna

Res. Fig. 38
Patrona Halil'in Öldürülüşünü Betimleyen Eskiz
Sketch of the Scene with the Execution of Patrona Halil
Jean-Baptiste Vanmour
Mavi kağıt üzerine pastel Pastel on blue paper
46,8 x 59 cm., 1727
Kupferstichkabinett der Akademie der Bildenden Künste Vienna

rini çok önemsiyordu. Calkoen, ekonomi cephesindeki çabalarının ve 1737'de padişah ile çar arasındaki görüşmelere katkısının yanı sıra, Palais de Hollande'ı Levant Ticaret İdaresi'nin alanı içine sokmuş, böylece Hollanda Cumhuriyeti'nin İstanbul'da kalıcı diplomatik varlığını güvence altına almıştı. Hiç kuşkusuz, yerine geçecek olan kişi, İstanbul'a ilk geldiğinde Calkoen'un karşılaştığı engellerle karşılaşmayacaktı.

Sonunda, Calkoen kendini Paris'te değil, Dresten'de buldu. Avusturya Veraset Savaşı'nda, Nisan 1744'te Fransa ile Hollanda Cumhuriyeti arasında düşmanlıklar baş gösterince, Calkoen'un ataması geri alındı ve Calkoen bunun yerine özel bir görevle Sakson sarayına gönderildi, daha sonra 1761'de Polonya'ya elçi atandı. Calkoen, 2 Mart 1764'te, ikinci kez elçi olarak görev alacağı İstanbul'a geleceği tarihten kısa bir süre önce öldü. Çok sevdiği İstanbul'u 1744'ten beri görmemişti. Tabutu, 8 Mart'ta, Amsterdam'daki Westerkerk'te yer alan ebedi istirahatgâhına yedi araba, on dört taşıyıcı ve on sekiz fenerci eşliğinde götürülmüştür.

official leave of the grand vizier. At the meeting he was presented with an ermine-trimmed kaftan, a gift that was more luxurious than any other ambassador had ever received. A month later, on 7 May, he left İstanbul. He had regularly applied to the States General for leave, each time in vain. Now he was being recalled to The Hague to take up the key position of ambassador to Paris. Clearly the Dutch government held Calkoen's diplomatic qualities in high esteem. Apart from his efforts on the economic front and his contribution to the negotiations between the sultan and the tsar in 1737, Calkoen had brought Palais de Hollande into the sphere of the Directorate of Levant Trade, thereby ensuring a permanent diplomatic presence for the Dutch Republic in İstanbul. His replacement would certainly be spared the obstacles he had faced when he first arrived in İstanbul.

It was not in Paris that Calkoen eventually found, but Dresden. When hostilities opened between France and the Republic in April 1744 in the War of the Austrian Succession, Calkoen's appointment was withdrawn and he was entrusted instead with a special mission to the Saxon court, and later in 1761 as ambassador to Poland. On 2 March 1764, Calkoen died shortly before he was due to return to İstanbul to take up a second posting as ambassador. He had not seen his beloved İstanbul since 1744. Seven coaches, fourteen pallbearers and eighteen lantern carriers accompanied his coffin to his final resting place in Amsterdam's Westerkerk on 8 March.

Cornelis Calkoen, evlenmemişti. Yaşamında kadınların olduğu, mektuplarından, ayrıca hâlâ Calkoen ailesinin bugünkü vârislerinin mülkiyetinde bulunan güzel süslemeli enfiye kutusundan bellidir (Res. 39). Enfiye kutusunda, aşk tanrıçası Venüs'ün baştan çıkardığı besili bir hindi görülür (*kalkoen*, Hollandacada "hindi" anlamına gelir), bu arada aşk tanrısı Kupid hindiyi bir zincirle tutmaktadır. Burada, Calkoen'un azatlı cariye Beyaz Gül ile ilişkisine gönderme yapılıyor olsa gerektir. Anlatılanlara bakılırsa, Calkoen İstanbul'dan ayrıldığında, Beyaz Gül gönlü kırık ölmüştür ve hayaleti hâlâ elçilik alanında dolaşmaktadır. Jean-Etienne Liotard'ın yaptığı ve yüzyıllardır Calkoen ailesinin elinde bulunan bir resim de, Calkoen'un yaşamında bir kadının olduğunun somut bir kanıtını oluşturur (Res. 40).

Calkoen'un asıl mirası, Türk resimlerinden oluşan koleksiyonudur. Vanmour için *Mercure de France*'da yazılan anma yazısının ortaya koyduğu gibi, bu resimler kendisinin yaşadığı dönemde bile ünlenmişti. Calkoen de, koleksiyonun değeri-

Cornelis Calkoen had remained unmarried. That there were women in his life is clear from his correspondence, and also from a beautifully decorated snuff box that is still in the possession of today's descendants of the Calkoen family (Fig. 39). It shows a plump turkey (kalkoen is Dutch for turkey) tempted by the goddess Venus, while Cupid holds the bird by a chain. The allusion seems to be to Calkoen's affair with a manumitted slave, Beyaz Gül (White Rose). According to the story, when Calkoen left İstanbul, the White Rose died of a broken heart and her ghost still wanders about in the embassy grounds. A portrait by Jean-Etienne Liotard, which has been in the possession of the Calkoen family for centuries, also offers tangible evidence of a woman in his life (Fig. 40).

Calkoen's real legacy is his collection of Turkish paintings. These had acquired a reputation even in his own day, as Vanmour's obituary in the Mercure de France shows. He was aware of the collection's value himself and of the importance of keeping the works together for posterity. He had

Res. Fig. 39
Venüs ve Hindi Betimlemeli Enfiye Kutusu
Snuff-box Decorated with Venus and a Turkey
Sanatçısı belirsiz Artist unknown
Kaplumbağa kabuğu ve gümüş Tortoiseshell and silver
10 x 6 cm., 1727-1764
Özel koleksiyon, Hollanda Private collection, The Netherlands

Res. Fig. 40
Kimliği Bilinmeyen Bir Doğulu Kadının Portresi
Portrait of an Unknown Woman from the Levant
Jean-Etienne Liotard
Parşömen üzerine pastel (önemli ölçüde su hasarı görmüştür)
Pastel on parchement, (with serious water damage)
55 x 43 cm., 1738-1742
Rijksmuseum Amsterdam

nin ve bu yapıtları gelecek kuşaklara bırakmak üzere bir arada tutmanın öneminin farkındaydı. Daha önce Levant Ticaret İdaresi'ne otuz iki giysi resminden oluşan seriyi vermişti. Calkoen, vasiyetnamesinde, kalan Türkiye konulu resimlerin, kardeşi Nicolaas'ın oğlu Abraham Calkoen'a verilmesini öngörüyor; resimlerin asla satılmamasını şart koşuyordu. Abraham ya da bir diğer yeğeni olan Joachim Rendorp koleksiyonu almayı kabul etmezlerse, Cornelis Calkoen resimlerin Levant Ticaret İdaresi'ne verilmesini vasiyet ediyordu. Calkoen, bu durumda, idare yöneticilerinin "elçiliğimin başardığı ticari yararın bir hatırlatıcısı" şeklinde bir yazı eklemelerini talep ediyordu. Abraham'ın oğlu Nicolaas Calkoen, 1817'de, resimleri idareye bıraktı. On yıl sonra, idare dağıldı ve bütün resimler Kraliyet Nadir Eserler Galerisi'ne verildi; sonunda bu yapıtlar, on dokuzuncu yüzyılın sonunda, Leiden'deki Etnoloji Müzesi ile Lahey'deki Ulusal Tarih ve Sanat Müzesi arasında paylaştırıldı. 1902'de, Rijksmuseum'un Drucker eklentisinde bir Türk Galerisi'nin kurulmasıyla, Cornelis Calkoen'un bütün koleksiyonu yeniden bir araya gelmiş oldu. Rijksmuseum 2013'te yeniden açıldığında, bütün resimler yeniden kalıcı olarak sergilenecek ve ziyaretçiler adeta elçi Calkoen'un kişisel Türk eserleri galerisine girmiş gibi olacaklar.

already given the Directorate of Levant Trade the series of thirty two costume paintings. In his will, Calkoen directed that the remaining Turkish paintings should pass to Abraham Calkoen, son of his brother Nicolaas, with the stipulation that they should never be sold. If he, or another nephew, Joachim Rendorp, declined to accept the collection, Cornelis Calkoen determined that they should pass to the Directorate. In that case, Calkoen requested that the directors add an inscription - a memorial to the advantage to commerce that my embassy achieved. In 1817, Nicolaas Calkoen, Abraham's son, left the paintings to the Directorate. Ten years later, the Directorate was dissolved and all the paintings were given to the Royal Cabinet of Rarities, eventually to be divided at the end of the nineteenth century between the Museum of Ethnology in Leiden and the National Museum of History and Art in The Hague. With the installation of a Turkish Cabinet in the Rijksmuseum's Drucker extension in 1902, the entire Cornelis Calkoen was once again reunited. When the Rijksmuseum reopens in 2013, all the paintings will again be on permanent display and for the public it will be as if they have entered ambassador Calkoen's very own Turkish cabinet.

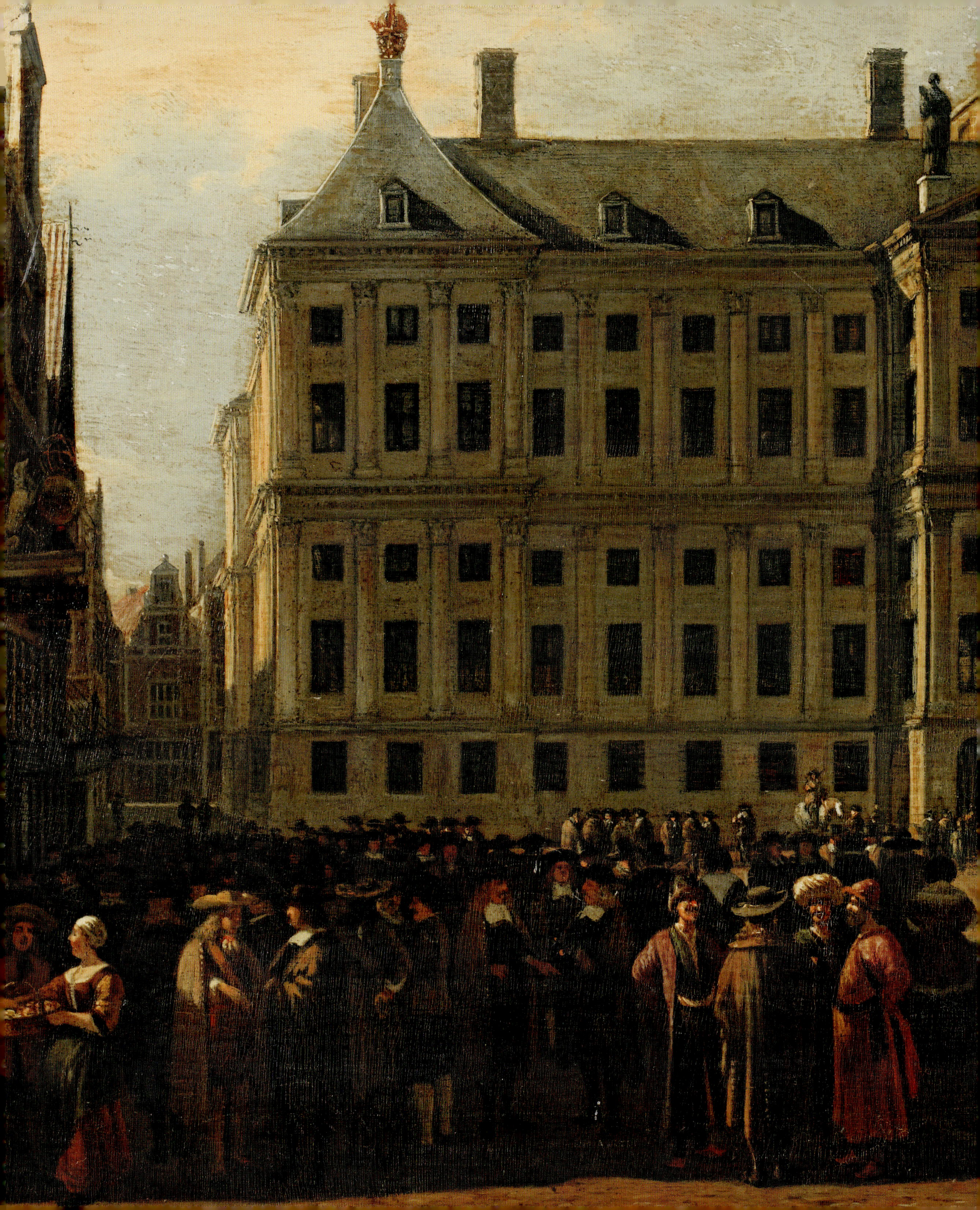

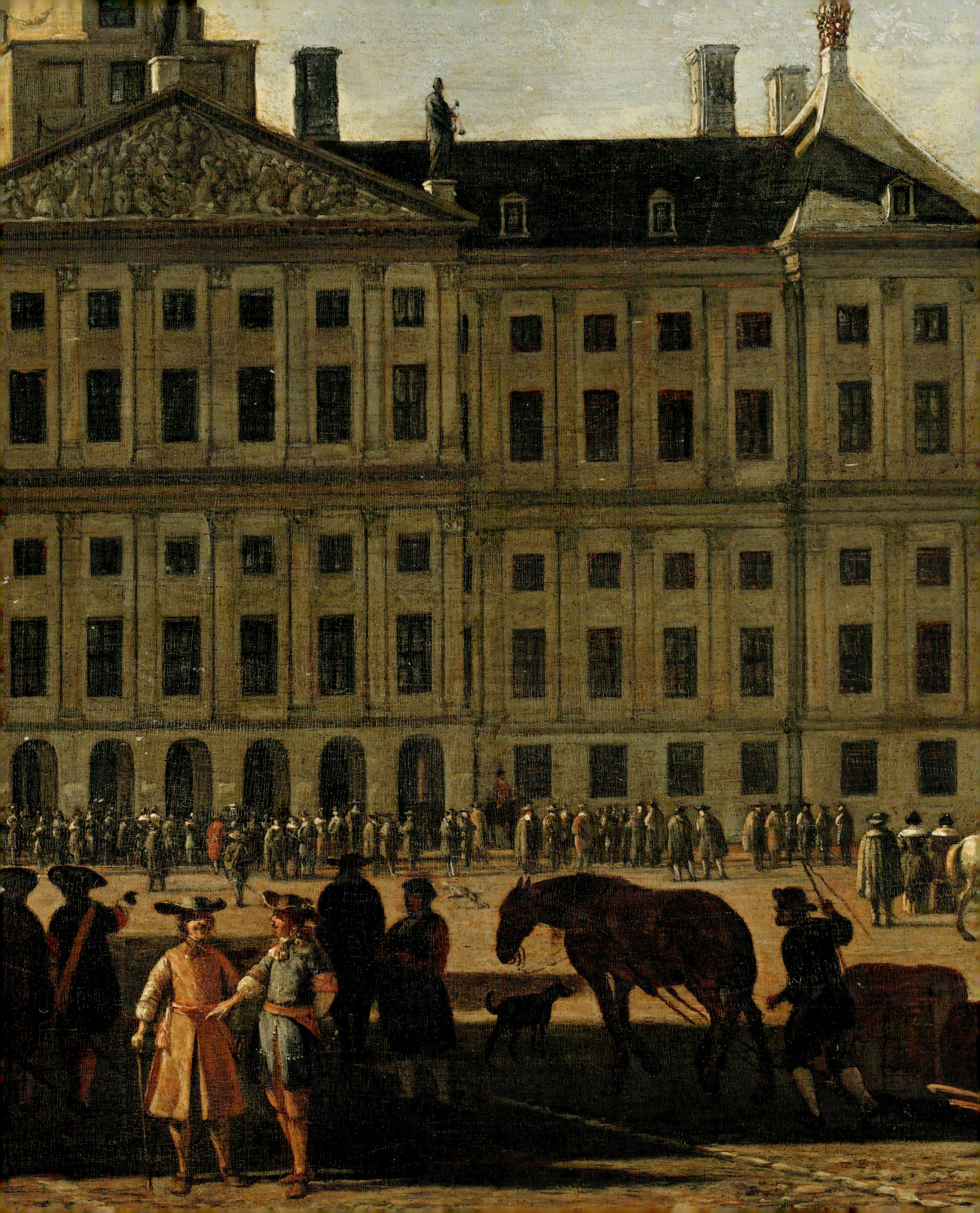

Cornelis Haga

Anonim, Michiel van Mierevelt üslubunda
Ahşap üzerine yağlıboya, 68,5 x 55,5 cm., 1645
De Kempenear Aile Vakfı, Lahey

Cornelis Haga (1578-1654), Hollanda'nın Osmanlı Sarayı'na gönderdiği ilk elçidir, 1612-1639 yılları arasında İstanbul'daki üssünden, Osmanlı İmparatorluğu'nun dört bir yanında bir konsolosluklar ağı kurdu. Haga, 1625'te Levant Ticaret İdaresi'ni kuranlar arasında da yer alıyordu. Üstündeki kakım yakalı harmaniye, İstanbul'daki günlerinden bir hatıra olmalıdır.

Unknown painter, after Michiel van Mierevelt
Oil on panel, 68.5 x 55.5 cm, 1645
De Kempenear Family Foundation, The Hague

Cornelis Haga (1578-1654) was the first Dutch envoy to the Turkish court. Between 1612 and 1639, he built a network of consulates throughout the Ottoman Empire from his base in İstanbul. He was one of the founders of the Directorate of Levant Trade in 1625. His ermine-collared cloak was probably a souvenir from his days in İstanbul.

79

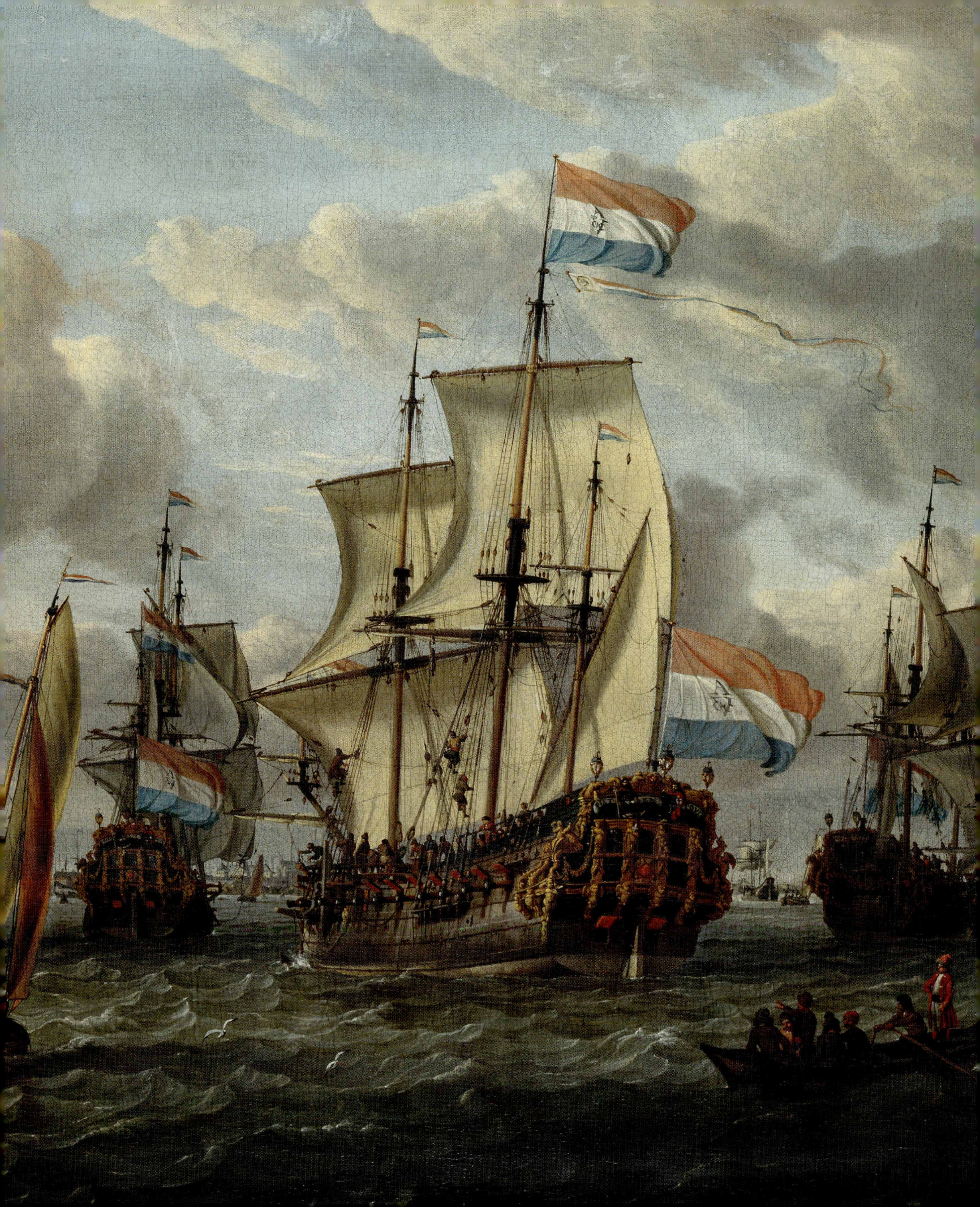

ALTIN ÇAĞ
GOLDEN AGE

17. yüzyıl, Hollanda Birleşik Eyaletler Cumhuriyeti'nde eşsiz gelişmelerin olduğu bir dönemdi. 1602'de Hollanda Doğu Hindistan Şirketi'nin (Verenigde Oost-Indische Compagnie ya da VOC) kurulması, çoğunlukla Altın Çağ'ın başlangıcı kabul edilir. Çok geçmeden bunu, Hollanda Batı Hindistan Şirketi ve Levant Ticaret İdaresi izlemiştir. Hollanda gemileri, dünyanın dört bir yanına –Japonya'dan Brezilya ve Osmanlı İmparatorluğu'na– gidip geliyordu.

Bu dönem, sanat, bilim ve savaş (özellikle deniz savaşı) açısından da bir altın çağdı. İnsanlar, çok uzaklardan gelerek cumhuriyetin ana şehri Amsterdam'da buluşuyorlardı. Amsterdam, hem ticaret nedeniyle hem ünlü hoşgörüsüyle insanları kendine çekiyordu. Yönetimi elinde tutan tüccarlar oldukça pragmatikti; dini ya da ideolojik farklılıkları değil, ticari kârı önemli görüyorlardı.

The 17th century was a time of unparalleled growth in the Dutch Republic of the United Provinces. The establishment of the Dutch East India Company (Verenigde Oost-Indische Compagnie or VOC) in 1602 is often considered the start of this Golden Age. It was soon followed by the Dutch West Indies Company and the Directorate of Levant Trade. Holland's ships sailed the world, from Japan to Brazil and the Ottoman Empire.

It was no less a golden age in art, science and warfare (especially naval warfare). People converged on the Republic's principal city of Amsterdam from far and wide. They were drawn to the city both because of commerce and Amsterdam's reputation for tolerance. The burghers ruled, and they were pragmatic: it was the benefit to trade that mattered, not religious or ideological differences.

Bir Akdeniz Körfezinde Amsterdam Gemisi

Reinier Nooms (1623-1664)
Tuval üzerine yağlıboya, 53 x 68 cm., yak. 1655-1664
Amsterdam Müzesi

Amsterdamlılar, hızlı gemileriyle dünyanın denizlerine ulaşıyorlardı ve Akdeniz çevresindeki ülkelerin ticaretinde önemli bir rol üstlenmişlerdi. Bu ticaret, Cebelitarık Boğazı'ndan geçmek anlamına geldiği için, Hollandalılar bunu Boğaz Ticareti olarak anıyorlardı. Ön plandaki gemi, onarımdan geçmektedir. Geminin kıçında Amsterdam'ın kırmızı-siyah hanedan arması görülmektedir.

An Amsterdam Ship in a Mediterranean Bay

Reinier Nooms (1623-1664)
Oil on canvas, 53 x 68 cm, c. 1655-1664
Amsterdam Museum

Amsterdammers reached across the world's seas with their fast ships. They played a major role in the commerce of the countries around the Mediterranean Sea. Because this trade meant passing through the Strait of Gibraltar, the Dutch referred to it as the Strait Trade. The ship in the foreground is being repaired. Amsterdam's red-and-black heraldic emblem is displayed on the stern.

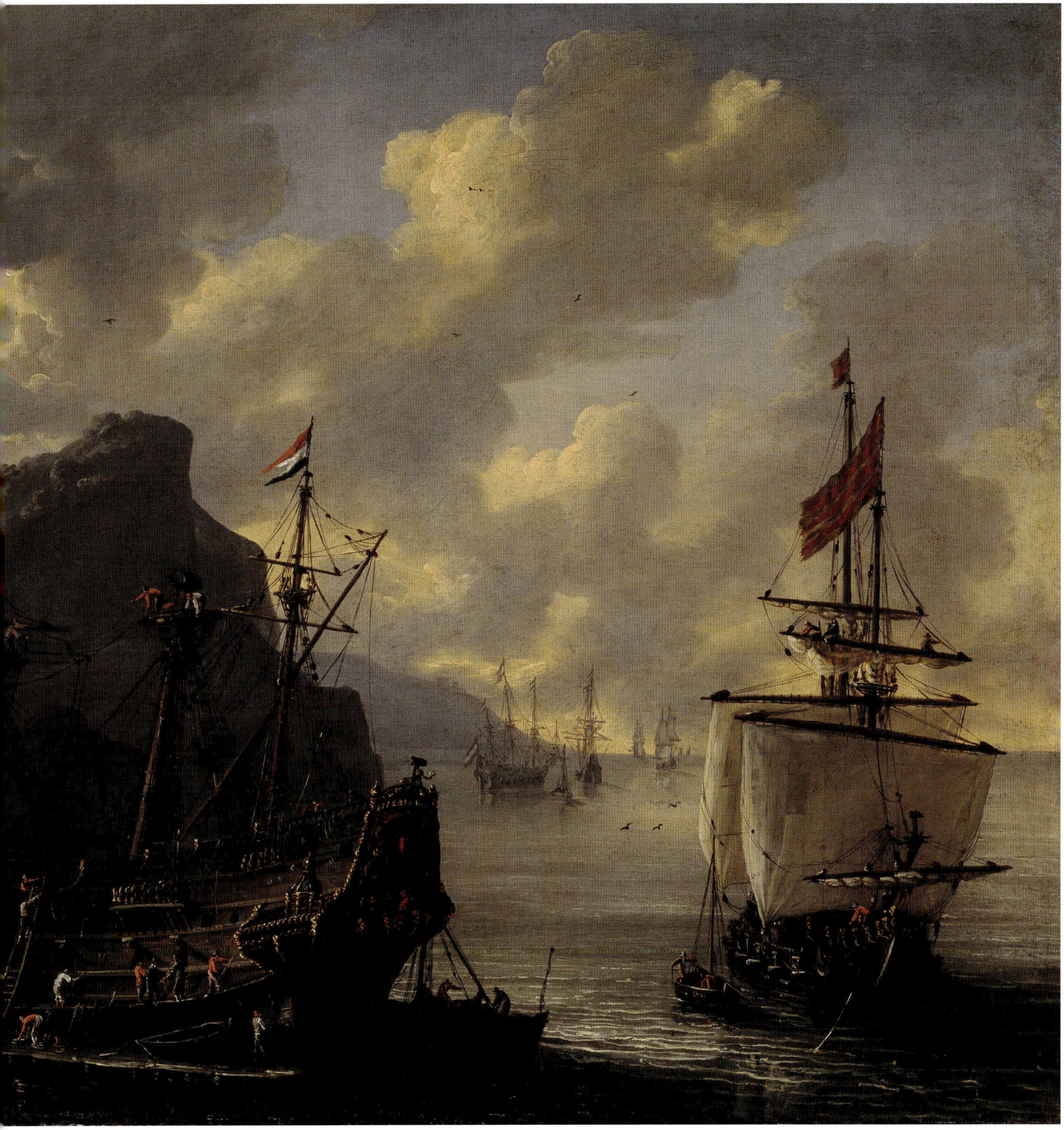

Pieter en Paul Fırkateyni, IJ Nehri'nde

Abraham Storck (1674-1708)
Tuval üzerine yağlıboya, 53 x 63 cm., 1698-1700
Amsterdam Müzesi

Hollanda Doğu Hindistan Şirketi (*Verenigde Oost-Indische Compagnie* ya da *VOC*), dünyanın ilk çok uluslu şirketiydi. Hollanda'nın ticari çıkarlarını gerekirse zor kullanarak savunmak için, VOC'nin kendi savaş gemileri vardı; *Pieter en Paul*, bunlardan biriydi. Ön planda, sağda, geminin filikasında ayakta duran kırmızı giysili kişi I. Petro'dur. Rus çarı, 1697'de, en son gemi yapım teknolojisini öğrenmek için birkaç ayını Amsterdam'da, VOC tersanesinde çalışarak geçirmişti.

The Frigate *Pieter en Paul* on the River IJ

Abraham Storck (1674-1708)
Oil on canvas, 53 x 63 cm, 1698-1700
Amsterdam Museum

The Dutch East India Company (Verenigde Oost-Indische Compagnie or VOC) was the world's first multinational. To defend Dutch commercial interests, if need be by force, the VOC maintained its own warships, like the *Pieter en Paul*. Standing in the launch in the foreground on the right is Peter the Great, dressed in red. In 1697, the Russian tsar spent several months working in the VOC's shipyard in Amsterdam to learn the latest shipbuilding technology.

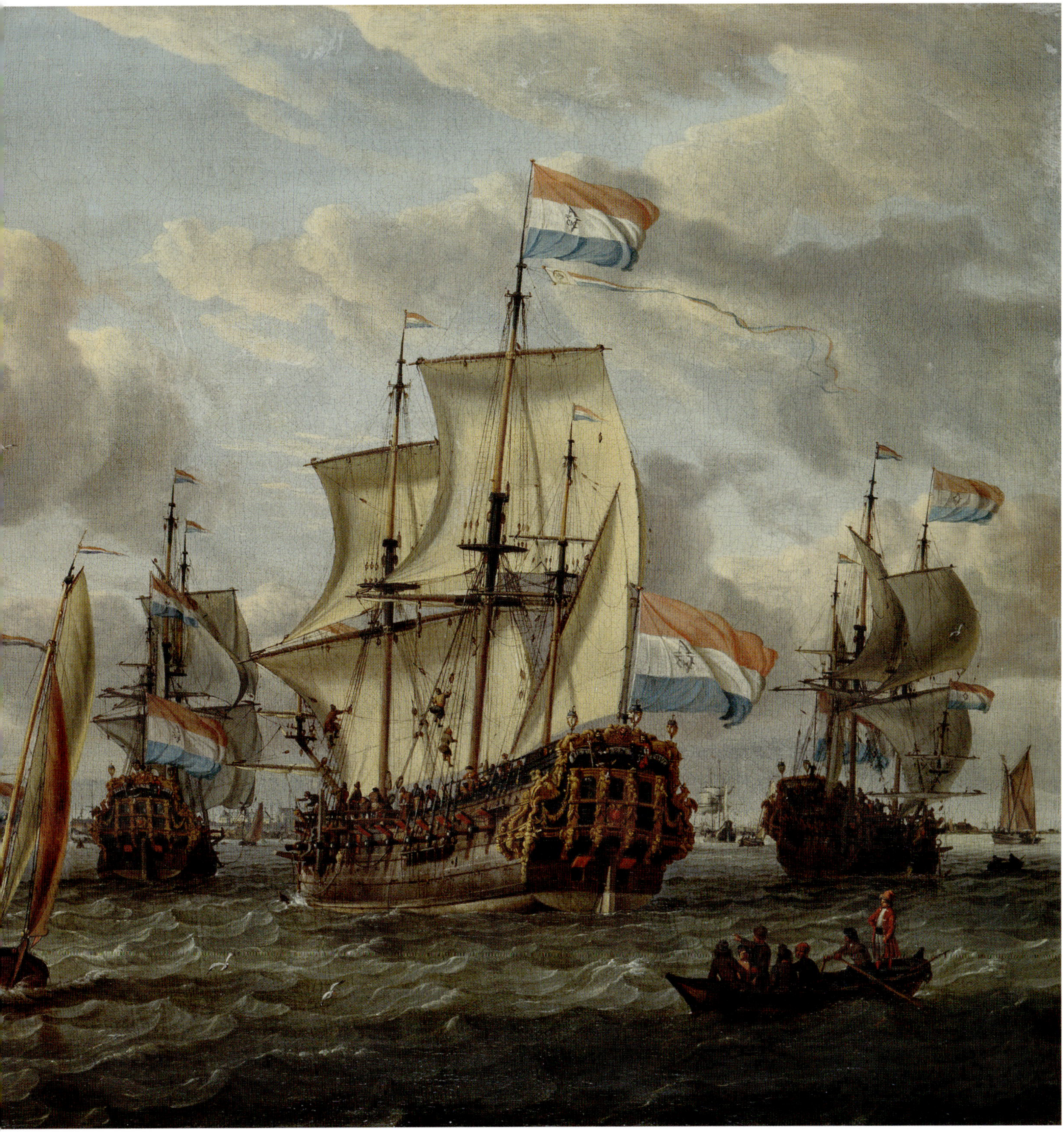

İç Mekânda Anne ile Çocuk

Pieter de Hooch (1629-1684)
Tahta tuval üzerine yağlıboya, 36,5 x 42 cm., yak. 1660
Amsterdam Müzesi

Bu tipik 17. yüzyıl Hollanda iç mekânında, masaya bir Doğu halısı serilmiş, bu da varlıklı bir evin söz konusu olduğunu gösteriyor. Halı gölgede ama gene de ön plandadır: belli belirsiz bir övünme şeklidir bu. Hollanda evlerinde, pahalı halılar yerlerde değil, daha çok masalarda kullanılıyordu. Arkadaki açık kapıdan tipik bir Hollanda kanalı görülmektedir.

Interior with Mother and Child

Pieter de Hooch (1629-1684)
Oil on panel, 36.5 x 42 cm, c. 1660
Amsterdam Museum

In this typical 17th century Dutch interior the table is covered with an oriental rug, suggesting an opulent household. It is in the shade, yet still in the foreground: a subtle way of boasting. In Dutch homes, expensive carpets like these were used for the table rather than the floor. A glimpse through the open door at the back shows a typical Dutch canal.

87

Grimburgwal'da Oudezijds Erkek Pansiyonu

Gerrit Berckheyde (1638-1698)
Ahşap tuval üzerine yağlıboya, 32,5 x 42,5 cm., yak. 1675
Rijksmuseum, Amsterdam

Gerrit Berckheyde'nin resimlerinde çoğu zaman, dönemin Amsterdamı'ndaki yeni binalar görülür. Sağdaki kanalın kıyısında bulunan büyük bina, Oudezijds Erkek Pansiyonu'dur. Bu pansiyon, dünyanın dört bir yanından –olasılıkla Osmanlı İmparatorluğu'ndan da– seçkin konukları kendine çekiyordu. İngiliz Levant tüccarı Robert Bargrave, bu mekânı 1653'te şu sözlerle anıyordu: "Odalarının her biri olağanüstü resimlerle süslü, dünyanın en etkileyici pansiyonu."

The Oudezijds Men's Guesthouse on Grimburgwal

Gerrit Berckheyde (1638-1698)
Oil on panel, 32.5 x 42.5 cm, c. 1675
Rijksmuseum, Amsterdam

Gerrit Berckheyde's paintings often feature the new buildings of contemporary Amsterdam. The large edifice by the canal on the right is the Oudezijds men's guesthouse. This hostel attracted distinguished guests from around the world, presumably also from the Ottoman Empire. The English Levant trader Robert Bargrave referred to it in 1653 as 'the noblest Taverne in the world: Every roome is furnished with brave Pictures'.

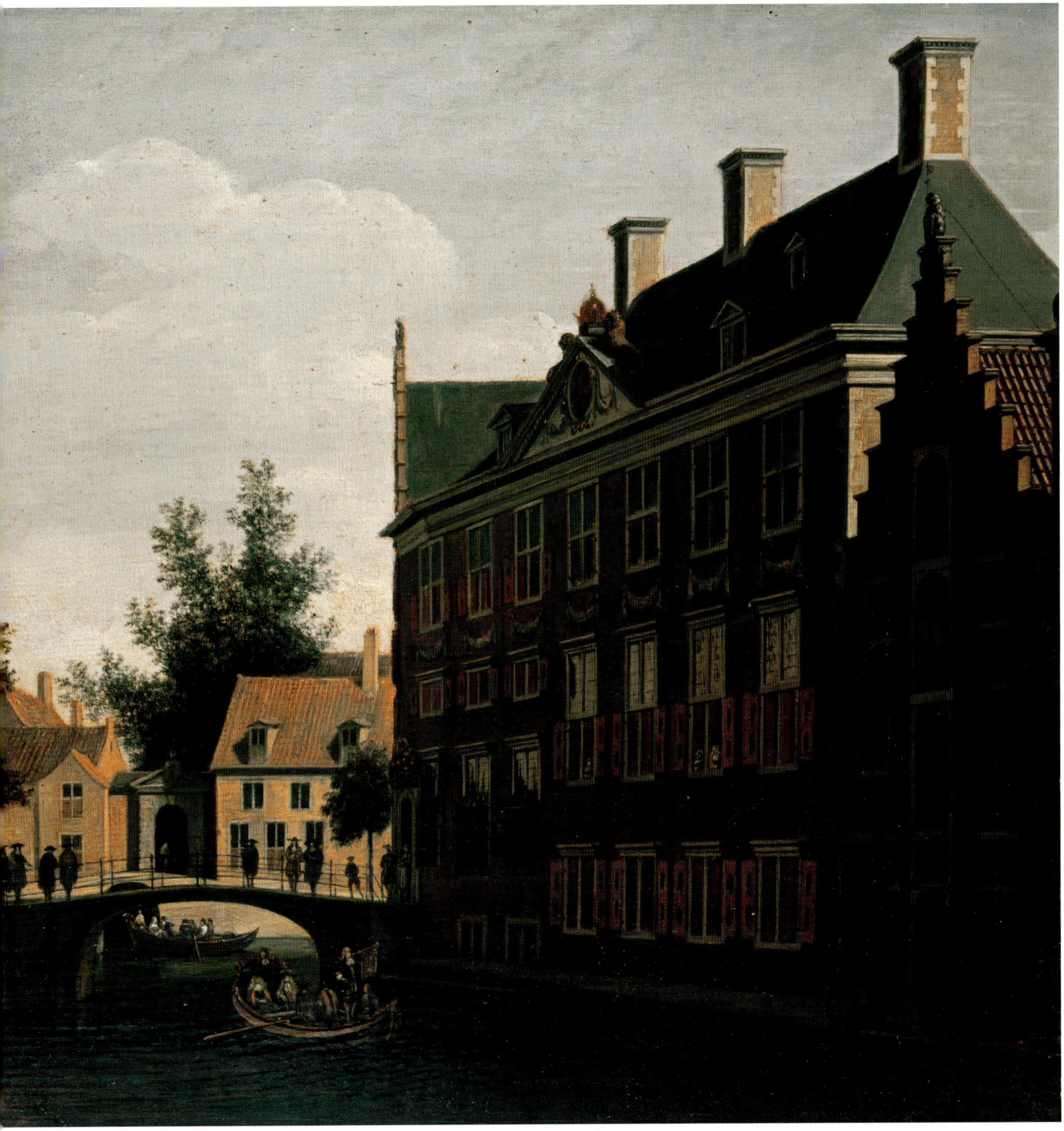

Amsterdam Borsası'na Revaklardan Bakış

Job Berckheyde (1630-1693)
Tuval üzerine yağlıboya, 46 x 58 cm., yak. 1660
Hollanda Borsası Kültür Mirası Vakfı / NYSE Euronext, Amsterdam

Amsterdam Borsası, Belediye Sarayı'nın karşısındaydı. Yalnızca mal alım satımına yönelik değildi; şirket hisselerinin işlem gördüğü dünyanın ilk borsasıydı. Numaralı sütunlar ve kemeraltının duvarlarına asılı notlar, belirli tüccarların nerede bulunabileceğini ve hangi şehirlerle ticaret yaptıklarını göstermektedir. Kırmızı giysili kişiler, Osmanlı İmparatorluğu uyruklu Rumlar ya da Ermeniler olabilir.

Amsterdam Exchange from the Arcade

Job Berckheyde (1630-1693)
Oil on canvas, 46 x 58 cm, c. 1660
Dutch Exchange Heritage Foundation / NYSE Euronext, Amsterdam

Amsterdam's Exchange was across from the Town Hall. It was not only for buying and selling produce: this was the world's first market for shares in companies. The numbered columns and notices on the gallery walls show where particular merchants could be found and which cities they traded with. The men dressed in red may be either Greeks or Armenians from the Ottoman Empire.

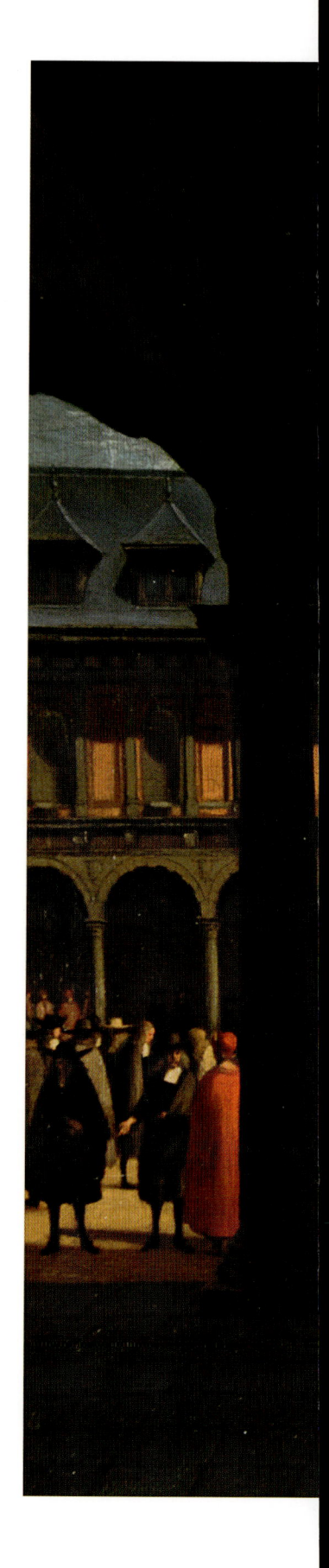

91

Dam Meydanı ve Belediye Sarayı

Gerrit Berckheyde (1638-1698)
Ahşap üzerine yağlıboya, 43 x 63 cm., 1673
Rijksmuseum, Amsterdam

Amsterdam'ın görkemli belediye sarayı, varlıklı tüccar yöneticileriyle şehrin gücünün başlıca simgesiydi. Levant Ticaret İdaresi'nin binanın kuzeybatı köşesindeki ofisi, ikinci kattaydı. Ön planda solda, Doğu giysilerine bürünmüş bir grup –büyük bir olasılıkla, Osmanlılar– görülüyor.

Dam Square and the Town Hall

Gerrit Berckheyde (1638-1698)
Oil on panel, 43 x 63 cm, 1673
Rijksmuseum, Amsterdam

Amsterdam's majestic town hall was the quintessential symbol of the power of this city with its wealthy burgher rulers. The office of the Directorate of Levant Trade was on the second floor in the northwest corner of the building. A group of people in oriental dress can be seen on the left in the foreground, possibly Ottomans.

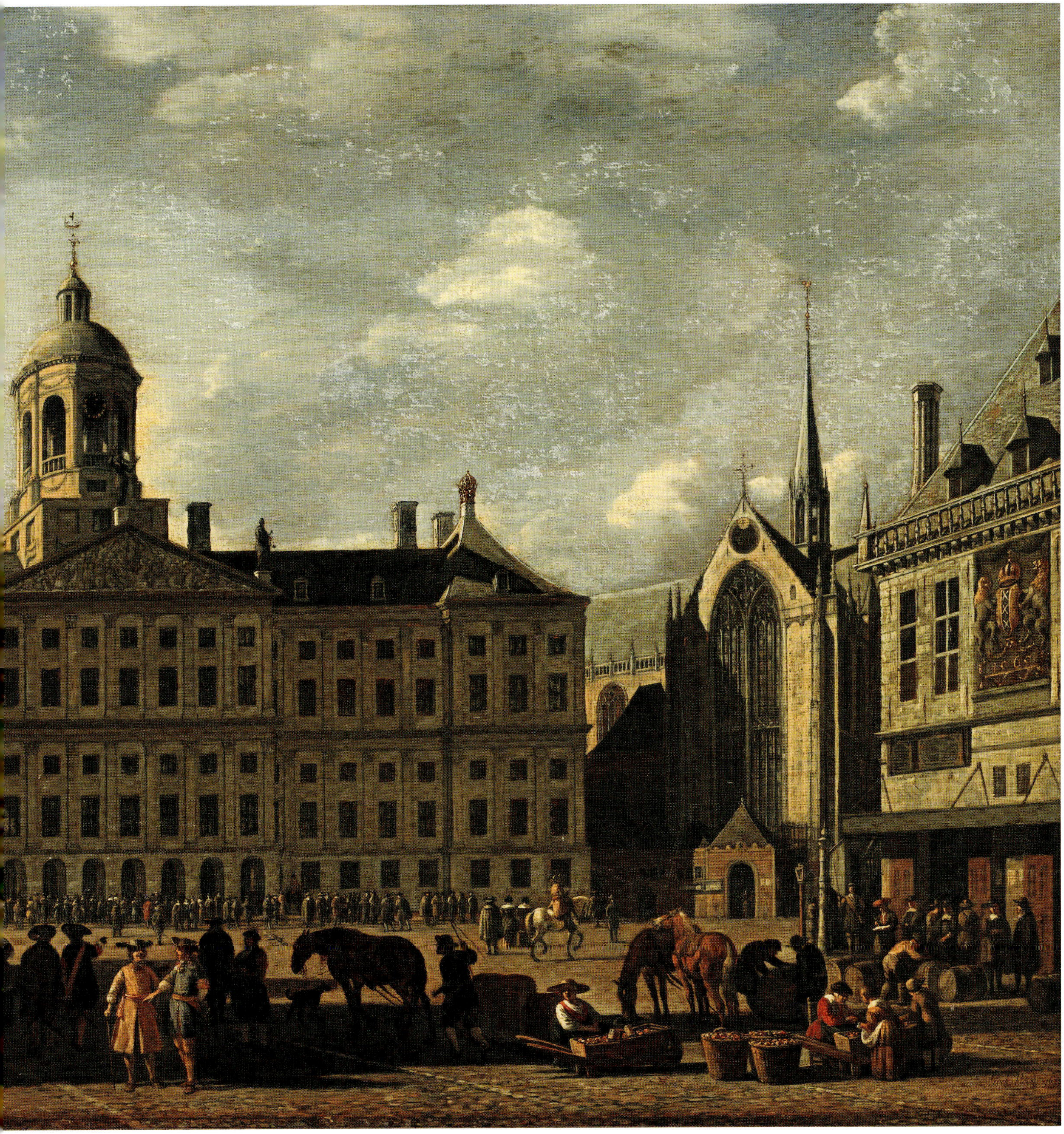

Regni | C. Le Lorat | LIBYCVM MARE
Iuneta | Soloco
ni pars. |
Occidens | BARCHA | MARE
 | | Alexandria
 | | Ægyp
Ad C. Rasausen, olim Boreum Prom. erant patrum nostrorum
memoria, Regis Iunetani, et Soldani Ægypti confinia, hodie vero
Solimannorum imperium hucusque, et ultra extenditur.

AFRICÆ

Linea sub Tropico Cancri.

NVBIÆ

REG

Dangala

PA

TVRCICVM
IMPERIVM

PARS

Concordia res parvæ crescunt
Discordia maximæ dilabuntur.

AMSTERDAM'DA OSMANLILARLA DOLU BİR ODA

ROOM FULL OF OTTOMANS IN AMSTERDAM

Çeşitli elçiler ve konsoloslar, Levant Ticaret İdaresi'nin Amsterdam'daki ofisine sanat yapıtları armağan ediyorlardı. Elçi Cornelis Calkoen (1696-1764), ofise bir giysi resimleri serisi vermişti; bu seri, yıllar sonra burada ilk kez bir arada sergileniyor.

Bu resim ve haritalar, idareyi ziyaret edenlerde, çok uzaktaki egzotik bir Osmanlı İmparatorluğu izlenimi yaratıyordu. Bu görkemli görsel imgelerle çevrili tacirler, projelerini ve Akdeniz kıyısındaki korsanların yol açtığı sorunları tartışıyor olsalar gerekti.

Hollanda, 1795'ten 1813'e, Fransa'nın işgali altındaydı. Bir kral atanmış, kral belediye sarayını kraliyet sarayına dönüştürmüş ve Levant Ticaret İdaresi, ofisi boşaltmak zorunda kalmıştı. İdare, 1826'da dağıldı.

Various ambassadors and consuls presented art to the Amsterdam office of the Directorate of Levant Trade. Ambassador Cornelis Calkoen (1696-1764) gave a series of costume paintings which are shown here together for the first time in many years.

These paintings and maps gave visitors to the Directorate a sense of the far-off exotic Ottoman Empire. Surrounded by all this splendour, merchants would discuss their projects and the trouble that the pirates of the Mediterranean coast were causing.

From 1795 to 1813, Holland was occupied by the French. A king was appointed, who turned the town hall into a palace and the Directorate of Levant Trade was forced to vacate. The Directorate was disbanded in 1826.

Yeni Atlas, cilt II

Willem Blaeu (1571-1638) and
Joan Blaeu (1596-1673)
53,5 x 36 cm.
Amsterdam Müzesi

**Toonneel des Aerdrycx, or
New Atlas, volume II**

Willem Blaeu (1571-1638) and
Joan Blaeu (1596-1673)
53.5 x 36 cm
Amsterdam Museum

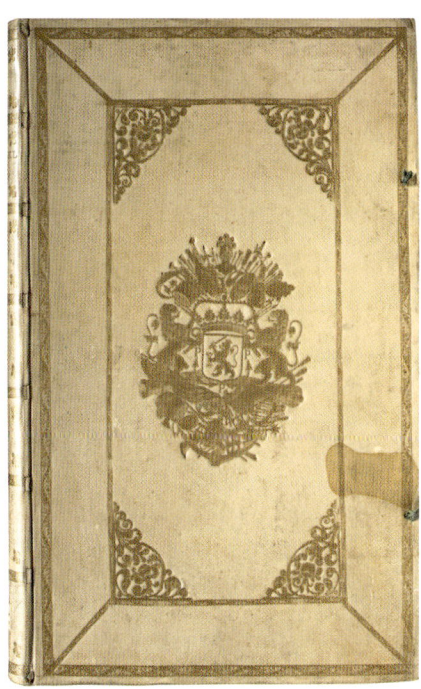

**De Nieuwe Groote Lichtende
Zee-Fackel, cilt III-V (atlas)**

Claas Vooght (d. 1696) /
Johannes van Keulen
(1654-1715)
55,5 x 36 cm.
Amsterdam Müzesi

**De Nieuwe Groote Lichtende
Zee-Fackel, volume III-V**

Claas Vooght (d. 1696) /
Johannes van Keulen
(1654-1715)
55.5 x 36 cm
Amsterdam Museum

Ege Haritası

Johannes van Keulen (1654-1715); Jan Luyken (1649-1712) tarafından resimlenmiştir.
54,1 x 62,3 cm.
Amsterdam Müzesi

Aegean Map

Johannes van Keulen (1654-1715); illustrations by Jan Luyken (1649-1712)
54.1 x 62.3 cm
Amsterdam Museum

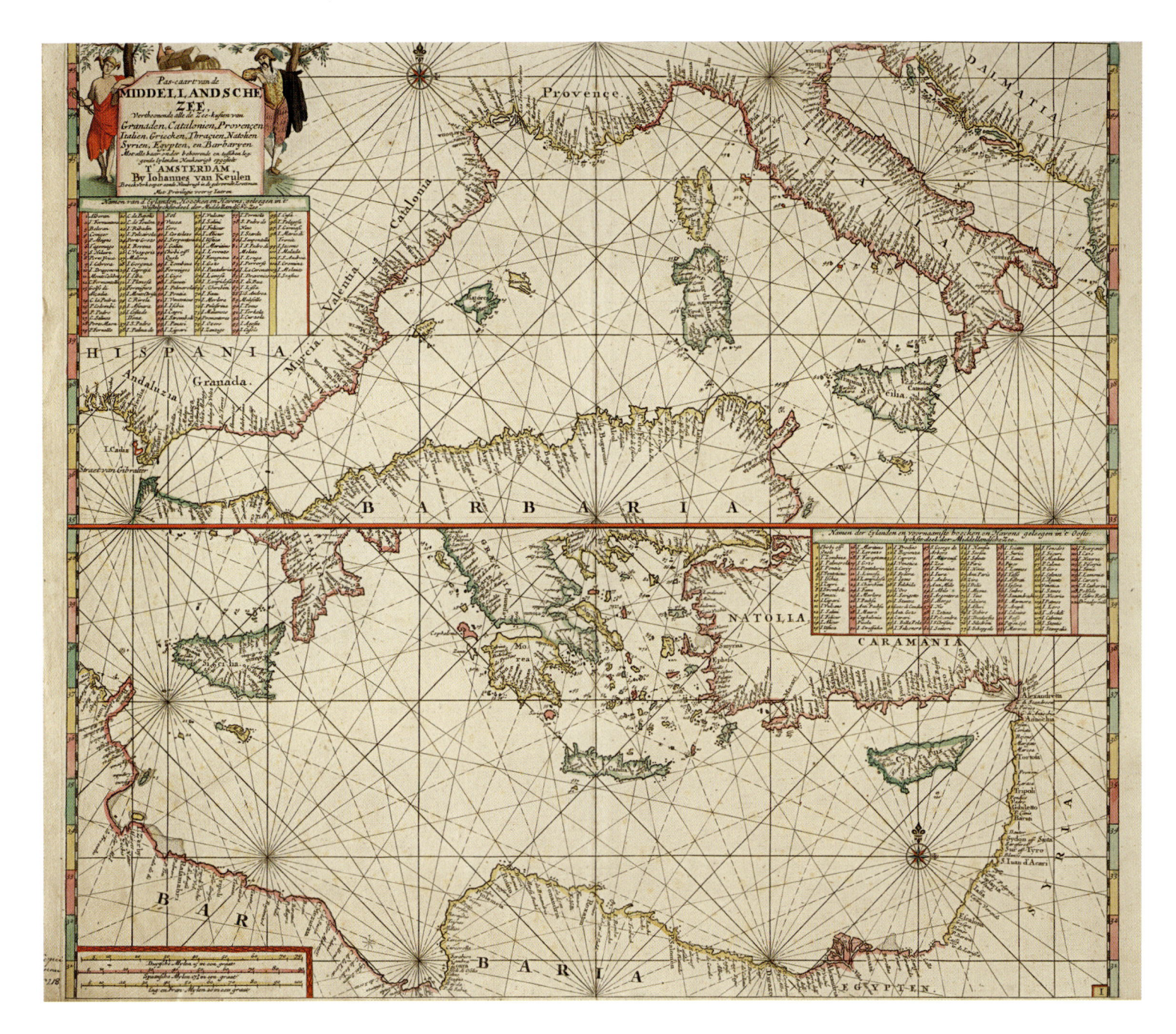

Akdeniz Haritası

Johannes van Keulen (1654-1715); Jan Luyken (1649-1712) stilinde resimlenmiştir.
54,2 x 63 cm.
Amsterdam Müzesi

Map of the Mediterranean Sea

Johannes van Keulen (1654-1715); illustrations after Jan Luyken (1649-1712)
54.2 x 63 cm
Amsterdam Museum

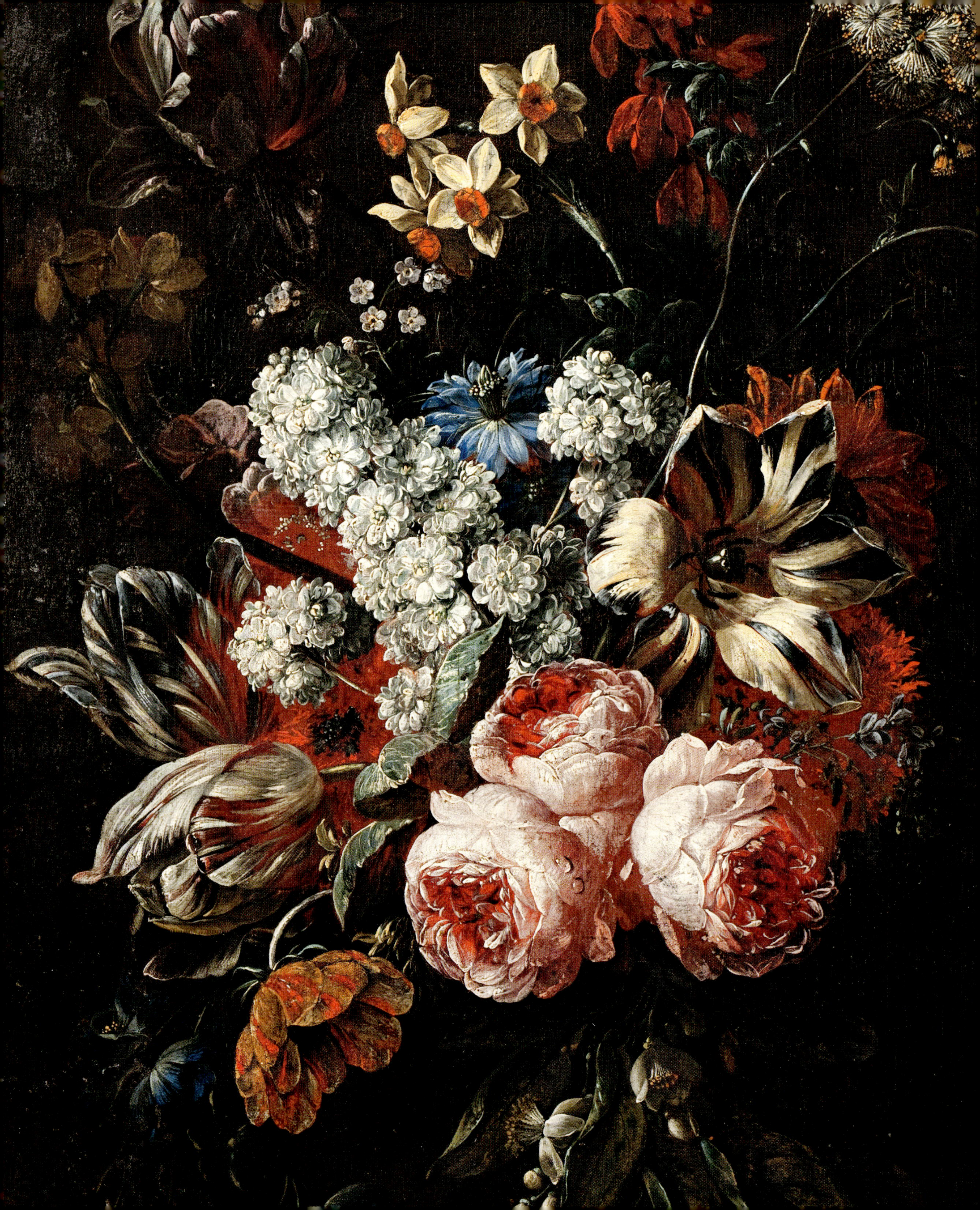

LALE
TULIP

Hollanda ile Türkiye arasındaki tarihsel bağların en güçlü sembolü olma şerefi, çağlar boyunca güzelliği ve çeşitliliğiyle insanları büyülemiş bir çiçeğe aittir. Yabancı dillerde bu çiçeğe verilen ismin bir yanlış anlaşılma sonucu "tülbent" ya da "turban" sözcüğünden türediği sanılır. Osmanlı saray bahçelerinden çıkıp Hollanda'nın Altın Çağı'na damgasını vuran lalenin yolculuğu Orta Asya'da vahşi bir çiçek olarak başlar. Kutsal Roma İmparatorluğu'nun bahçeciliğe merakıyla tanınan İstanbul büyükelçisi Ogier Ghiselin de Busbecq'in arkadaşı botanikçi Carolus Clusius'a lale soğanları hediye etmesi bir dönüm noktası olmuştur. Böylece Leiden Üniversitesi adına tıbbi değeri olan bitkileri araştıran Clusius 1594'de Hollanda'daki ilk laleleri yetiştirmeye başlar. Clusius'un oluşturduğu özel koleksiyon, 1620 ve 1630'larda büyük ölçüde yaygınlaşan ve bir tutkuya dönüşen lale merakını ateşlemiş; lale soğanlarının astronomik fiyatlara alıcı bulabildiği yeni bir pazarın çekirdeğini oluşturmuştur. Statü ve zenginliğin sembolüne dönüşen laleler sanatçıların yapıtlarına da yansımış, kimi zaman farklı desenlere ve isimlere sahip lale çeşitlerini tanıtmak ya da portresi yapılan kişinin konumunu vurgulamak amacıyla resimlerde özel bir yer edinmiştir. 1637 yılında fiyatların aniden, büyük bir hızla düşmesi pek çok yatırımcının dramatik kayıplar yaşamasına neden olsa da laleye olan ilgi bugün hala devam etmektedir. 20. yüzyılda, lale yapraklarında görülen bu motiflerin bir virüs enfeksiyonundan kaynaklandığı anlaşılmıştır.

The honor of becoming the most prominent symbol of the historic ties between the Netherlands and Turkey belongs to a flower that has enchanted humans with its beauty and diversity over the centuries. It is erroneously assumed that the foreign name for this flower is derived from the words "turban" or "*tülbent*" (muslin) in Turkish. Yet, emerging from the imperial gardens of the Ottoman Empire and marking the Golden Age of the Netherlands, the journey of the tulip begins as a wild flower in Central Asia. Known for his passion for horticulture, the Holy Roman Empire's ambassador to İstanbul Ogier Ghiselin de Busbecq offers tulip bulbs as a gift to his friend and botanist Carolus Clusius. This gesture constitutes a turning point: in the course of the research he conducts on behalf of Leiden University on plants with medicinal properties, Clusius begins to grow the first tulips in the Netherlands in 1594. The special collection created by Clusius triggers the interest in tulips, which becomes increasingly widespread in the 1620s and 1630s and eventually evolves into a passion. Consequently, this collection also comprises the core of a new market in which tulip bulbs are sold at astronomical rates. Transformed into a symbol of status and wealth, tulips find their way into to the works of artists and assume a unique place in paintings either to introduce a range of tulip species with different patterns and names, or to emphasize the status of the individuals depicted in portraits. Although the sudden decline in tulip prices in 1637 causes dramatic losses among investors, the interest in tulips continues today. In the 20th century, it is discovered that the motifs seen on tulip leaves are caused by a viral infection.

Lale Desenleri

Ressamı belirsiz
Kağıt üzerine suluboya, 17. yüzyıl
Suna ve İnan Kıraç Vakfı Oryantalist Resim Koleksiyonu

Tulip Drawings

Unknown painter
Watercolour on paper, 17th century
Suna and İnan Kıraç Foundation Orientalist Paintings Collection

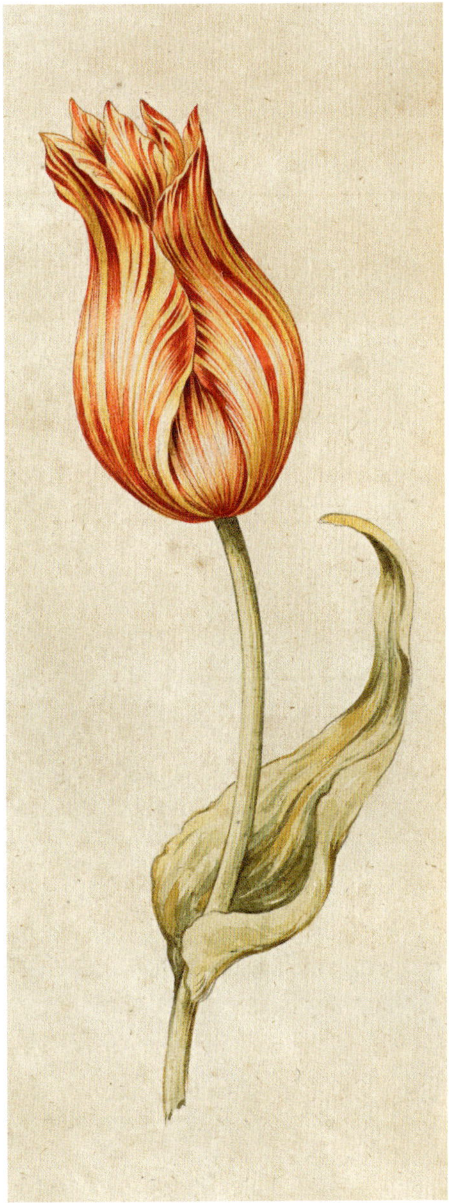
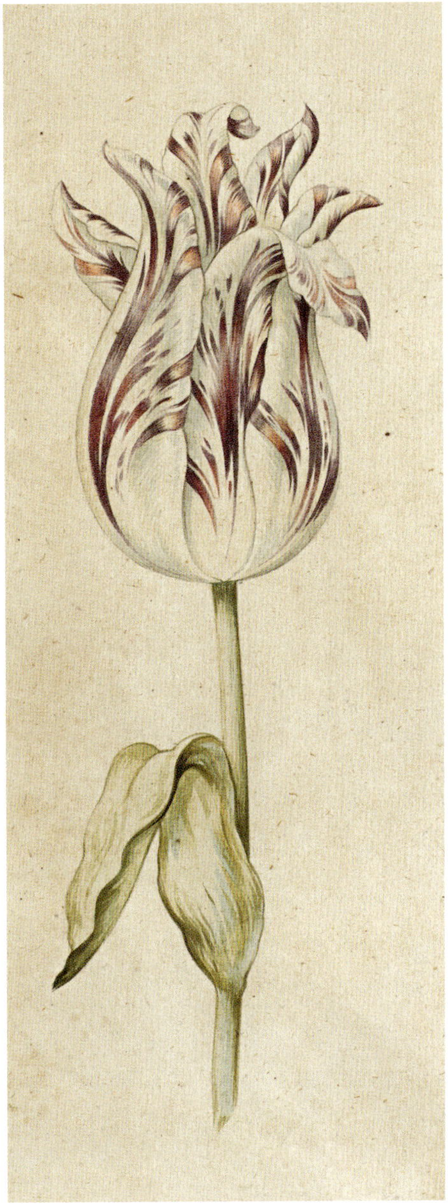
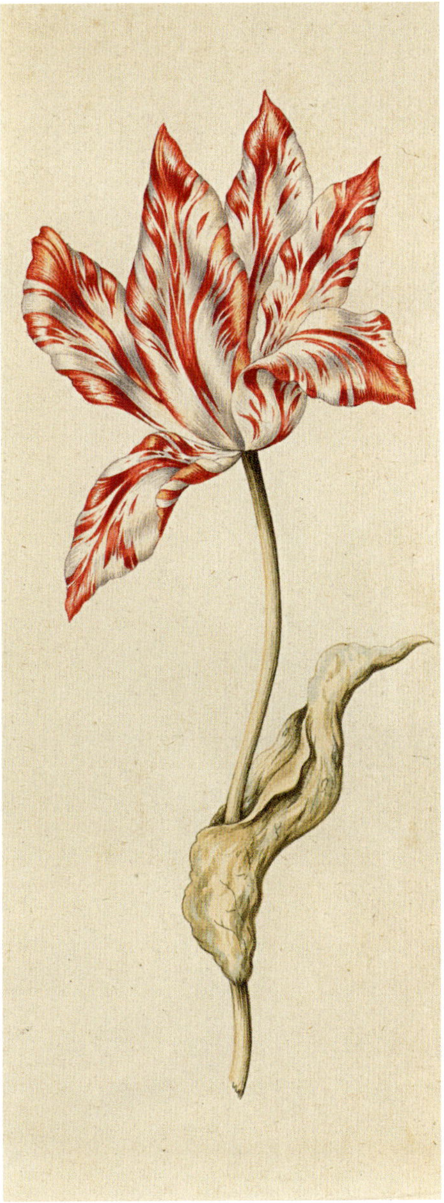

Ölüdoğa

Gaspar Peeter Verbruggen
Tuval üzerine yağlıboya,
69 x 55 cm., 17. yüzyıl
Suna ve İnan Kıraç Vakfı
Oryantalist Resim Koleksiyonu

Still Life

Gaspar Peeter Verbruggen
Oil on canvas,
69 x 55 cm, 17th century
Suna and İnan Kıraç Foundation
Orientalist Paintings Collection

Ölüdoğa

Nicolaes [Nicolaas] van
Veerendael [Verendael]
*Tuval üzerine yağlıboya,
48 x 37,5 cm., 17. yüzyıl
Suna ve İnan Kıraç Vakfı
Oryantalist Resim Koleksiyonu*

Still Life

Nicolaes [Nicolaas] van
Veerendael [Verendael]
*Oil on canvas,
48 x 37.5 cm, 17th century
Suna and İnan Kıraç Foundation
Orientalist Paintings Collection*

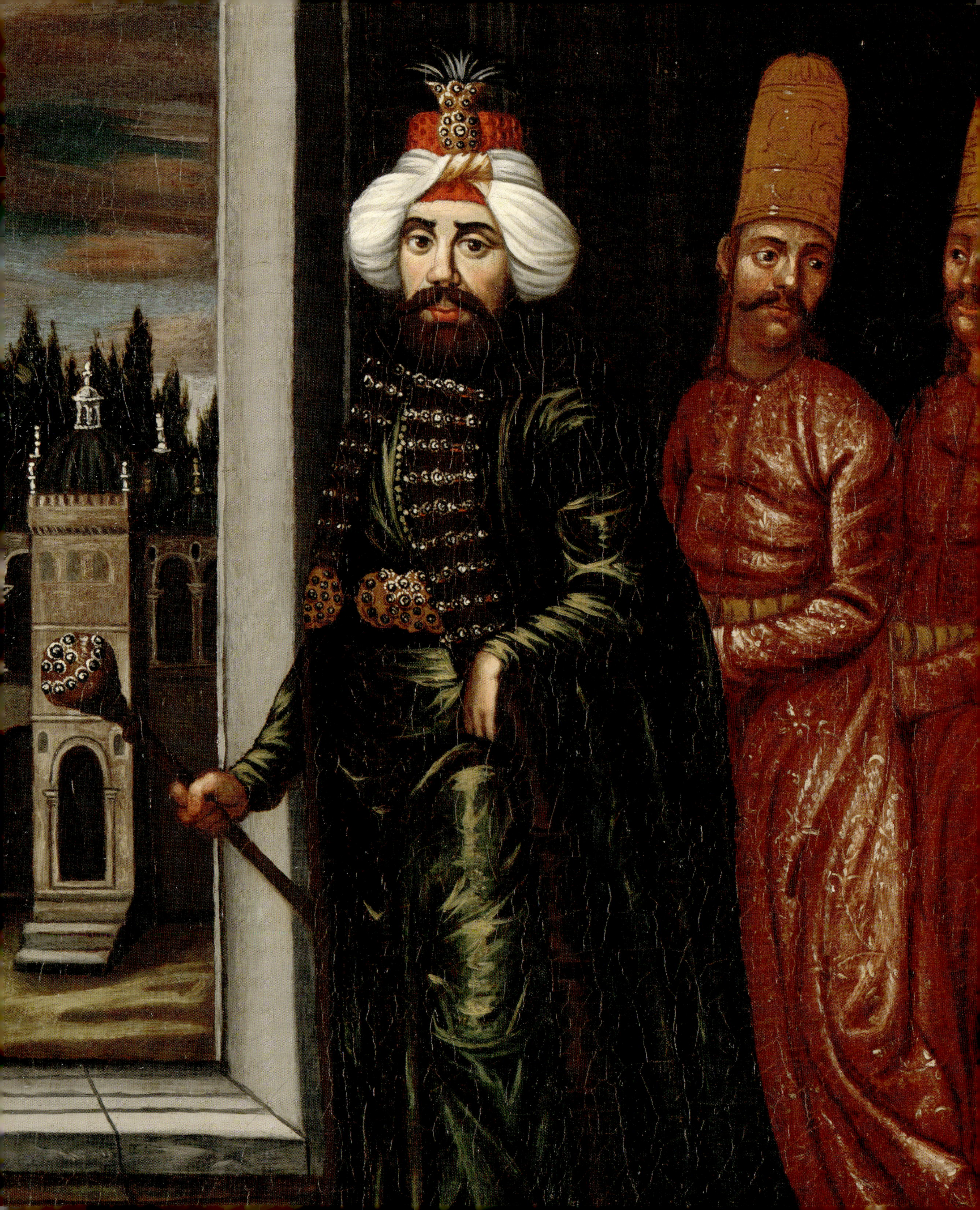

GİYSİ RESİMLERİ SERİSİ
SERIES OF COSTUME PAINTINGS

Jean-Baptiste Vanmour Okulu

Elçi Cornelis Calkoen, Levant Ticaret İdaresi'ne otuz iki giysi resminden oluşan bir seri vermiştir. Bu resimlerde, Topkapı Sarayı'ndaki kişiler ve Osmanlı İmparatorluğu'nun çeşitli halkları geleneksel giysiler içinde tasvir edilir. Sayılar büyük bir olasılıkla resimlere sonradan, Amsterdam'da eklenmiştir. Tek tek her yapıtın arkasında açıklaması yer alır. Serideki çift resimler, Calkoen'un, bir satıcının elinde kalan resimlerin tamamını aldığını, dolayısıyla tipik bir serinin söz konusu olmadığını gösterir. Müftünün tasvir edildiği yedi numaralı resim, sonraki yıllarda kaybolmuştur.

Studio of Jean-Baptiste Vanmour

Ambassador Cornelis Calkoen gave the Directorate of Levant Trade a series of thirty two costume paintings. These depict figures from the sultan's imperial court and the various peoples of the Ottoman Empire in traditional garb. The numbers were probably added to the paintings later, in Amsterdam. On the back of each work is a description of the subject. The doubles in the series suggest that Calkoen may have bought the remainder of a dealer's stock, resulting in an unrepresentative series. Number seven, the *müftü*, was lost in the later years.

Çavuşbaşı "Padişahın Teşrifatçılarının Başı"

Vanmour Okulu
Tuval üzerine yağlıboya,
38,5 x 30,5 cm., yak. 1700-1737
Rijksmuseum, Amsterdam

The Chavoush Bashi "Commander of the Sultan's Heralds"

School of Vanmour
Oil on canvas,
38. 5 x 30.5 cm, c. 1700-1737
Rijksmuseum, Amsterdam

Yeniçeri Ağası

Vanmour Okulu
Tuval üzerine yağlıboya,
39 x 31 cm., 1700-1737
Rijksmuseum, Amsterdam

The Agha, Commander-in-Chief of the Janissaries

School of Vanmour
Oil on canvas,
39 x 31 cm, 1700-1737
Rijksmuseum, Amsterdam

Kapıcıbaşı

Vanmour Okulu
*Tuval üzerine yağlıboya,
39 x 31 cm., 1700-1737
Rijksmuseum, Amsterdam*

**The Kapouchi Bashi
"Senior Palace Doorkeeper"**

School of Vanmour
*Oil on canvas,
39 x 31 cm, 1700-1737
Rijksmuseum, Amsterdam*

Valide Sultan

Vanmour Okulu
*Tuval üzerine yağlıboya,
39 x 31 cm., 1700-1737
Rijksmuseum, Amsterdam*

The Sultan's Mother

School of Vanmour
*Oil on canvas,
39 x 31 cm, 1700-1737
Rijksmuseum, Amsterdam*

Sultan III. Ahmed

Vanmour Okulu
*Tuval üzerine yağlıboya,
38 x 31 cm., yak. 1700-1737*
Rijksmuseum, Amsterdam

Sultan Ahmed III

School of Vanmour
*Oil on canvas,
38 x 31 cm, c. 1700-1737*
Rijksmuseum, Amsterdam

Sadrazam

Vanmour Okulu
*Tuval üzerine yağlıboya,
38,5 x 31 cm, yak. 1700-1737
Rijksmuseum, Amsterdam*

The Grand Vizier "the Sultan's Righthand Man"

School of Vanmour
*Oil on canvas,
38.5 x 31 cm, c. 1700-1737
Rijksmuseum, Amsterdam*

Kapı Ağası

Vanmour Okulu
Tuval üzerine yağlıboya,
39,5 x 31,5 cm., yak. 1700-1737
Rijksmuseum, Amsterdam

The Kapou Aghassi "Head of the White Eunuchs"

School of Vanmour
Oil on canvas,
39.5 x 31.5 cm, c. 1700-1737
Rijksmuseum, Amsterdam

Arnavut Denizci

Vanmour Okulu
Tuval üzerine yağlıboya,
39 x 31 cm., yak. 1700-1737
Rijksmuseum, Amsterdam

Albanian Mariner

School of Vanmour
Oil on canvas,
39 x 31 cm, c. 1700-1737
Rijksmuseum, Amsterdam

Yeniçeri

Vanmour Okulu
Tuval üzerine yağlıboya,
39,5 x 31 cm., yak. 1700-1737
Rijksmuseum, Amsterdam

Janissary

School of Vanmour
Oil on canvas,
39.5 x 31 cm, c. 1700-1737
Rijksmuseum, Amsterdam

Kızlarağası

Vanmour Okulu
Tuval üzerine yağlıboya,
39 x 31 cm., yak. 1700-1737
Rijksmuseum, Amsterdam

The Kislar Aghassi "Head of the African Eunuchs"

School of Vanmour
Oil on canvas,
39 x 31 cm, c. 1700-1737
Rijksmuseum, Amsterdam

Silahtar Ağası

Vanmour Okulu
Tuval üzerine yağlıboya,
38,5 x 30,5 cm., yak. 1700-1737
Rijksmuseum, Amsterdam

The Seliktar Aghassi "the Sultan's Chief Weapon Bearer"

School of Vanmour
Oil on canvas,
38.5 x 30.5 cm, c. 1700-1737
Rijksmuseum, Amsterdam

Çavuş

Vanmour Okulu
Tuval üzerine yağlıboya,
39 x 51 cm., yak. 1700-1737
Rijksmuseum, Amsterdam

A Chavoush "a Herald of the Sultan"

School of Vanmour
Oil on canvas,
39 x 51 cm, c. 1700-1737
Rijksmuseum, Amsterdam

Çuhadar, "Büyükelçinin hizmetkârı"

Vanmour Okulu
*Tuval üzerine yağlıboya,
39,5 x 30 cm., yak. 1700-1737
Rijksmuseum, Amsterdam*

A Choadar, "an Ambassador's Servant"

School of Vanmour
*Oil on canvas,
39.5 x 30 cm, c. 1700-1737
Rijksmuseum, Amsterdam*

Yahudi Sarraf

Vanmour Okulu
Tuval üzerine yağlıboya,
39,5 x 30,5 cm., yak. 1700-1737
Rijksmuseum, Amsterdam

Jewish Money-Changer

School of Vanmour
Oil on canvas,
39.5 x 30.5 cm, c. 1700-1737
Rijksmuseum, Amsterdam

Bulgar

Vanmour Okulu
*Tuval üzerine yağlıboya,
39 x 31 cm., yak. 1700-1737
Rijksmuseum, Amsterdam*

Bulgarian

School of Vanmour
*Oil on canvas,
39 x 31 cm, c. 1700-1737
Rijksmuseum, Amsterdam*

Bulgar Kadın

Vanmour Okulu
Tuval üzerine yağlıboya,
39,5 x 31 cm., yak. 1700-1737
Rijksmuseum, Amsterdam

Bulgarian Woman

School of Vanmour
Oil on canvas,
39.5 x 31 cm, c. 1700-1737
Rijksmuseum, Amsterdam

Rum Papaz

Vanmour Okulu
*Tuval üzerine yağlıboya,
39 x 31 cm., yak. 1700-1737
Rijksmuseum, Amsterdam*

Greek Clergyman

School of Vanmour
*Oil on canvas,
39 x 31 cm, c. 1700-1737
Rijksmuseum, Amsterdam*

Derviş

Vanmour Okulu
Tuval üzerine yağlıboya,
39,5 x 31,5 cm., yak. 1700-1737
Rijksmuseum, Amsterdam

Dervish

School of Vanmour
Oil on canvas,
39.5 x 31.5 cm, c. 1700-1737
Rijksmuseum, Amsterdam

İstendil (Tinos) Adalı Kadın

Vanmour Okulu
*Tuval üzerine yağlıboya,
39 x 30,5 cm., yak. 1700-1737
Rijksmuseum, Amsterdam*

Woman from the Island of Tinos

School of Vanmour
*Oil on canvas,
39 x 30.5 cm, c. 1700-1737
Rijksmuseum, Amsterdam*

İstendil (Tinos) Adalı Erkek

Vanmour Okulu
Tuval üzerine yağlıboya,
39,5 x 31 cm., yak. 1700-1737
Rijksmuseum, Amsterdam

Man from the Island of Tinos

School of Vanmour
Oil on canvas,
39.5 x 31 cm, c. 1700-1737
Rijksmuseum, Amsterdam

Mökene (Mykonos) Adalı Erkek

Vanmour Okulu
*Tuval üzerine yağlıboya,
39 x 31 cm., yak. 1700-1737
Rijksmuseum, Amsterdam*

Man from the Island of Mykonos

School of Vanmour
*Oil on canvas,
39 x 31 cm, c. 1700-1737
Rijksmuseum, Amsterdam*

Mökene (Mykonos) Adalı Kadın

Vanmour Okulu
*Tuval üzerine yağlıboya,
39 x 30,5 cm., yak. 1700-1737
Rijksmuseum, Amsterdam*

Woman from the Island of Mykonos

School of Vanmour
*Oil on canvas,
39 x 30.5 cm, c. 1700-1737
Rijksmuseum, Amsterdam*

Koyunluca (Serifos) Adalı Erkek

Vanmour Okulu
*Tuval üzerine yağlıboya,
39 x 31 cm., yak. 1700-1737
Rijksmuseum, Amsterdam*

Man from the Island of Serifos

School of Vanmour
*Oil on canvas,
39 x 31 cm, c. 1700-1737
Rijksmuseum, Amsterdam*

Termiye (Kythnos) Adalı Kadın

Vanmour Okulu
*Tuval üzerine yağlıboya,
39 x 31 cm., yak. 1700-1737
Rijksmuseum, Amsterdam*

Woman from the Island of Kythnos (Thermia)

School of Vanmour
*Oil on canvas,
39 x 31 cm, c. 1700-1737
Rijksmuseum, Amsterdam*

Termiye (Kythnos) Adalı Erkek

Vanmour Okulu
*Tuval üzerine yağlıboya,
39 x 31 cm., yak. 1700-1737
Rijksmuseum, Amsterdam*

Man from the Island of Kythnos (Thermia)

School of Vanmour
*Oil on canvas,
39 x 31 cm, c. 1700-1737
Rijksmuseum, Amsterdam*

Arnavut Asker

Vanmour Okulu
Tuval üzerine yağlıboya,
39 x 31,5 cm., yak. 1700-1737
Rijksmuseum, Amsterdam

Albanian Soldier

School of Vanmour
Oil on canvas,
39 x 31.5 cm, c. 1700-1737
Rijksmuseum, Amsterdam

Arnavut Sahilinden Kadın

Vanmour Okulu
*Tuval üzerine yağlıboya,
39,5 x 31 cm., yak. 1700-1737
Rijksmuseum, Amsterdam*

Woman from the Albanian Coast

School of Vanmour
*Oil on canvas,
39.5 x 31 cm, c. 1700-1737
Rijksmuseum, Amsterdam*

Arnavut Sahilinden Erkek

Vanmour Okulu
*Tuval üzerine yağlıboya,
39 x 31 cm., yak. 1700-1737
Rijksmuseum, Amsterdam*

Man from the Albanian Coast

School of Vanmour
*Oil on canvas,
39 x 31 cm, c. 1700-1737
Rijksmuseum, Amsterdam*

Arnavut Çoban

Vanmour Okulu
Tuval üzerine yağlıboya,
39 x 31 cm., yak. 1700-1737
Rijksmuseum, Amsterdam

Albanian Shepherd

School of Vanmour
Oil on canvas,
39 x 31 cm, c. 1700-1737
Rijksmuseum, Amsterdam

Batnaz (Patmos) Adalı Erkek

Vanmour Okulu
*Tuval üzerine yağlıboya,
39 x 30,5 cm., yak. 1700-1737
Rijksmuseum, Amsterdam*

Man from the Island of Patmos

School of Vanmour
*Oil on canvas,
39 x 30.5 cm, c. 1700-1737
Rijksmuseum, Amsterdam*

Batnaz (Patmos) Adalı Kadın

Vanmour Okulu
Tuval üzerine yağlıboya,
39,5 x 31 cm., yak. 1700-1737
Rijksmuseum, Amsterdam

Woman from the Island of Patmos

School of Vanmour
Oil on canvas,
39.5 x 31 cm, c. 1700-1737
Rijksmuseum, Amsterdam

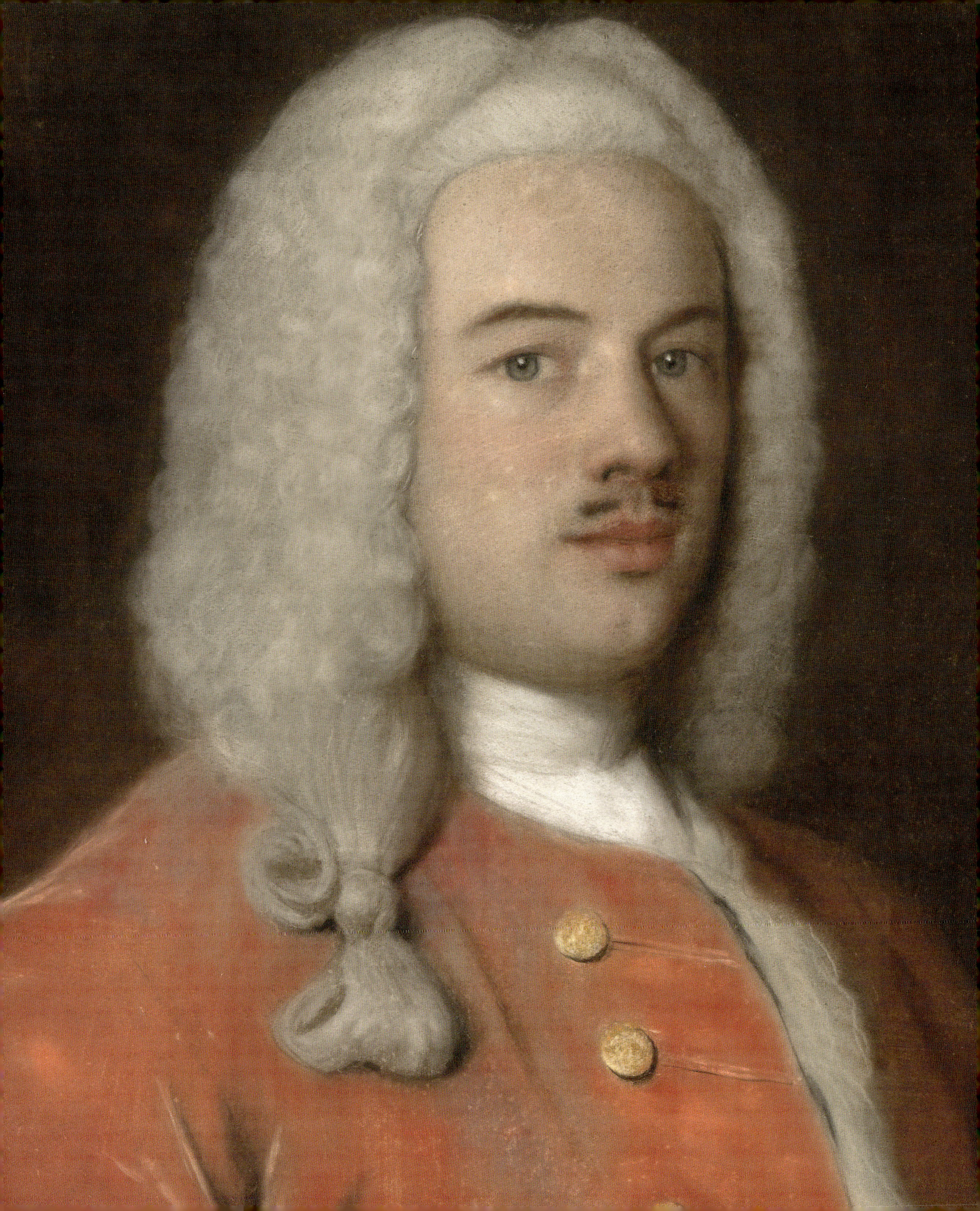

BÜYÜKELÇİ CORNELIS CALKOEN (1696-1764)

AMBASSADOR CORNELIS CALKOEN (1696-1764)

Cornelis Calkoen, 1727'den 1744'e kadar Hollanda Cumhuriyeti'nin İstanbul büyükelçiliğini yaptı. Büyükelçi sıfatıyla, ticaretteki durgunluğu tersine çevirmeye çalıştı. Örneğin, konsolosların sayısını artırdı. 1737'de, aracılık işlevini üstlenerek Osmanlı sultanı ile Rus çarı arasındaki bir ihtilafın çözümüne katkıda bulundu.

Calkoen, Hollanda'ya uzak Osmanlı İmparatorluğu'nda varlıklı bir yaşam sürdürmüş, çevresini lüks şeylerle donatmıştır. Türk resimlerinden oluşan koleksiyonu, Osmanlı toplumuna olan ilgisini yansıtır. Calkoen, bir sonraki görev yeri olan Dresden'e taşındığında resimleri yanında götürmüş, bu resimler İstanbul'a ilişkin anılarını canlı tutmasına yardımcı olmuştu.

Cornelis Calkoen served as ambassador to İstanbul for the Dutch Republic from 1727 to 1744. In this capacity he tried to reverse the stagnation in trade. He increased the number of consuls, for example. He also helped mediate in a conflict between the sultan and the Russian tsar in 1737.

Calkoen indulged in the opulent life of the distant Ottoman Empire, surrounding himself with luxury. His interest in Ottoman society is reflected in his collection of Turkish paintings. He took these with him when he moved to his next posting in Dresden, where they helped preserve his memories of İstanbul.

Sultan III. Ahmed

Jean-Baptiste Vanmour (1671-1737)
Tuval üzerine yağlıboya, 33,5 x 27 cm., yak. 1727-1730
Rijksmuseum, Amsterdam

Cornelis Calkoen İstanbul'a geldiğinde, tahtta Sultan III. Ahmet vardı. Calkoen, Eylül 1727'deki resmi kabulden sonra, sultanla seyrek olarak görüşmüş olsa gerektir. III. Ahmet'in hükümdarlığında Batı'ya yeni açılma, Calkoen'un Topkapı Sarayı'ndaki kıdemli yetkililerle görüşmesini çok daha kolay hale getiriyordu. Sanatçı Jean-Baptiste Vanmour, huzura kabulü sırasında Calkoen'a eşlik etmiş, böylece sultanı gerçekçi ayrıntılarla resmetme olanağı bulmuştu.

Sultan Ahmed III

Jean-Baptiste Vanmour (1671-1737)
Oil on canvas, 33.5 x 27 cm, c. 1727-1730
Rijksmuseum, Amsterdam

When Cornelis Calkoen arrived in İstanbul, Sultan Ahmed III was on the throne. Apart from his official audience in September 1727, Calkoen probably rarely met the sultan. The new openness to the West under Ahmed III made it far easier for Calkoen to meet with senior officials of the imperial court. Artist Jean-Baptiste Vanmour accompanied Calkoen on his audience and so was able to portray the sultan in realistic detail.

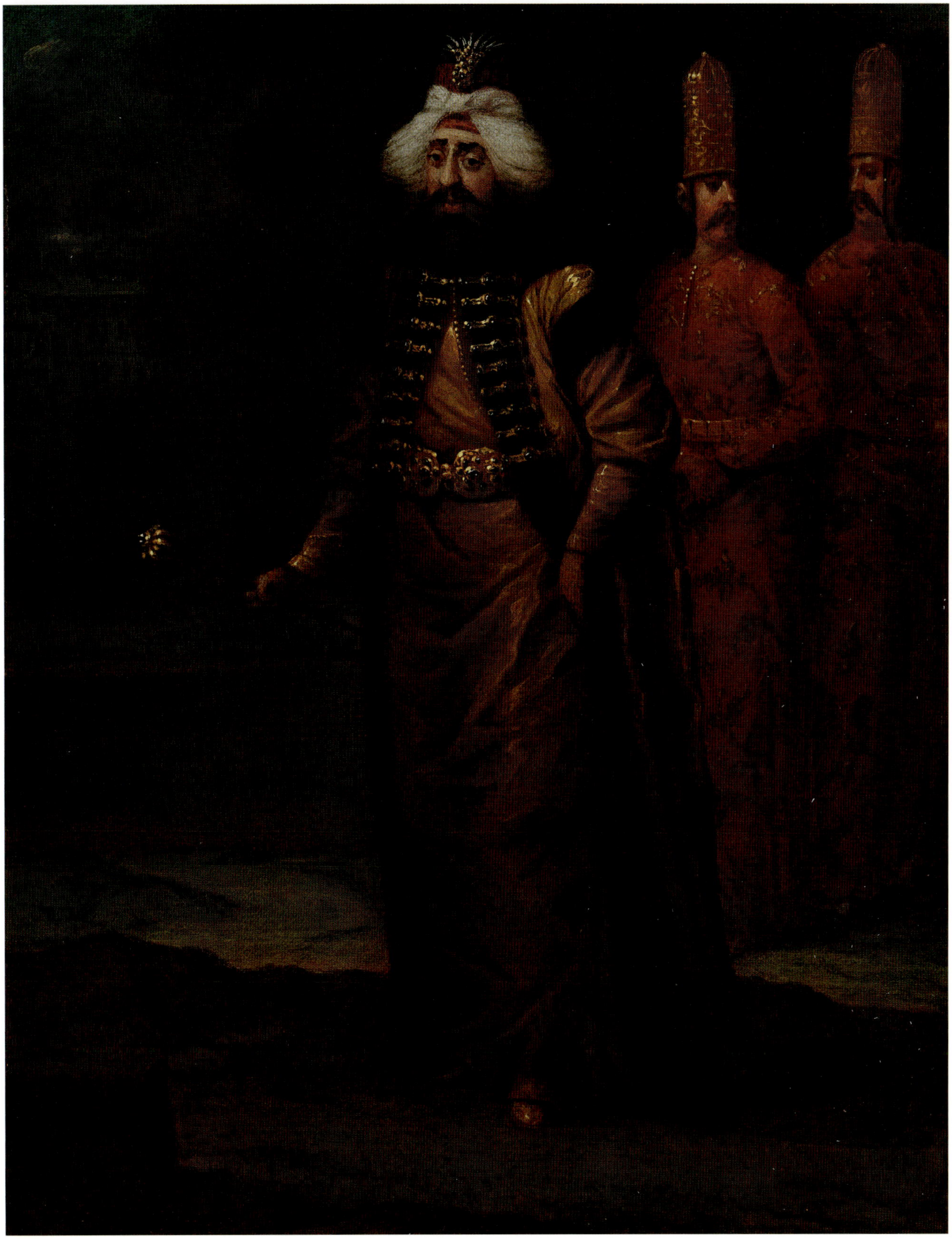

Sadrazam Nevşehirli Damat İbrahim Paşa

Jean-Baptiste Vanmour (1671-1737)
Tuval üzerine yağlıboya, 33,5 x 26 cm., yak. 1727-1730
Rijksmuseum, Amsterdam

Padişah devletin başıydı; buna karşılık, sadrazam tahtın arkasındaki nüfuzlu kişiydi. Sadrazam, Divan-ı Hümayun ile birlikte Osmanlı İmparatorluğu'nu yönetiyordu. Türk kültürü, Sultan III. Ahmed ile Sadrazam İbrahim Paşa'nın ortak liderliği altında, Lale Devri olarak bilinen bir yaratıcılık ve gelişme dönemine girmiştir.

Grand Vizier Nevşehirli Damat İbrahim Paşa

Jean-Baptiste Vanmour (1671-1737)
Oil on canvas, 33.5 x 26 cm, c. 1727-1730
Rijksmuseum, Amsterdam

While the sultan was the head of state, the grand vizier was the strongman behind the throne. Together with the Imperial Council, he ran the Ottoman Empire. Under the combined leadership of Sultan Ahmed III and Grand Vizier İbrahim Pasa, Turkish culture entered a period of creativity and development that has become known as the Tulip Era.

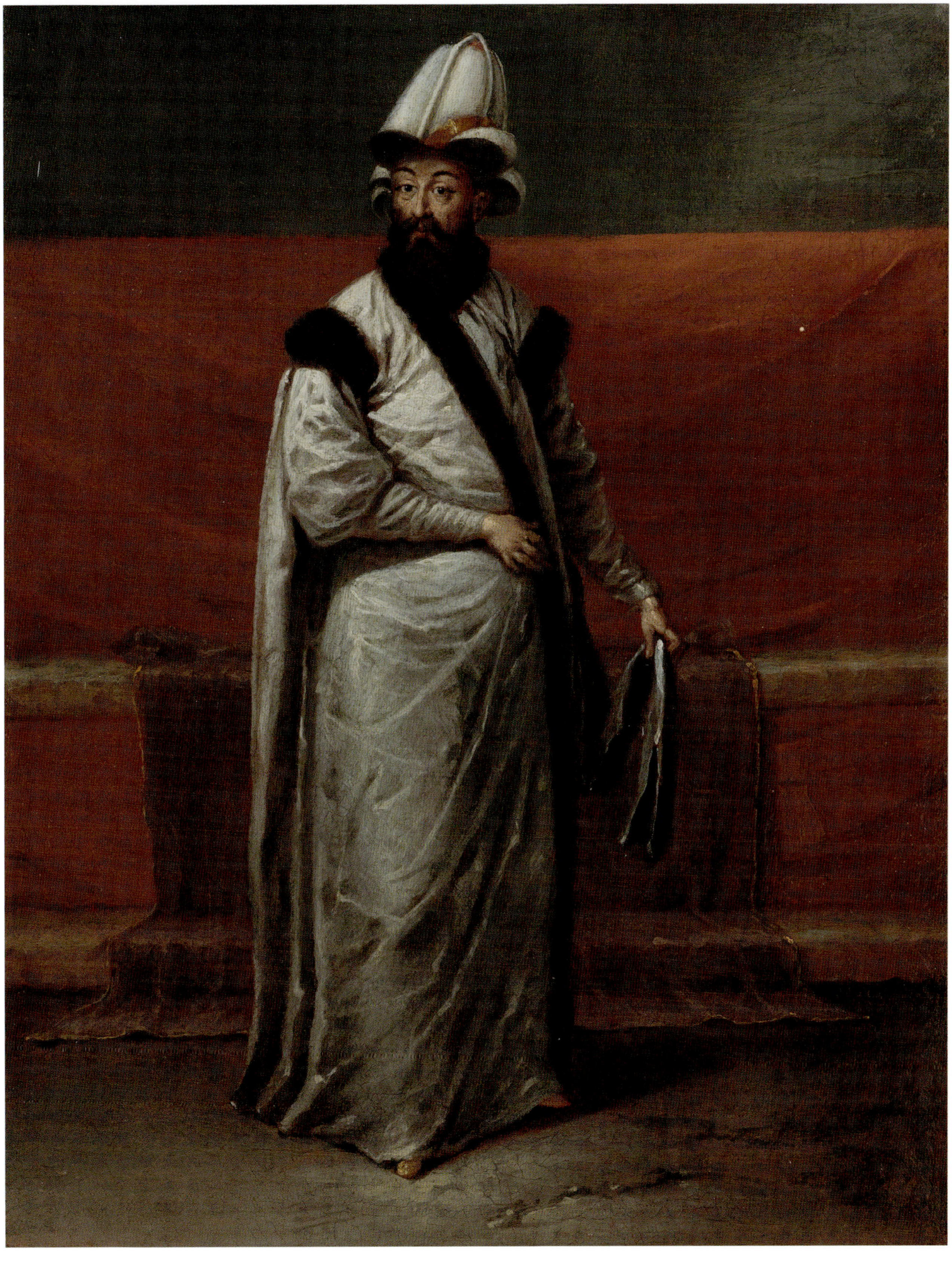

Reisülküttab

Jean-Baptiste Vanmour (1671-1737)
Tuval üzerine yağlıboya, 34,5 x 27 cm., yak. 1727-1730
Rijksmuseum, Amsterdam

Divan-ı Hümayun kâtiplerinin ve kalemlerinin amiri olan Reis Efendi ya da Reisülküttab, fiilen dış işleri bakanıydı. Reis efendinin konumu, Batılı diplomatlarla Osmanlı Sarayı'ndaki birçok yetkiliden daha çok temas halinde olmasını sağlıyordu. Hollanda elçisi Cornelis Calkoen, büyük bir olasılıkla Reis efendiyle düzenli olarak görüşüyordu. Bu resimde, yaşadığı dönemde önemli ölçüde nüfuz sahibi olan Uçanbarlı Mehmed Efendi tasvir ediliyor olmalıdır.

The Reis Efendi "Head of the Chancellery"

Jean-Baptiste Vanmour (1671-1737)
Oil on canvas, 34.5 x 27 cm, c. 1727-1730
Rijksmuseum, Amsterdam

The reis efendi or reisülküttab, who headed the chancellery, was effectively the minister of the interior. His position brought him into more contact with Western diplomats than most officials at the Ottoman court. The Dutch ambassador Cornelis Calkoen probably met him regularly. Presumably, this portrait depicts Uçanbarlı Mehmed Efendi, a man of considerable influence in his day.

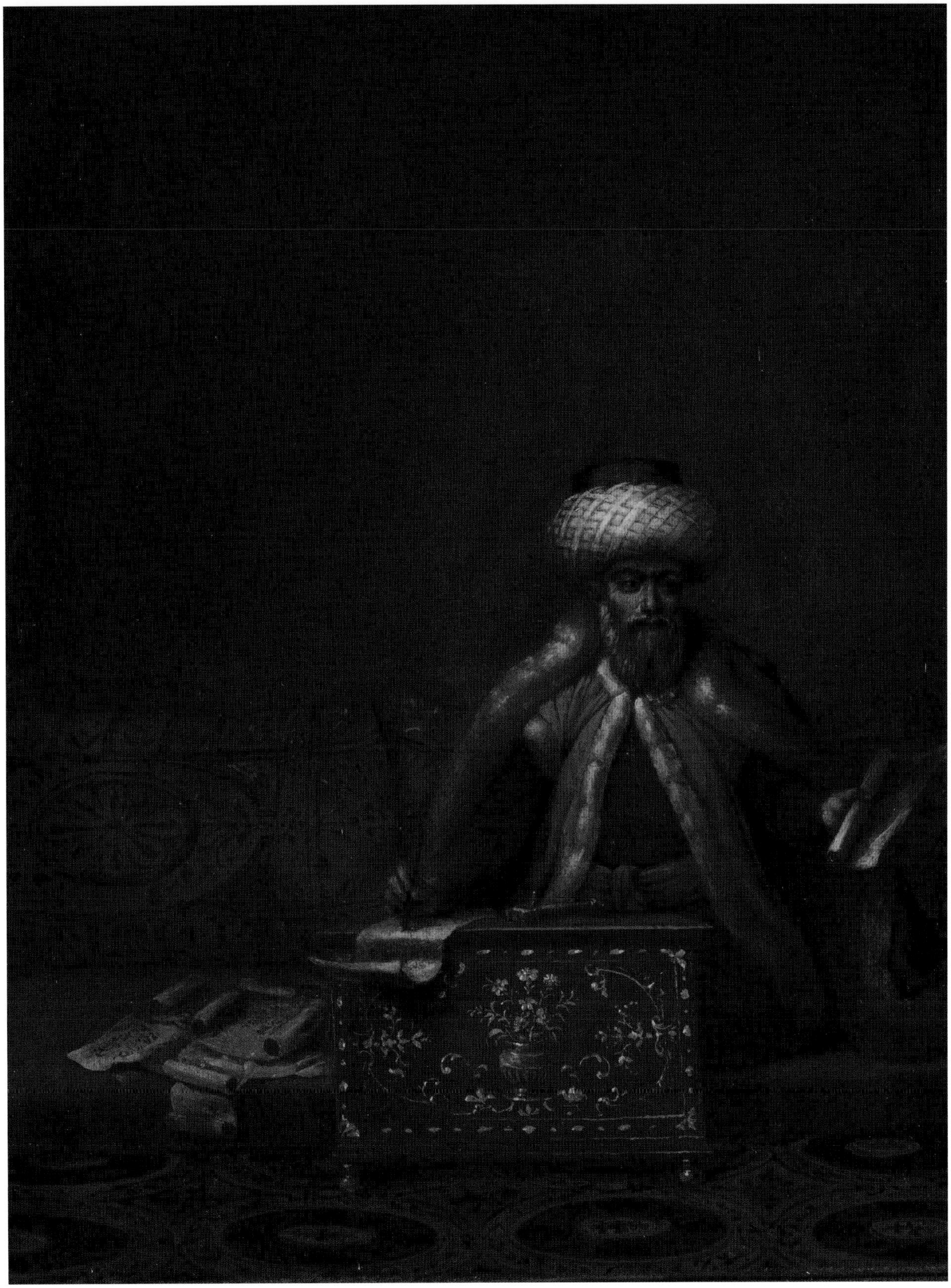

Kazasker

Jean-Baptiste Vanmour (1671-1737)
Tuval üzerine yağlıboya, 34 x 27 cm., yak. 1727-1730
Rijksmuseum, Amsterdam

Kazasker, Osmanlı İmparatorluğu'nun iki temel askeri yargıcından biriydi. Kazaskerlerin yetki bölgeleri Rumeli ve Anadolu –Osmanlı İmparatorluğu'nun Avrupa ve Asya toprakları– şeklinde ikiye ayrılıyordu. Büyük bir sarık ve kürklü harmaniye, kazaskerlerin ayırt edici giysilerini oluşturuyordu. Cornelis Calkoen, kabul töreninde iki kazaskerle de görüşmüştür.

The "Kadı Askeri"

Jean-Baptiste Vanmour (1671-1737)
Oil on canvas, 34 x 27 cm, c. 1727-1730
Rijksmuseum, Amsterdam

The Kadı askeri was one of the Ottoman Empire's two principal military judges. They had jurisdiction over Rumelia and Anatolia: the European and Asian halves of the Ottoman Empire. A large turban and a fur-trimmed cloak formed their distinctive uniform. Cornelis Calkoen met them at his audience.

149

Pera'da Bir Elçilik Binası

Jean-Baptiste Vanmour (1671-1737) Atölyesi
Tuval üzerine yağlıboya, 66,5 x 82 cm., yak. 1720-1750
Rijksmuseum, Amsterdam

Bu resimde, diplomatların semti Pera'daki elçiliklerden birinin görünümü yer alır. Binanın alt yarısı tuğladan yapılmış olup hizmetkârlara ayrılmıştı; yukarı katlardaki oturma ve misafir odaları ise ahşaptan yapılmıştı. Cornelis Calkoen, birçok yabancı elçi gibi, Pera'da lüks bir evde oturuyordu. Hollanda Başkonsolosluğu, hâlâ aynı yerde bulunmaktadır.

An Embassy Building at Pera

Studio of Jean-Baptiste Vanmour (1671-1737)
Oil on canvas, 66.5 x 82 cm, c. 1720-1750
Rijksmuseum, Amsterdam

This painting gives an impression of the embassies at Pera, the diplomatic district. The lower half was brick-built and reserved for the servants, while the residence and reception rooms on the upper storeys were made of wood. Like most foreign envoys, Cornelis Calkoen lived in a luxurious house in Pera. The Dutch consulate general is still located on the same site.

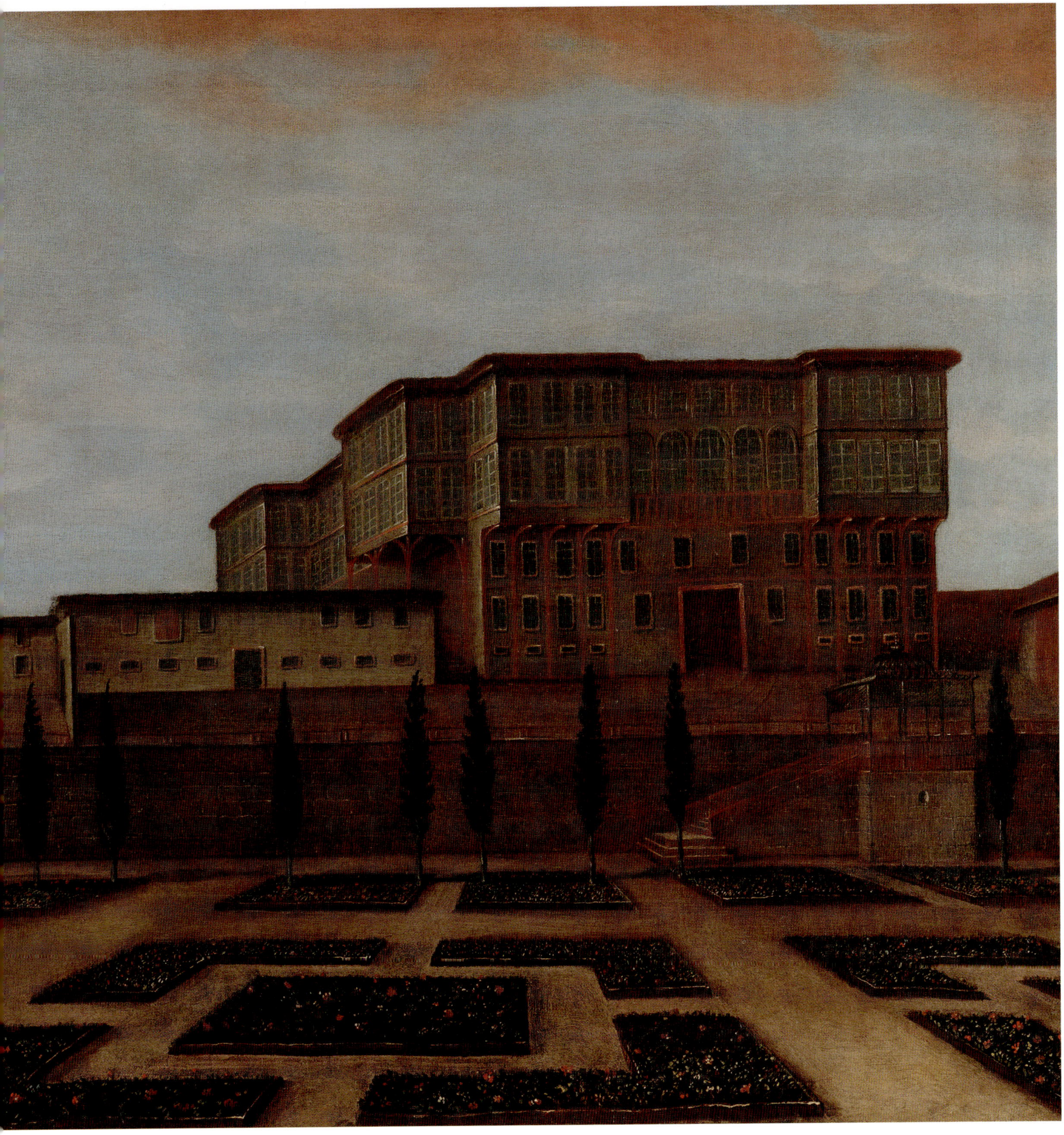

Sadrazam'ın At Meydanı'ndan Geçişi

Jean-Baptiste Vanmour (1671-1737)
Tuval üzerine yağlıboya, 61 x 84,5 cm., 1720-1737
Rijksmuseum, Amsterdam

Atmeydanı, İstanbul'un merkezindeki dev meydanın adıydı. İki dikilitaş, bu bölgenin antik çağlarda hipodrom olduğunu ortaya koyuyordu. Sadrazam, Cuma namazı için maiyetiyle birlikte camiye doğru ilerliyor. Topluluk ibadete uygun giysiler giymiş; sadrazamın hazırlıksız yakalanması ve henüz camiye varmadan namazın başlaması olasılığına karşı, yanlarında bir yastık var.

The Grand Vizier Crossing Atmeydanı

Jean-Baptiste Vanmour (1671-1737)
Oil on canvas, 61 x 84.5 cm, 1720-1737
Rijksmuseum, Amsterdam

Atmeydanı was İstanbul's huge central square. Two obelisks recalled that the area had been a hippodrome in ancient times. The grand vizier (the sultan's righthand man), is making his way to the mosque with his entourage for Friday prayers. They are suitably dressed for worship, with a cushion in case the vizier is caught unawares and the prayer starts before he arrives.

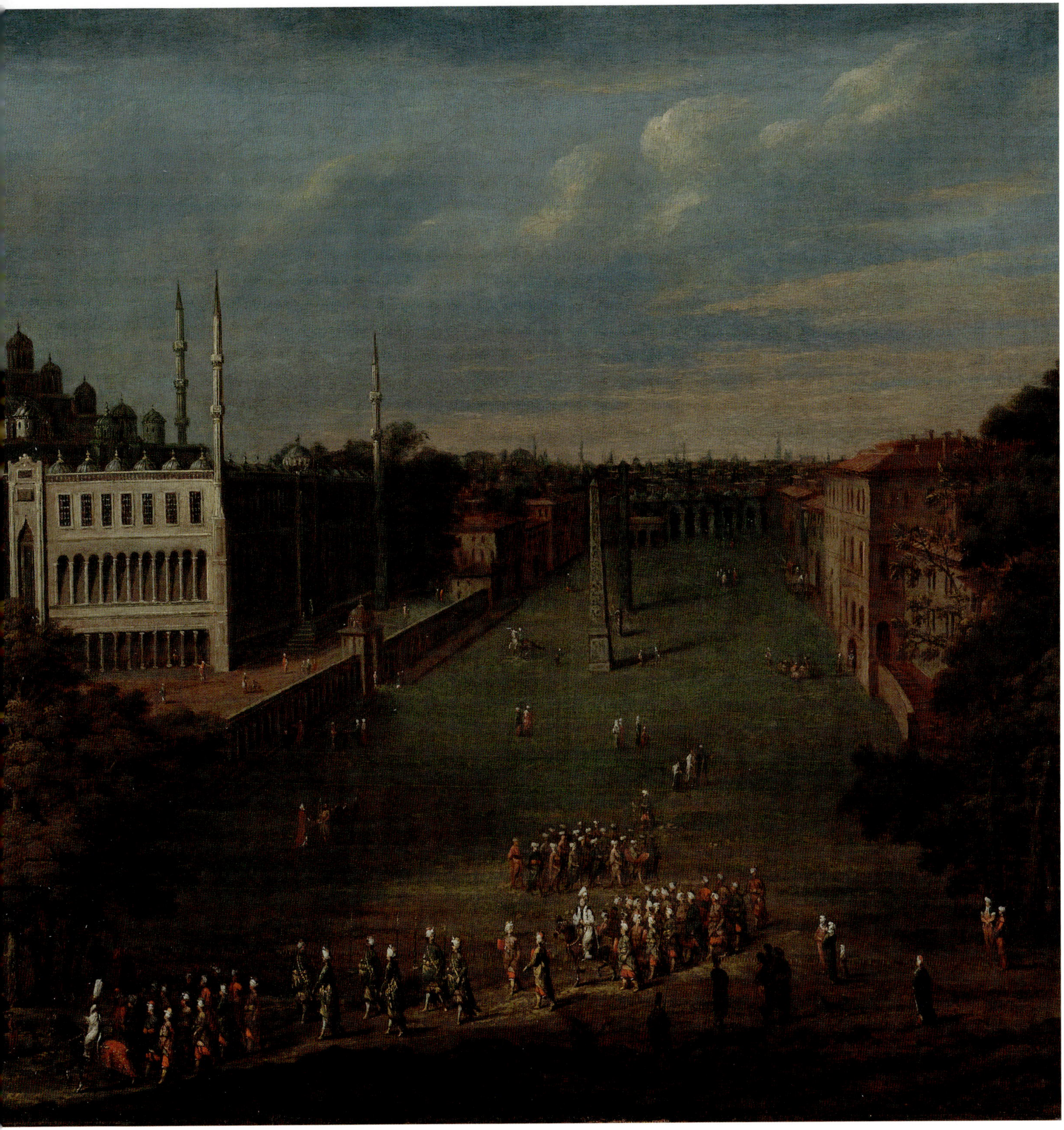

Türk Düğünü

Jean-Baptiste Vanmour (1671-1737)
Tuval üzerine yağlıboya, 56 x 90 cm., yak. 1720-1737
Rijksmuseum, Amsterdam

Bir gelin, renkli bir tören alayı eşliğinde güveyin Boğaz kıyısındaki evine gitmektedir. Gelin at sırtındadır, bu arada dört kişi kızı örtmek için bir sayvan tutmaktadırlar. Sayvanın tam önünde, nikâhı kıyacak olan imam yürümektedir. Altın telle örülmüş başaklardan oluşan piramit kule, bir bereket sembolüdür.

Turkish Wedding

Jean-Baptiste Vanmour (1671-1737)
Oil on canvas, 56 x 90 cm, c. 1720-1737
Rijksmuseum, Amsterdam

A bride is led by a colourful procession to her groom's house on the bank of the Bosporus. She is riding a horse, while four men hold a canopy to cover her. Walking directly in front of this is the imam, the religious leader who will conduct the marriage ceremony. The pyramid tower of ears of corn made of goldthread is a fertility symbol.

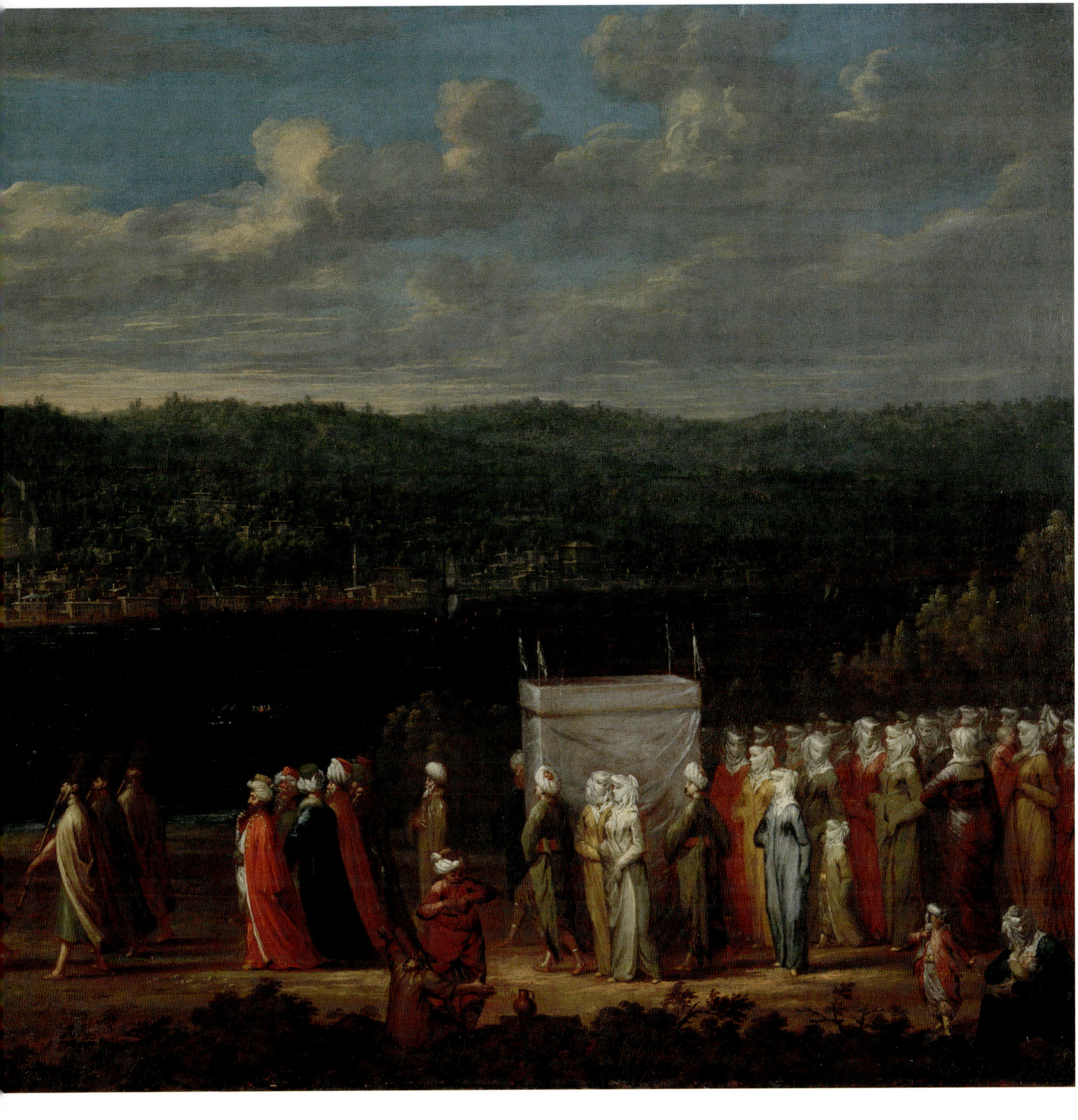

Mektepte İlk Gün

Jean-Baptiste Vanmour (1671-1737)
Tuval üzerine yağlıboya, 38,5 x 53 cm., yak. 1720-1737
Rijksmuseum, Amsterdam

Renkli giysiler içindeki bir grup kadın, kızını ilk kez okula götürmekte olan bir annenin peşinden gitmektedir. Önlerinde, kızın gergefini taşıyan bir erkek yürür. Topluluğa, yürürken şarkı söyleyen bir grup erkek çocuk –büyük bir olasılıkla, onlar da okula gitmektedir– önderlik eder. Dikiş ve musikiyle birlikte nakış, varlıklı Türk kadınları arasında gözde hobilerden biriydi.

The First Day at School

Jean-Baptiste Vanmour (1671-1737)
Oil on canvas, 38.5 x 53 cm, c. 1720-1737
Rijksmuseum, Amsterdam

A colourful group of women follow a mother who is taking her daughter to school for the first time. A man walks ahead of them, carrying the girl's embroidery frame. Leading the procession is a group of boys – possibly also going to school – who sing songs as they walk along. Along with sewing and music, embroidery was a favourite pastime among well-to-do Turkish women.

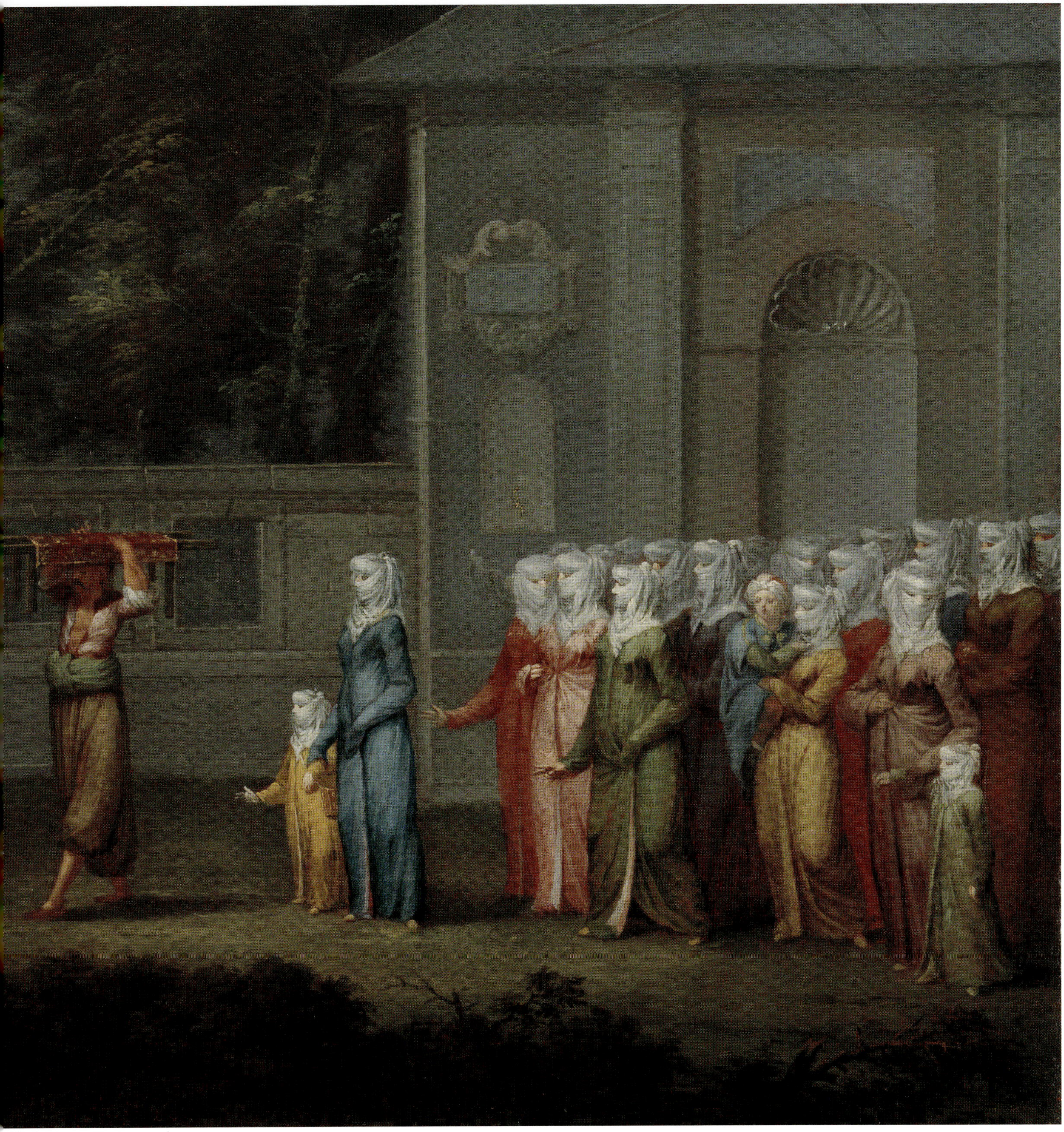

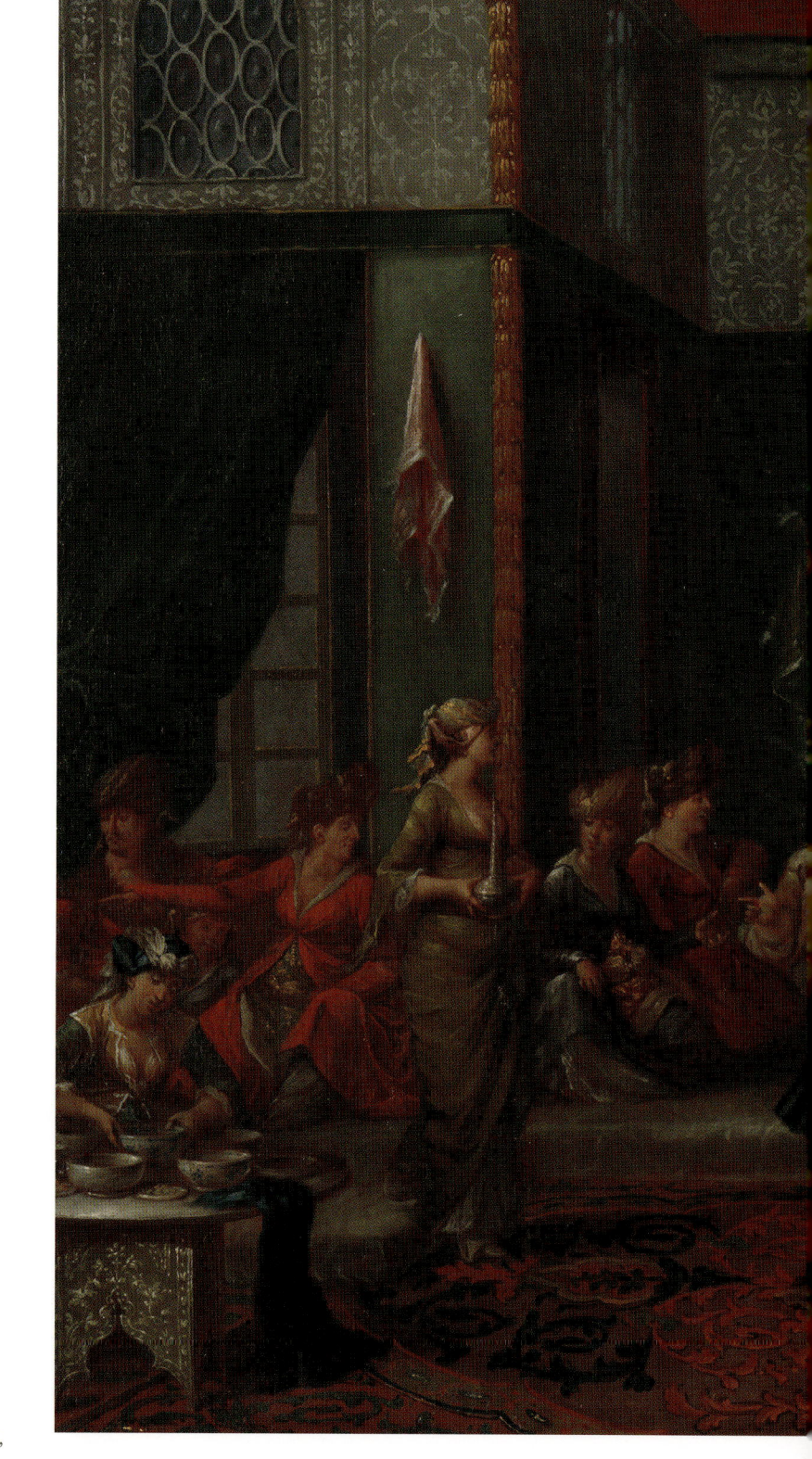

Seçkin Bir Türk Kadınının Loğusa Odası

Jean-Baptiste Vanmour (1671-1737)
Tuval üzerine yağlıboya, 55,5 x 90 cm., yak. 1720-1737
Rijksmuseum, Amsterdam

Konuklar, varlıklı bir ailenin evindeki yeni doğmuş bebeği görmeye gelmişlerdir. Kızgın korlarla dolu pirinç mangalda kahve pişirilmektedir, bu arada solda bir cariye şerbet hazırlamaya başlamıştır. Bu içeceklerin ardından ziyaretçilere ellerini yıkamaları için bir püskürtücüden gülsuyu, bir diğerinden parfüm sunulacaktır. Duvardaki kumaşlar, çocuğu görmeye gelen diğer kişilerin armağanlarıdır.

Lying-in Room of a Prominent Turkish Woman

Jean-Baptiste Vanmour (1671-1737)
Oil on canvas, 55.5 x 90 cm, c. 1720-1737
Rijksmuseum, Amsterdam

Guests have come to see the new baby at the home of a wealthy family. Coffee is heated on a brass brazier full of hot coals while a slave has started making sorbet on the left. Following these refreshments, visitors will be offered rose water from a sprinkler to wash their hands, and perfume from a spray. The cloths on the wall are gifts from others who have come to admire the child.

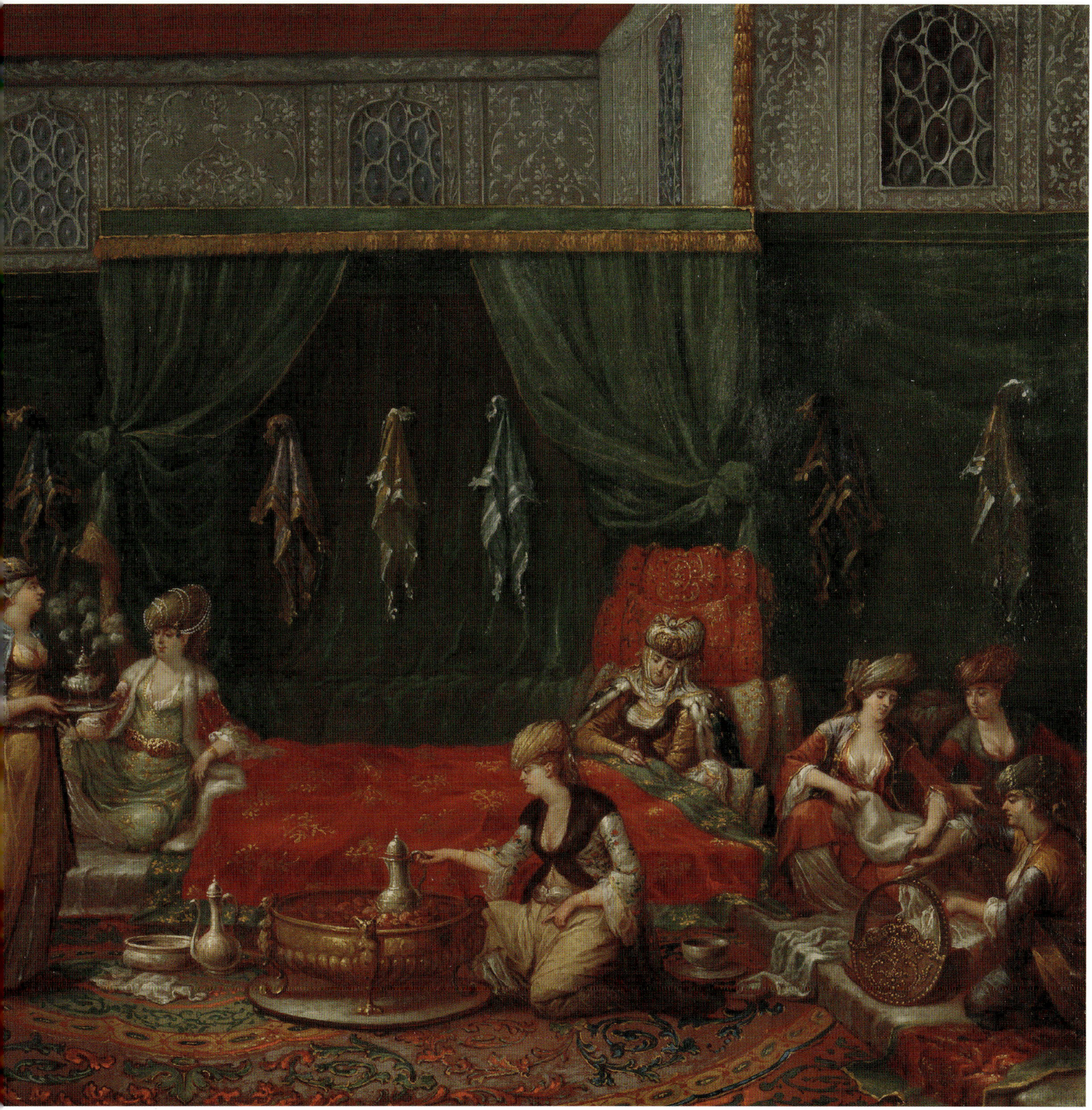

Elmas Erkek Yüzüğü

İstanbul, yak. 1740
Gümüş, altın, elmas, 19 x 2,1 x 2,3 cm.
Rijksmuseum, Amsterdam

İstanbul, 18. yüzyılda önemli bir elmas ticareti merkeziydi. Hollanda Doğu Hindistan Şirketi (VOC), taşları Hindistan'dan İstanbul'a ithal ediyor, taşlar buradan Avrupa'ya gidiyordu. Elçi Cornelis Calkoen için bu ticaret, maaşına ek olarak kârlı bir kazanç sağlıyordu. Calkoen'un arşivinde, bunların satın alınması, ayarlarının belirlenmesi ve mücevher yapımında kullanılması ile ilgili çeşitli notlar yer alır. Calkoen, bu yüzüğü kendisine ayırmıştı; yakın zamanlara kadar yüzük, doğrudan elçinin soyundan gelen birine aitti.

Man's Diamond Ring

İstanbul, c. 1740
Silver, gold, diamonds, 19 x 2.1 x 2.3 cm
Rijksmuseum, Amsterdam

İstanbul was a major centre of the diamond trade in the eighteenth century. The stones were imported by Dutch East India Company (VOC) ships from India to İstanbul and went from there to Europe. For ambassador Cornelis Calkoen the trade provided a lucrative addition to his salary. His archive contains several notes regarding their purchase and assay and the use of diamonds to make jewellery. He kept this ring himself, and it was still owned by a direct descendant of the ambassador until recently.

161

Kırmızı Mektup Çantası

İstanbul, 1727
İpek, floş, altın tel ve sırma, 21 x 11,5 cm.
Rijksmuseum, Amsterdam

Elçi Cornelis Calkoen, İstanbul'a 1727 baharında ulaşmış; aynı yıl bu mektup çantasını yaptırmıştı. Çantanın arkasında işli bir yazı vardır: Constantinopoli A[nno]: 1727 (İstanbul, Yıl: 1727). Calkoen, çantayı önemli evrakları saklamak için kullanıyordu. Bu çantalar, kullanım maksadı açısından bugünkü erkek çantalarını andırıyordu.

Red Letter Case

İstanbul, 1727
Silk, silk floss, gold- and silver-thread, 21 x 11.5 cm
Rijksmuseum, Amsterdam

Ambassador Cornelis Calkoen arrived in İstanbul in the spring of 1727. It was in that same year that he had this letter case made, with an inscription embroidered on the back - Constantinopoli A[nno]: 1727. Calkoen used it to store important papers. These bags were similar in purpose to men's wallets of today.

Mavi Mektup Çantası

İstanbul, 1728
İpek, floş, altın tel ve sırma, 17,5 x 10,5 cm.
Rijksmuseum, Amsterdam

Bir yıl sonra, elçi Cornelis Calkoen bir başka mektup çantası yaptırmış; bu çantada yazı, kapağın iç kısmına işlenmişti: Constantinopolen A[nno]: 1728 (İstanbul, Yıl: 1728). Elçi, Türk nakış işlerine hayrandı; sık sık, Hollanda'daki akrabalarına ve dostlarına işli mendiller ve mektup çantaları gönderiyordu.

Blue Letter Case

İstanbul, 1728
Silk, silk floss, gold- and silver-thread, 17.5 x 10.5 cm
Rijksmuseum, Amsterdam

A year later, ambassador Cornelis Calkoen had another letter case made. Here the inscription is embroidered under the flap: Constantinopolen A[nno]: 1728. The ambassador admired local needlecraft: he often sent embroidered handkerchiefs and letter cases to relatives and friends in the Netherlands.

Hançer

Osmanlı İmparatorluğu, yak. 1700-1750
Demir, gümüş, tahta, oniks, ipek
Rijksmuseum, Amsterdam

Bu hançer, elçi Cornelis Calkoen'un İstanbul'daki yıllarından bir başka hatıra eşyadır. Öteki nesnelerle birlikte hançer de yakın zamanlara kadar Calkoen'un soyundan gelen kimselerin mülkiyetindeydi.

Dagger

Ottoman Empire, c. 1700-1750
Iron, silver, wood, onyx, silk
Rijksmuseum, Amsterdam

This dagger is another souvenir of ambassador Cornelis Calkoen's years in İstanbul. Along with these other items, it was still owned by Calkoen's descendants until recently.

Baston

Cenova (?), yak. 1695- 1750
Tahta, altın, 120 x 4,3 cm.
Rijksmuseum, Amsterdam

Bastonun altın topuzundaki alametifarika, Cenevizli bir zanaatkârı gösterir. Elçi Cornelis Calkoen, bastonu İstanbul'da, Galata Kulesi civarında yaşayan kalabalık Cenevizli cemaatine mensup bir satıcıdan almış olabilir. Kıvrık altın topuzun üstünde, elçinin hanedan armasına gönderme yapan yıldızlı bir süsleme vardır.

Walking Stick

Genou (?), c. 1695- 1750
Wood, gold, 120 x 4.3 cm
Rijksmuseum, Amsterdam

The hallmark on the gold knob on this walkingstick indicates a Genoese maker. Ambassador Cornelis Calkoen may have bought the stick from a dealer in the large Genoese community that lived around İstanbul's Galata Tower. At the top of the twisted gold knob is a decoration with a star that refers to the ambassador's heraldic emblem.

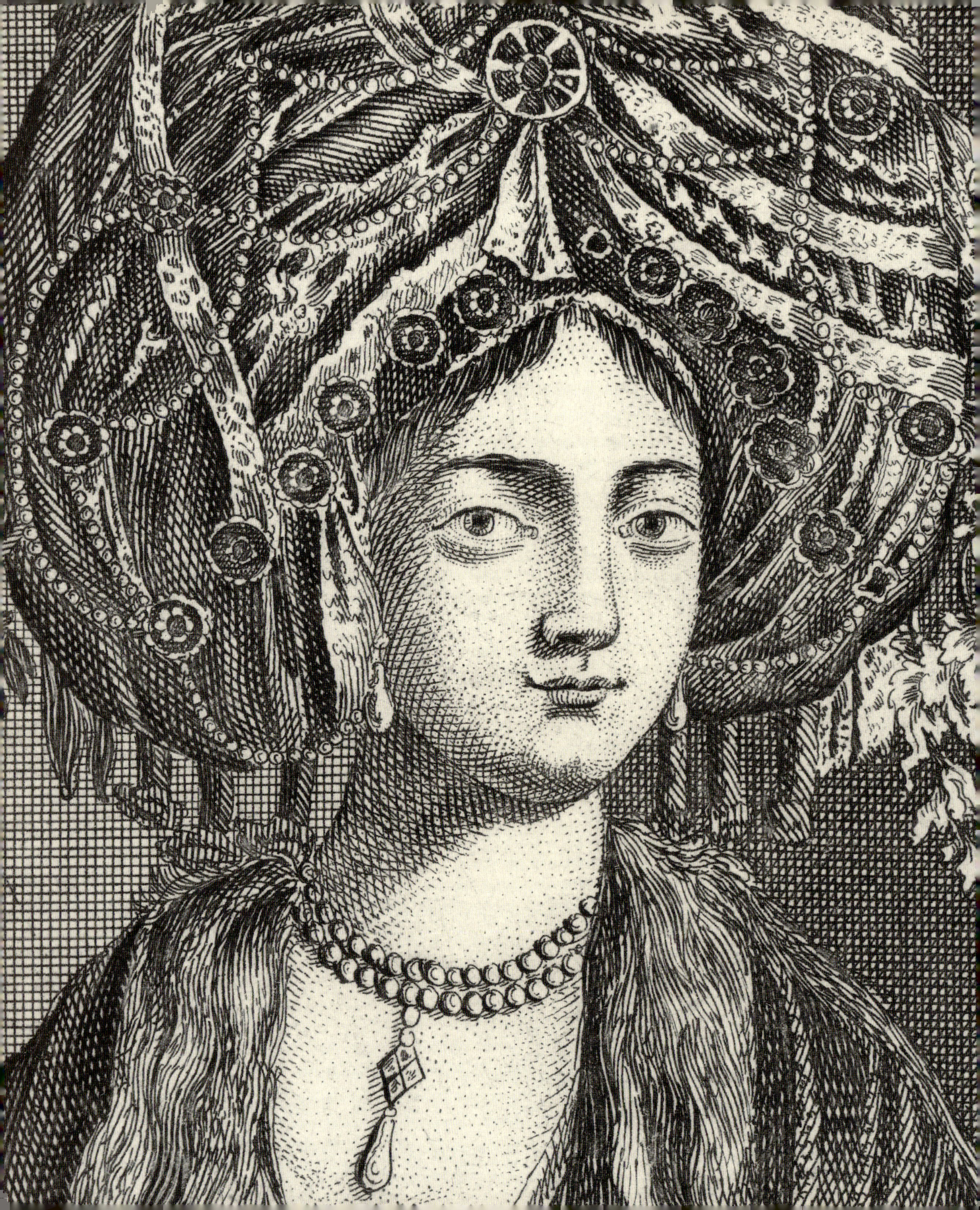

DOĞU'NUN İKİ RESSAMI
TWO PAINTERS OF THE LEVANT

Hollanda'nın Lahey şehrinde doğmuş bir ressam ve desinatör olan Cornelis de Bruyn 1678 yılında İzmir'deki Hollanda konsolosu Jacob van Dam'ın konuğu olarak bu şehre gelir. Sanatçı on dokuz yıl süren İstanbul, Anadolu, Ege, Mısır, Suriye ve Filistin'i kapsayan gezileri sırasında hazırladığı desen ve notları geniş kapsamlı bir kitapta toplamıştır. Kısaca *Cornelis de Bruyn'ün Gezileri* (Reizen van Cornelis de Bruyn) olarak tanınan bu kitap ilk olarak 1698'de Delft'te yayınlanır. İçerdiği gravürler, Osmanlı şehirlerinden görünümleri, gündelik yaşam ve manzaraların yanısıra farklı giysileri içindeki Osmanlı tiplerini de betimlemektedir.

Valenciennes'li ressam Vanmour ise 1699 yılında Fransız büyükelçisi Marki de Ferriol'ün maiyetinde İstanbul'a gelmiş; büyükelçi için bir kitapta toplanmak üzere yüz kıyafet resmi hazırlamıştır. İlk olarak 1712 yılında basılan ve kısaca *Ferriol Derlemesi* (Recueil Ferriol) olarak tanınan bu kitabın gravürleri ve Cornelis de Bruyn'in çalışmaları, sonraki dönemlerde Osmanlı dünyasına ilişkin Avrupa görsel dağarcığını besleyen en önemli kaynaklardandır.

Sergideki *Kahve Keyfi* adını taşıyan resim, bu iki kaynağın bir arada kullanımını gösteren bir örnektir. Resimdeki ana figür için *Recueil Ferriol*'deki *Sedirde Kahve İçen Türk Kızı* model alınmış, başlıklar içinse de Bruyn'ün resimlerinden yararlanılmıştır.

Born in The Hague in the Netherlands, painter and draughtsman Cornelis de Bruyn arrived in İzmir in 1678 as the guest of Jacob van Dam, the Dutch Consul to İzmir. In the course of the extensive travels he embarked upon for nineteen years across İstanbul, Anatolia, the Aegean, Egypt, Syria, and Palestine, de Bruyn took notes and executed drawings, all of which he brought together in a comprehensive book. Briefly known as the *Travels of Cornelis de Bruyn (Reizen van Cornelis de Bruyn),* the book was published for the first time in Delft in 1698. The engravings included in the book portray images of Ottoman cities, genre scenes, landscapes, as well as Ottoman figures dressed in a range of attires.

Artist Jean-Baptiste Vanmour of Valenciennes, on the other hand, set foot in İstanbul in 1699 in the retinue of Marquis de Ferriol, French ambassador to the Ottoman Empire, and executed drawings of a hundred attires to be published in a book for the Marquis. The engravings of this book shortly known as *Recueil Ferriol*, as well as the works by Cornelis de Bruyn are among the most important sources feeding Europe's visual repertoire of the Ottoman world.

The painting entitled, *Enjoying Coffee* is an example demonstrating the simultaneous use of these two sources. The main figure in the painting is modeled after *Turkish Girl Drinking Coffee on the Diwan*, in *Recueil Ferriol,* whereas the headdresses are taken from the illustrations of de Bruyn.

Kahve İçen Kadınlar

Jean-Baptiste Vanmour
Tuval üzerine yağlıboya, 37 x 59 cm., 18. yüzyılın ilk yarısı
Suna ve İnan Kıraç Vakfı Oryantalist Resim Koleksiyonu

Harem yaşamının önemli bir parçası sayılan 'kahve ikramı'nın betimlendiği resimde son derece zengin giysiler, başlıklar ve takılar, Lale Devri kadın modasını yansıtır. Odanın dekoru, Vanmour'un diğer harem resimlerindeki dekora benzer. Sanatçının başka resimlerinde de görüldüğü gibi eserin yine Vanmour tarafından yapılmış bir versiyonu daha bulunur. Boyutları biraz daha büyük olan diğer örnekte sanatçı en sağa bir kadın figürü daha eklemiştir. Aynı kompozisyonun sanatçının atölyesine atfedilen bir kopyası da, yine bu sergide yer almaktadır. Dönemin İstanbul'unda bulunan Avrupalılara satılan tüm bu örnekler, Vanmour atölyesinin ne kadar etkin olduğunun bir göstergesidir.

Women Drinking Coffee

Jean-Baptiste Vanmour
Oil on canvas, 37 x 59 cm, first half of the 18th century
Suna and İnan Kıraç Foundation Orientalist Paintings Collection

In this painting, which depicts the "coffee service", one of the integral rituals of harem life, the lush garments, headpieces and jewelry reflect women's fashion in the Tulip Age. The decoration of the room resembles Vanmour's other harem paintings. As often encountered among other works of Vanmour, this particular work has yet another version painted by the artist himself. In the other example, which is slightly larger in size, another female figure is added to the far right. A copy of the same composition attributed to the artist's school is also featured in this exhibition. All these examples, which were sold to the Europeans who visited İstanbul at that period, indicate the prominence of the Vanmour School.

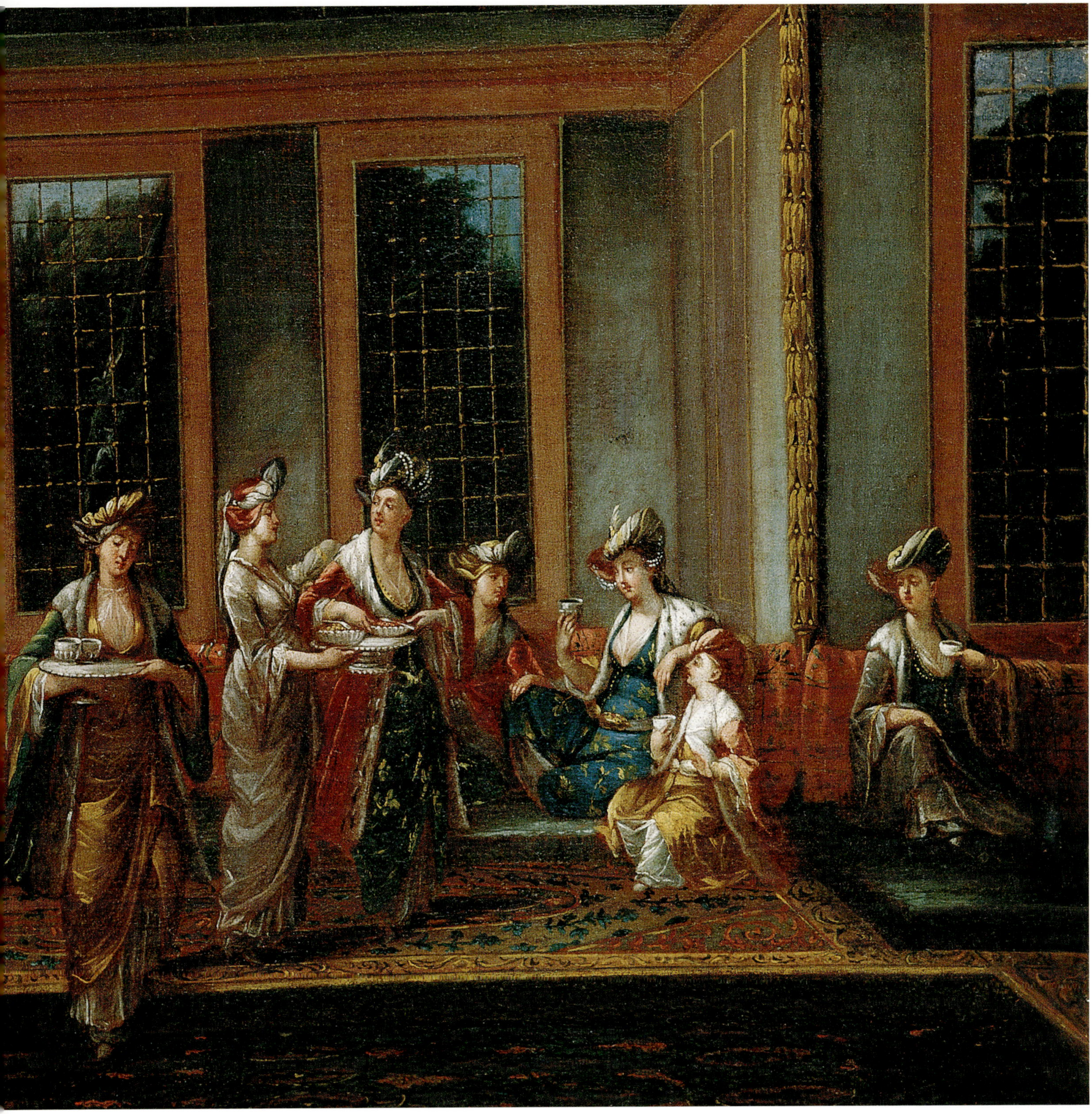

Kahve İçen Kadınlar

Vanmour Okulu
Tuval üzerine yağlıboya, 44 x 62 cm., 18. yüzyılın ilk yarısı
Suna ve İnan Kıraç Vakfı Oryantalist Resim Koleksiyonu

Women Drinking Coffee

Vanmour School
Oil on canvas, 44 x 62 cm, first half of the 18th century
Suna and İnan Kıraç Foundation Orientalist Paintings Collection

171

Gergef İşleyen Kadınlar

Vanmour Okulu
Tuval üzerine yağlıboya, 44 x 62 cm., 18. yüzyılın ilk yarısı
Suna ve İnan Kıraç Vakfı Oryantalist Resim Koleksiyonu

Women Embroidering

Vanmour School
Oil on canvas, 44 x 62 cm, first half of the 18th century
Suna and İnan Kıraç Foundation Orientalist Paintings Collection

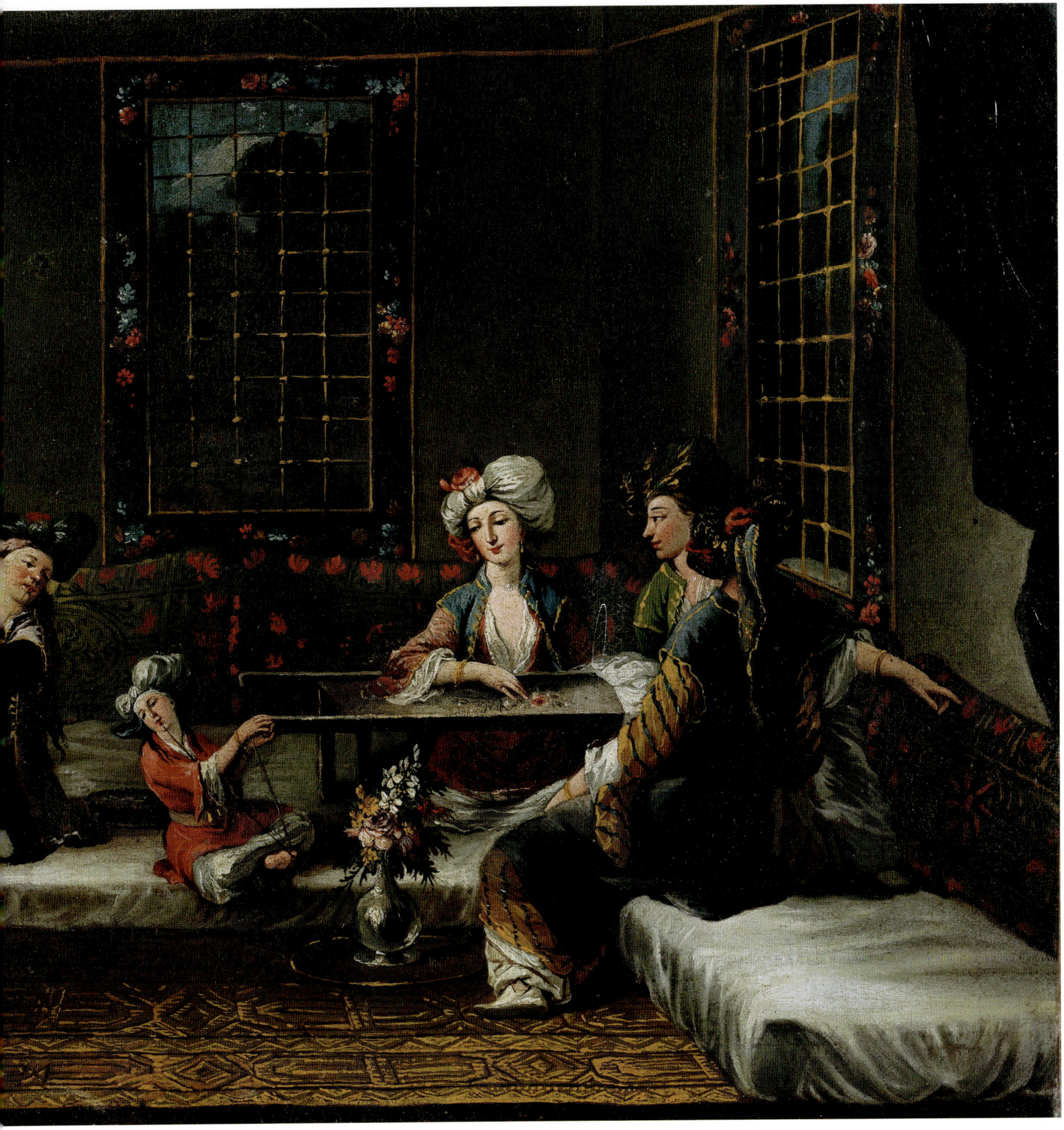

Levendler

Vanmour Okulu
Tuval üzerine yağlıboya, 44 x 62 cm. 18. yüzyılın ilk yarısı
Suna ve İnan Kıraç Vakfı Oryantalist Resim Koleksiyonu

Marines of the Ottoman Navy

Vanmour School
Oil on canvas, 44 x 62 cm, first half of the 18th century
Suna and İnan Kıraç Foundation Orientalist Paintings Collection

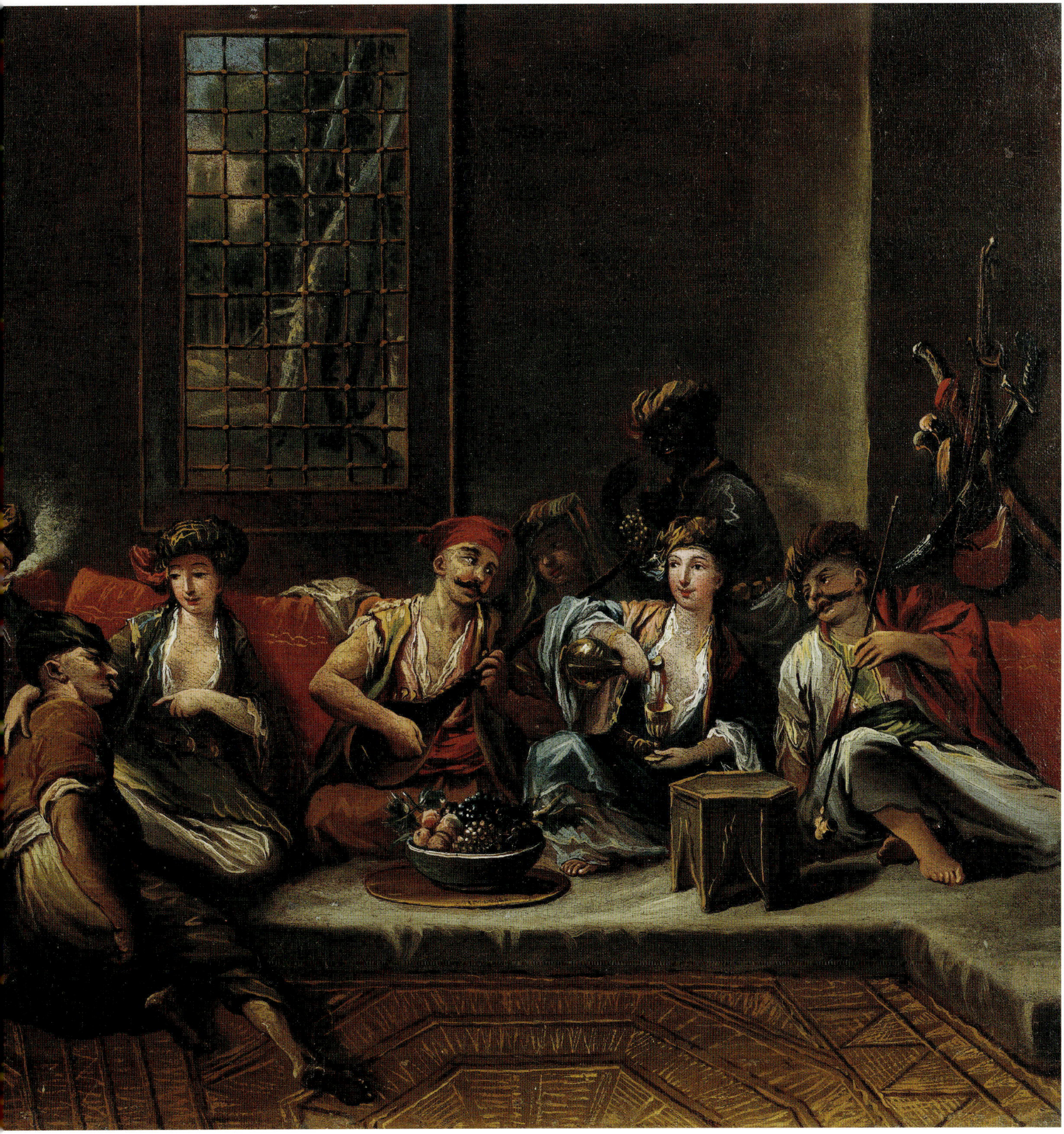

Düğün Ertesi: Paça Günü

Ressamı Belirsiz (Kuzey Avrupa ?)
Tuval üzerine yağlıboya, 53,5 x 76 cm. 18. yüzyılın ortaları
Suna ve İnan Kıraç Vakfı Oryantalist Resim Koleksiyonu

Resimde, Osmanlı âdetlerine göre düğünün ertesi günü yapılan 'paça günü' betimlenmiştir. Kompozisyonun merkezinde yer alan gelin, önündeki kırmızı örtüyle daha da vurgulanmıştır. Gelinin kırmızı duvağı ve kaftanı pencerenin iki yanına asılıdır. Aile büyüklerinin, düğün gecesinin sabahı armağan ettiği kemer ve inci kolye, gelinin kucağındadır. Sağda, seki üstünde gelinin çeyiziyle birlikte gelen, çiçekli vazolarla donanmış tepsi görülür. Solda, ev sahipleri yeni gelen konukları karşılamaktadır. Giysiler 18. yüzyıl ortalarının modasını yansıtır. Tablo, Vanmour'un Rijkmuseum'da bulunan Rum Düğünü'nden esinlenilerek yapılmış olmalıdır.

The Day after the Wedding: The Feast of Trotters

Unknown Painter (Northern Europe?)
Oil on canvas, 53.5 x 76 cm, mid-18th century
Suna and İnan Kıraç Foundation Orientalist Paintings Collection

The "feast of trotters", which was traditionally held on the day after an Ottoman wedding, is the subject of this painting. The bride at the center of the composition is further emphasized by the red drapery before her. Her red veil and her kaftan hang from either sides of the window. The belt and pearl necklace presented to the bride by the older members of the family on the morning after the wedding night appear on the bride's lap. On the right, set on a platform is a tray –which is part of the bride's dowry– decorated with vases filled with flowers. The hosts are greeting the arriving guests on the left. The clothes reflect the fashion of mid-18th century. The painting must have been inspired by Vanmour's Greek Wedding preserved at the Rijksmuseum.

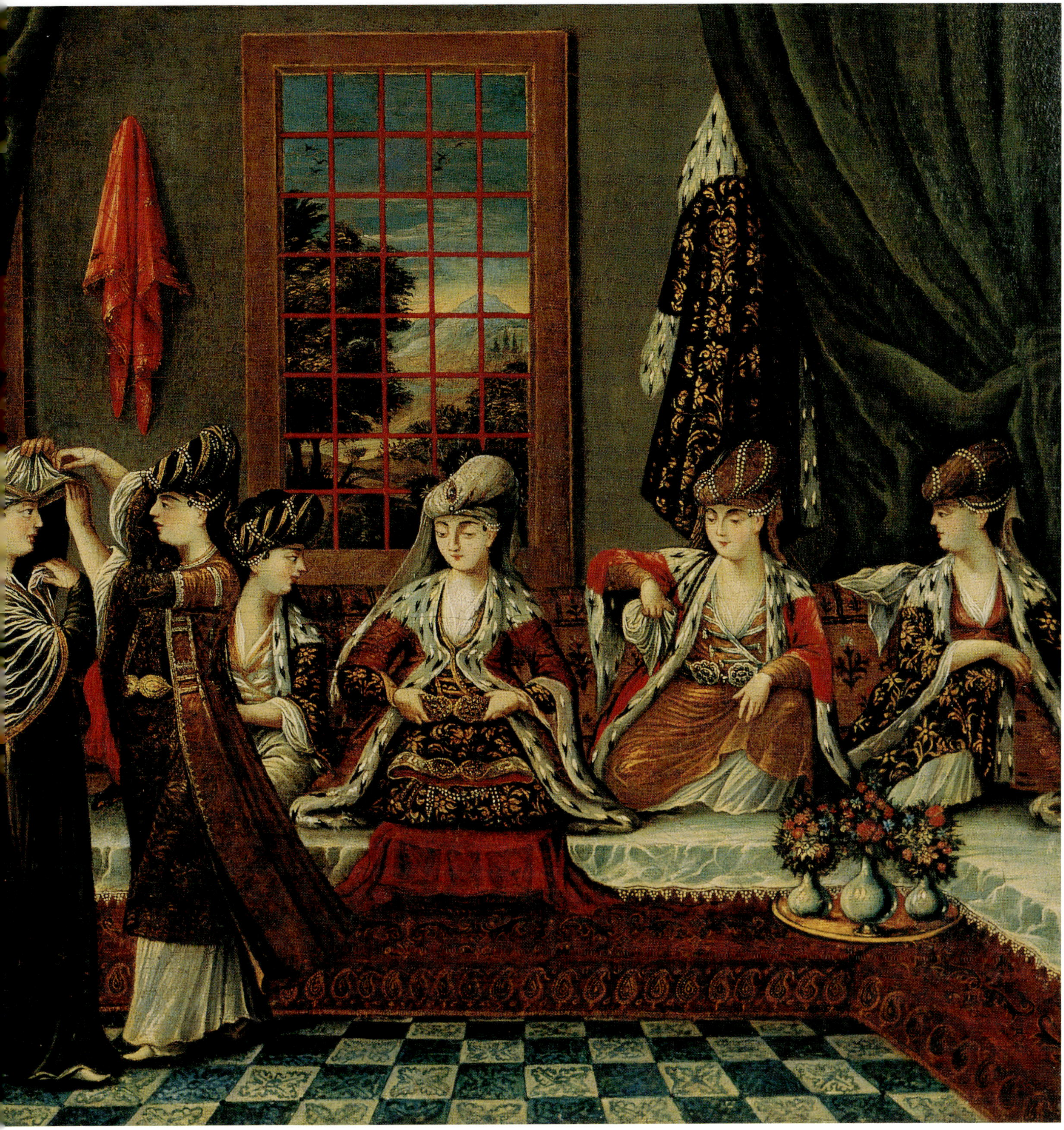

Düğün Ertesi: Paça Günü

Ressamı Belirsiz (Kuzey Avrupa ?)
Tuval üzerine yağlıboya, 41,5 x 61,5 cm., 18. yüzyılın ortaları
Suna ve İnan Kıraç Vakfı Oryantalist Resim Koleksiyonu

The Day after the Wedding: The Feast of Trotters

Unknown Painter (Northern Europe?)
Oil on canvas, 41.5 x 61.5 cm, mid-18th century
Suna and İnan Kıraç Foundation Orientalist Paintings Collection

179

Şeyhülislam

Vanmour Okulu
Tuval üzerine yağlıboya, 34 x 26 cm., 18. yüzyıl
Suna ve İnan Kıraç Vakfı Oryantalist Resim Koleksiyonu

Osmanlı Devleti'nde şeyhülislam, 'halife' sıfatını da taşıyan padişahtan sonra en önemli din yetkilisidir. 'Ulemâ'nın (din bilginlerinin) başı sayılan ve fetva verme yetkisi bulunan şeyhülislam, aynı zamanda Divân üyesidir. Resimdeki şeyhülislamın giysileri ve duruşu, Vanmour'un resimlerinin gravürlerinden oluşan Receuil de cent estampes répresentant differentes nations du Levant de cent estampes répresentant differentes nations du Levant'daki "Le Moufti, ou chef de la Loy" (Müftü, ya da Dinin önderi) sözcükleriyle tanımlanan müftü figürüne benzer. Eserin arkasında "Le grand mouffeti ou le pape des Turc" (Büyük müftü ya da Türkler'in Papası) yazılıdır.

Şeyhülislam

Vanmour School
Oil on canvas, 34 x 26 cm., 18th century
Suna and İnan Kıraç Foundation Orientalist Paintings Collection

In the Ottoman State, the şeyhülislam was the second most important religious authority after the sultan, who had also the title of 'caliph'. He was the head of the ulemâ (religious scholars), had authority to officially express opinions on legal matters (fetva) and was also a member of the Council of State (Divân). The costume and pose of the şeyhülislam in this painting is similar to the mufti depicted in the engraving titled "Le Moufti, ou chef de la Loy" (chief of the religion) and part of the collection of engravings from Vanmour's paintings, titled Receuil de cent estampes répresentant differentes nations du Levant. There is an inscription at the back reads: "Le grand mouffeti ou le pape des Turc" (The grand Mufti or Pope of Turks).

181

İstanbullu Rum Kadın

Vanmour Okulu
Tuval üzerine yağlıboya, 35 x 27 cm., 18. yüzyıl
Suna ve İnan Kıraç Vakfı Oryantalist Resim Koleksiyonu

Resim, boyutları, ve üslubuyla, sergideki Şeyhülislam tablosuyla benzerlik gösterir. Resmin sol altında "Dame greque de Constantinople" yazılıdır.

Greek Woman from İstanbul

Vanmour School
Oil on canvas, 35 x 27 cm., 18th century
Suna and İnan Kıraç Foundation Orientalist Paintings Collection

The size, and style of this painting are is similar to the painting titled Şeyhülislam in the exhibition. On the bottom left corner of the painting there is the inscription "Dame greque de Constantinople".

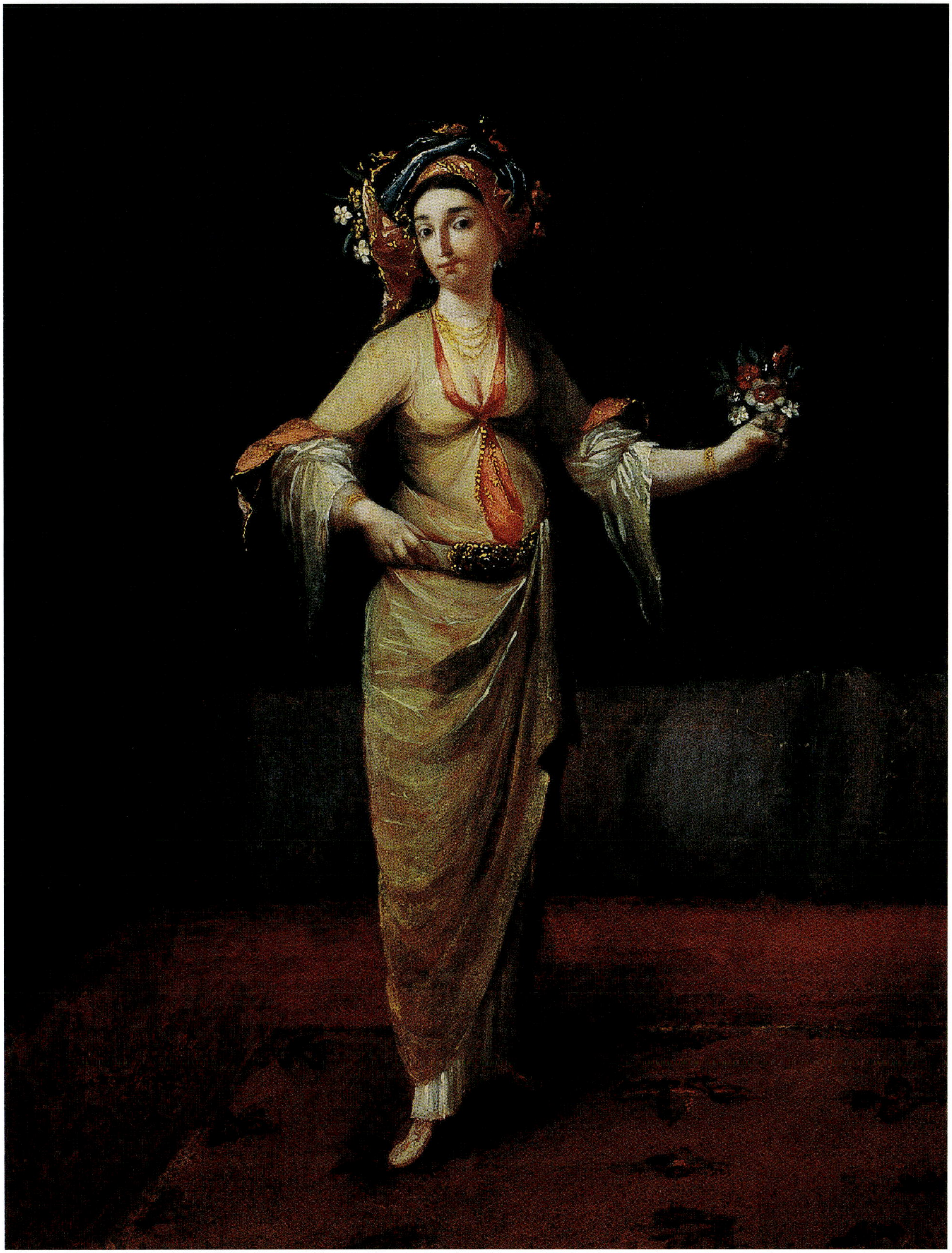

Macar Kadını

Vanmour Okulu
*Bakır üzerine yağlıboya,
32,5 x 24 cm., 18. yüzyıl
Suna ve İnan Kıraç Vakfı
Oryantalist Resim Koleksiyonu*

Albanian Shepherd

Vanmour School
*Oil on copper,
32,5 x 24 cm, 18th century
Suna and İnan Kıraç Foundation
Orientalist Paintings Collection*

Serdengeçti

Vanmour Okulu
*Bakır üzerine yağlıboya,
33 x 24 cm., 18. yüzyıl
Suna ve İnan Kıraç Vakfı
Oryantalist Resim Koleksiyonu*

Serdengeçti

Vanmour School
*Oil on copper,
33 x 24 cm, 18th century
Suna and İnan Kıraç Foundation
Orientalist Paintings Collection*

Kahveci

Vanmour Okulu
*Bakır üzerine yağlıboya,
33 x 23,5 cm., 18. yüzyıl
Suna ve İnan Kıraç Vakfı
Oryantalist Resim Koleksiyonu*

Coffee Seller

Vanmour School
*Oil on copper,
33 x 23,5 cm, 18th century
Suna and İnan Kıraç Foundation
Orientalist Paintings Collection*

Arnavut Asker

Vanmour Okulu
*Bakır üzerine yağlıboya,
33 x 23,5 cm., 18. yüzyıl
Suna ve İnan Kıraç Vakfı
Oryantalist Resim Koleksiyonu*

Albanian Soldier

*Vanmour School
Oil on copper,
33 x 23,5 cm, 18th century
Suna and İnan Kıraç Foundation
Orientalist Paintings Collection*

Kahve Keyfi

Ressamı belirsiz (Fransız Okulu)
Tuval üzerine yağlıboya, 112 x 101.5 cm., 18. yüzyılın ilk yarısı
Suna ve İnan Kıraç Vakfı Oryantalist Resim Koleksiyonu

Resimde, kahve içen bir Osmanlı hanımı, yanında hizmetçisiyle ve dönem modasına uygun giysiler içinde görülmektedir. Tabloya konu olan ana figür için, Jean-Baptiste Vanmour'un resimlerinin gravürlerinden oluşan Receuil de cent estampes répresentant differentes nations du Levant'daki "Sedirde Kahve İçen Türk Kızı" model alınmıştır. Ancak burada hizmetçi ayakta değildir ve ana figürün soluna çömelmiş, hanımına kahve sunmaktadır. Bir başka fark da figürlerin başlıklarında görülür. Tablodaki abartılı başlıklar, 17. yüzyılda Türkiye'ye gelmiş Hollandalı gezgin ressam Cornelis de Bruyn'ün 1698'de yayımlanan Reisen van Cornelis de Bruyn adlı kitabındaki serpuşlu kadın resimlerinden alınmıştır.

Enjoying Coffee

Unknown painter (French School)
Oil on canvas, 112 x 101.5 cm., first half of the 18th century
Suna and İnan Kıraç Foundation Orientalist Paintings Collection

In this painting, an Ottoman lady drinking coffee and her servant are depicted in dresses in the fashion of those days. The source of its inspiration is "Turkish Girl Drinking Coffee on the Sofa", an engraving found in Receuil de cent estampes répresentant differentes nations du Levant illustrated by Vanmour. The difference is that the servant offering the coffee is not standing, but squatting to the left of her lady. Both the necklace around the neck of the lady and the ornate headdresses are copied from the pictures of two women in the book Reisen van Cornelis de Bruyn first published in 1698 by Cornelis de Bruyn, a Dutch traveller and painter who came to the Ottoman Empire in the 17th century.

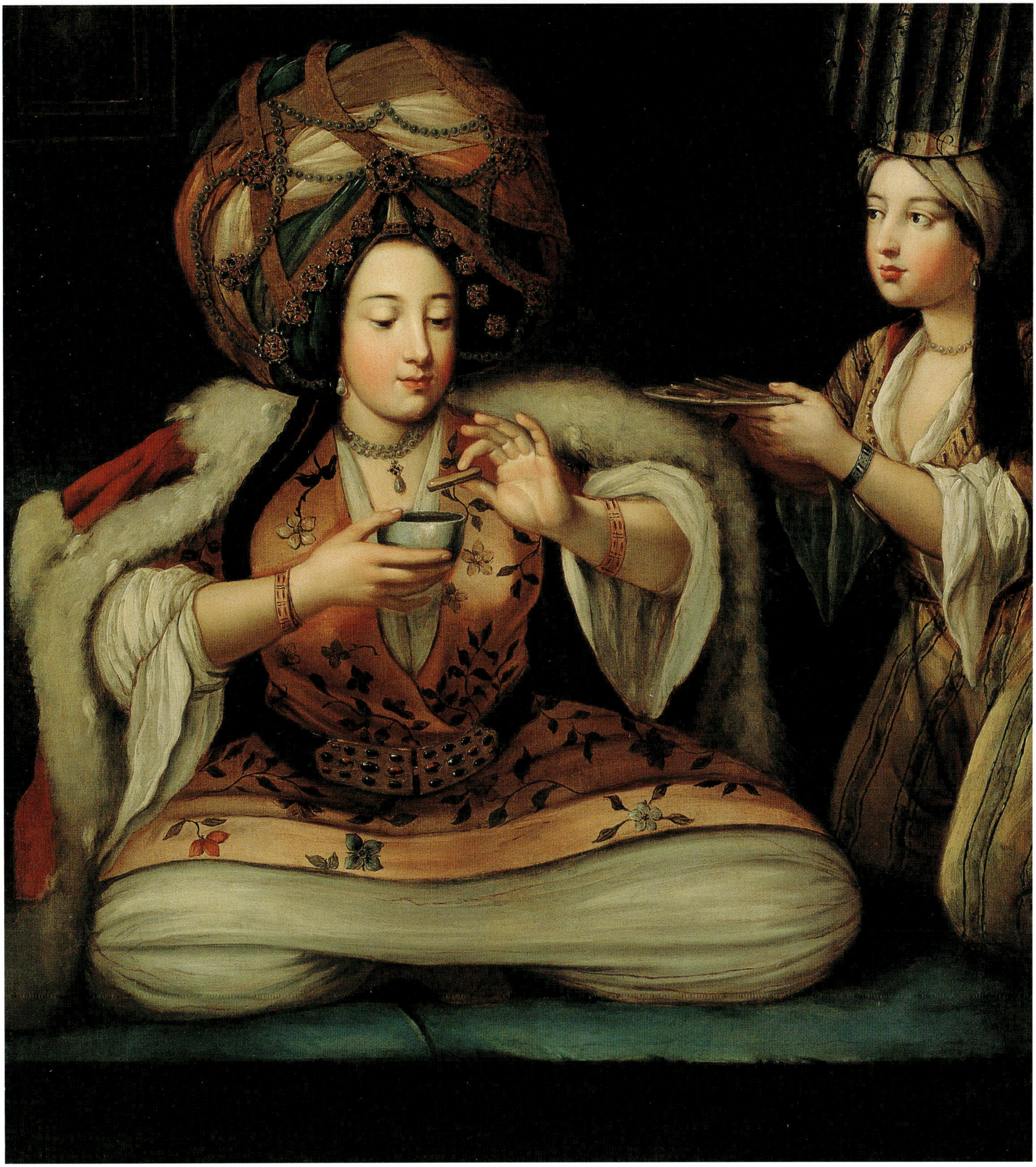

Sedirde Kahve İçen Türk Kızı

Jean-Baptiste Vanmour
Gravür
Receuil de cent estampes répresentant differentes nations du Levant
Suna ve İnan Kıraç Vakfı İstanbul Araştırmaları Enstitüsü Kütüphanesi

Turkish Girl Drinking Coffee on the Sofa

Jean-Baptiste Vanmour
Engraving
Receuil de cent estampes répresentant differentes nations du Levant
Suna and İnan Kıraç Foundation İstanbul Research Institute Library

Fille Turque
prenant le Caffé sur le Sopha.

I. Haussard sculp.

48.

Avec Privil. du Roi

***Reisen van Cornelis de Bruyn*'den Osmanlı Kıyafet Betimlemeleri**

Cornelis de Bruyn
Suna ve İnan Kıraç Vakfı Oryantalist Resim Koleksiyonu

Ottoman Costume Depictions from *Reisen van Cornelis de Bruyn*

Cornelis de Bruyn
Suna and İnan Kıraç Foundation Orientalist Paintings Collection

193